TROUVER SON BONHEUR

YANNICK DESCHARMES

TROUVER SON BONHEUR

DANS SON CORPS ET DANS SA TÊTE

Enrick B. ÉDITIONS

www.enrickb-editions.com

Conception couverture : Marie Dortier
Réalisation couverture : Com&go

ISBN : 978-2-38313-072-7

À ma grand-mère,
Les pieds sur terre,
La tête dans les étoiles.
Les oreilles auprès des oiseaux
Et le cœur sur la main.

Table des matières

Introduction

Tout pourrait commencer un matin, dans le salon d'une famille ordinaire. Un matin comme les autres, où la vie s'éveille, où chacun émerge. C'est dimanche. Le corps s'étend, l'esprit se réveille et prend peu à peu les commandes. L'odeur de café qui règne dans la maison se mêle à l'ambiance de quiétude que rien ne semble pouvoir ébranler. C'est dimanche, et pourtant. Et pourtant, un éclair jaillit au milieu de cet océan de calme. Une déflagration, sonnant comme un coup de tonnerre, confère à ce matin familial une ambiance grave et sérieuse.

« Dis, pourquoi ? »

Des « pourquoi », il en pleut chaque jour dans la tête des enfants, mais aujourd'hui, c'est un pourquoi particulier qui tourmente Lucie, 12 ans. L'air affirmé, le regard franc, la tête droite, les mains sur les hanches, la voilà bien décidée à obtenir ce qu'elle est venue chercher : une réponse. LA réponse à ce moment existentiel qui ne prévient pas, qui tombe comme un orage d'été, intense et brut :

« Dis, pourquoi les gens souffrent ? »

Pourquoi les gens souffrent ? Cette question, si anodine paraisse-t-elle dans la bouche d'une enfant, se révèle être aussi embarrassante que l'idée de parler de sexualité lors d'un repas de famille, assis entre sa mère et sa belle-mère. Ces quelques mots, prononcés par une jeune fille qui découvre le monde, mettraient mal à l'aise bien des adultes. Le cœur s'accélère, le corps se redresse, la voix s'éclaircit, le malaise s'installe. Que répondre à Lucie qui, tel le soleil levant de ce dimanche matin, jouit d'un bonheur incandescent ? L'émerveillement de cette âme innocente se trouve soudainement ébranlé par cette question qui n'est pas en accord avec sa vision du monde : « Puisqu'on a tout pour être heureux, pourquoi souffre-t-on ? »

Quelle réponse pourrait à la fois ne pas entacher ce songe d'une vie faite de rêves et de couleurs sans pour autant bercer cette enfant d'illusions ? D'abord, que signifie « souffrir » ? Parle-t-on de souffrance physique ou de souffrance mentale ? Une averse de questions s'abat sur nos têtes d'adultes. Les « pourquoi » pleuvent, les ondées passent, et l'on finit par souffrir de réfléchir à ce qui fait souffrir le monde. Certains répondraient que les gens souffrent parce qu'ils ne font pas ce qu'il faut. D'autres affirmeraient que la souffrance fait partie de la vie, qui est ainsi faite. Les plus pessimistes avanceraient sans doute que le problème du monde, c'est que l'être humain le contamine, tel un virus. Le débat pourrait durer longtemps : c'est une histoire sans fin et sans origine qui se profile dans cette maison en ce matin de juin. On aurait plus vite fait de chercher qui de l'œuf ou de la poule a peuplé le premier le poulailler du jardin. En effet, aussi longtemps que l'on puisse s'en souvenir, l'être humain souffre. Et aussi longtemps que l'on possède des traces écrites, l'être humain se demande pourquoi il souffre. Tous les mots qui comportent le suffixe « -logie » renvoient finalement à la même question : « pourquoi cela ne fonctionne pas comme cela devrait ? »

Revenons à Lucie qui, du haut de son mètre cinquante, contemple le monde et ses sujets d'un regard interrogateur. À la manière du philosophe allemand Gottfried W. Liebniz, qui se demande pourquoi il y a quelque chose plutôt que rien, Lucie se demande pourquoi il y a de la souffrance alors qu'il ne devrait pas y en avoir. Elle réfléchit au monde qui l'entoure, s'interroge, se fait philosophe. Elle met des mots sur les signaux que son corps lui adresse depuis bien longtemps déjà... Elle souffre de voir les autres souffrir, elle éprouve de l'empathie. L'être humain est naturellement doué de cette capacité : nul n'est insensible à la souffrance du monde. L'avènement du langage et de l'intelligence permet à l'homme de s'interroger sur ce qu'il juge anormal ou non (notez que le lapin, lui ne se pose pas cette question). Pourquoi je souffre de voir les autres souffrir ? Pourquoi je souffre de souffrir ?

«Parce que.»

Nous avons tous besoin que les choses soient organisées, droites. Les trains sont censés arriver à l'heure, la circulation doit être fluide. Tout doit rouler, tout doit être en ordre. C'est un fait: la technologie nous a habitués à un déroulement sans heurts des événements, et il est difficile d'accepter les aléas. Nous vivons dans une conception, une règle, où le monde est cohérent, organisé, ordonné. Nous nous construisons des histoires à propos d'une vie juste, normale. Mais cette vision autocentrée fait abstraction de toute une somme de données qui prouve le contraire. Le monde n'est ni juste, ni ordonné, ni prévisible. Il est aussi chaos. Notre conception du monde et de ses locataires induit un refus de la souffrance, de ce qui est désagréable. Et pourtant, c'est là.

La souffrance humaine est là, et elle n'est réservée ni à soi, ni à l'autre. Elle est universelle. Parmi vos proches, combien n'ont pas vécu de période douloureuse, de lutte contre des problèmes psychologiques? Les études statistiques montrent que 30 % des adultes de cette planète sont porteurs de problèmes psychologiques, et que 50 % d'entre nous seront confrontés à un trouble psychologique au cours de leur vie (Kessler *et al.*, 2005).

Il existe pourtant une tyrannie du bonheur, une tyrannie du «tout va bien» qui conduit certains d'entre nous à se dire: «Mais si tout va bien, alors pourquoi, moi, je n'y arrive pas?» Et nous courrons, tel Sisyphe, après une vie sans stress, sans émotion désagréable, sans trouble... à se rendre malades d'être malades.

Nous luttons pour refuser ce qui a pourtant toujours existé. Le problème n'est donc pas dans la présence ou non de la souffrance, mais bel et bien dans cette ineffable lutte. D'accord, mais qui a envie d'expliquer cela à cette enfant, qui préférerait croire que tout le monde vivra heureux et aura beaucoup d'enfants?

«Et si... ?»

Et si, par un habile changement de perspective, un retournement de veste, nous considérions que la souffrance est tout simplement là. Comme la dernière pièce d'un meuble Ikéa : si c'est là, c'est que cela sert à quelque chose, non ? Si l'on souffre, c'est aussi que l'on aime, non ?

Et si l'on proposait à Lucie une autre vision de la souffrance humaine, comme une invitation à relever les défis les plus fous, pour justement la faire céder et reculer ? Si nous proposions à cette enfant de se lever chaque matin en invitant la souffrance comme quelque chose de normal à utiliser, comme un trampoline qui tendrait vers ce bonheur, ce bien, ce bon ?

Accepter la souffrance pour tendre vers le bonheur. Voici une première tentative de réponse ! Reconsidérons d'abord notre rapport à ce qui fait souffrir, puis utilisons-le comme un moteur. Tâchons enfin de ne pas nous résigner et, surtout, de cesser de chercher son bonheur partout. Cherchons plutôt ce qui nous fait du bien, ce qui nous permet d'exister et de refuser la fatalité. Que ce soit par son corps ou par son esprit, chacun tend vers cette lumière, vers cette transcendance... Chacun veut exister et se rapprocher de son soleil.

Vous semblez satisfait.e de cette première réponse ? Lucie, elle, ne l'est pas totalement... Attirée par le plaisir des câlins et du pain au chocolat tout chaud de ce dimanche matin, tendre vers le bien, elle ne demande que ça ! Mais...

«... comment on fait pour être heureux, alors ?»

Deuxième déflagration, second électrochoc. Cette enfant va-t-elle enfin nous laisser tranquilles ? Nous laisser errer dans la coupable insouciance d'un monde qui va, qui vient, et dont on se fiche un dimanche matin ? Non, car Lucie est têtue, tenace, déterminée. Elle veut tout, tout de suite et maintenant.

«Alors, comment on fait pour être heureux?»

L'adulte que nous sommes doit absolument se tirer de ce pétrin. «Ok Google. Comment on fait pour être heureux?» En 0,48 seconde, 52 100 résultats s'affichent à l'écran de notre smartphone, transformé en boule de cristal. «Alors petite, comment te dire?...» Certains pensent que le bonheur se trouve dans le respect des consignes de santé: cinq fruits et légumes par jour, trente minutes d'activité physique et zéro tabac. «Je serai heureuse avec ça?» Cela ne suffit pas, nous le savons. D'autres diront que l'esprit est LE lieu du bonheur, et que ce dernier se trouve dans les écrits spirituels, les livres de développement personnel ou de psychologie. «Alors, c'est l'un ou c'est l'autre? Il est où, ce bonheur?» Lucie s'agace.

Essayons la médecine: «Les médecins cherchent le bonheur en soignant les maladies, ici les os, là les poumons, parfois le cœur.» «Oui, mais toi, tu n'es pas malade. Cela signifie que tu es heureux?» Embarras et malaise. Qui a oublié d'étrangler celui qui a dit que la vérité sortait de la bouche des enfants? D'accord, le bonheur ne se trouve pas uniquement dans le corps. D'ailleurs, lorsque l'on ne parvient pas à soigner une douleur corporelle, on nous dit que «c'est dans la tête», renvoyant ainsi la balle de la souffrance chez les psys. Le ton monte, Lucie se mue en une maîtresse sévère qui attend le résultat de cette addition pourtant si simple. Son regard est pressant, elle accuse le monde des adultes. «Le bonheur est dans la tête, alors?» Illumination dans notre esprit: voilà! C'est ce que l'on appelle la philosophie, et tu verras cela en terminale. Allez Lucie, tu as ta réponse et tu peux nous laisser petit-déjeuner paisiblement. Non? Non. La bête est féroce, assoiffée de savoir et de certitudes. «Oui, mais comment elle fait, la philosophie?» Deuxième «Ok Google» de la matinée. Disons que la philosophie, c'est compliqué aussi, il y a d'un côté ceux qui cherchent le bonheur dans les idées, les Platoniciens, les idéalistes, et de l'autre ceux qui le cherchent dans la vie de tous les jours, les adeptes du « *Carpe Diem* » (expression latine signifiant « Cueille le jour », autrement dit : profite du temps présent). « Oui, mais alors, c'est dans la tête ou c'est ailleurs ? Les philosophes ne sont pas d'accord ? » Non, en effet, personne ne s'entend. Avec tous ces « Ok Google » et leurs milliers de réponses, nous voilà comme une boule de flipper cherchant le replay. À trop s'agiter, à ricocher entre les bumpers des « oui mais », notre tête fait tilt et perd la boule. On aurait préféré expliquer à Lucie comment on fait les bébés, l'affaire serait déjà pliée et on aurait pu continuer à rêvasser. Plus on se débat dans cet océan de questions, mieux on se noie. Impuissance. Plus on cherche à ne pas souffrir, plus on souffre, et plus on cherche le bonheur, moins on le trouve. Finalement, en ce dimanche prometteur d'un repos salvateur et d'un bon poulet-frites, nous nous retrouvons face à un vide, un abysse.

« Et pourquoi pas : oui, et ? »

Et si le problème se situait dans l'exclusive exclusion des « oui mais » ? Si on tentait l'inclusion ? On emmène tout le monde, on ne laisse personne de côté. Thèse, antithèse, synthèse. Les tenants du bonheur de l'esprit – les philosophes idéalistes, les « psys », les lettrés – pourraient prendre le même wagon que les partisans du bonheur du corps, du réel, du matériel – les philosophes matérialistes, les médecins somatiques, les biologistes...

La philosophie, la biologie et la psychologie ne seraient finalement que les ingrédients d'une recette du bonheur. Une recette dont le résultat dépasserait la simple addition de ses composants. 1 + 1 + 1 = 4 ? Le challenge est tentant. Cherchons le bonheur partout et avec tout le monde.

Ce livre est la version raffinée, polie, poncée, briquée, vernie et brochée de vingt années de réflexions sur la philosophie et la biologie. Il est aussi, et surtout, le fruit d'une pratique de soin, attachée à relier les deux. À travers trois histoires de vie, il vous invite à découvrir comment la thérapie d'acceptation et d'engagement (ACT, à prononcer «acte», Hayes *et al.*, 2009) peut être une psychothérapie tout indiquée pour relier ces deux logiques, séparées depuis des millénaires (quand Platon l'idéaliste s'opposait déjà aux matérialistes épicuriens dans la Grèce antique) et nous aider à toucher le bonheur du bout des doigts (à défaut de le saisir à pleines mains !).

« Pourquoi ? » La petite voix de la jeune Lucie n'est jamais loin... Parce que l'ACT prend ses racines dans le corps terrien, en enseignant une façon de gérer et d'accueillir ses sensations et ses émotions (par la méditation par exemple), et qu'elle se préoccupe aussi du ciel des idées, à travers la gestion de notre mode de penser et de nos directions de vie. « Mouais », maugrée Lucie. Elle a raison de douter. Mais ce livre promet de considérer sa question d'enfant : « Pourquoi les gens souffrent ? » Et surtout de tenter d'y répondre par celle-ci : « Comment trouver son bonheur ? »

PREMIÈRE PARTIE

TROIS ÊTRES EN ERRANCE

Ce livre se veut pragmatique. Il s'appuiera pour cela sur trois personnages fictifs – Julie, Paul et Albane –, qui constitueront trois témoins, trois exemples de cette conception globale de l'être humain que nous défendons.

Chapitre I

Julie, angoisse et perte de sens

Julie, 41 ans, vit en région parisienne. Mère de deux beaux enfants, Antoine, 18 ans, et Raphaël, 15 ans, elle est également l'épouse depuis vingt ans de Charles, 43 ans, banquier. Jusqu'à présent, tout allait bien pour Julie. Issue d'une famille modeste, elle a réussi à gravir les échelons pour obtenir un diplôme d'ingénieure. Son métier ne la comble pas, mais la souplesse de ses horaires lui permet de récupérer ses enfants au lycée. Bien que l'écologie soit importante pour elle, Julie travaille pour l'industrie chimique : conflit de valeurs entre vie personnelle et vie professionnelle. Mais elle a choisi.

Travail, enfants, mari, maison : Julie a « tout pour être heureuse ». Et pourtant.

Et pourtant, elle arrive en consultation de psychothérapie un matin d'octobre. Et c'est avec cette phrase qu'elle commence son entretien : « J'ai tout pour être heureuse, et pourtant. » Jugement et désespérance. Sur le papier, Julie a toutes les notes d'une partition qui devrait se jouer d'une symphonie sans ombre. Mais elle souffre, depuis quelques mois déjà, de crises de panique. Elle se sent soudainement prise de malaises respiratoires, elle étouffe, sa vue se brouille et les vertiges l'entraînent dans une danse dont elle ne maîtrise plus les pas. La chaleur, les picotements, le poids sur la poitrine la soulèvent telle une vague qui se referme ensuite sur elle. Une vague passe, puis deux, puis trois. Ces attaques de panique finissent par la maintenir au fond. Julie n'a plus la force de sortir, son lit devient son meilleur ami, sans pour autant la réconforter. Le psychiatre qu'elle a consulté lui a diagnostiqué un syndrome d'épuisement, soit, chez elle, une association entre dépression et anxiété intense. Mais ce bilan intervient bien après un périple de quelques mois d'errance, de médecins en analyses sanguines, chez cette femme « forte » qui « allait bien ».

Qu'est-ce que j'ai, docteur ? À vrai dire, rien. Inquiétée par sa tachycardie, elle a vu le cardiologue. Rien à signaler.

Elle a fait moult analyses sanguines. Rien, « normal », lui a répondu son médecin généraliste. C'est le stress.

Sophrologie, ostéopathie, homéopathie, phytothérapie. Une lutte de tous les instants, de tous les rendez-vous, se met en place. Pour respirer, pour se libérer de la panique qui la tient. En vain : plus elle cherche à s'éloigner des crises, plus celles-ci reviennent, bientôt accentuées par la fatigue et le désespoir de ne jamais s'en sortir. Incompréhension.

L'hypothèse d'un dysfonctionnement respiratoire a été évoquée par un pneumologue consulté en désespoir de cause. Selon lui, ses problèmes respiratoires sont dus à un syndrome d'hyperventilation. « En fait, vous ne savez pas respirer. Vous respirez trop vite, alors votre gaz carbonique est trop bas, votre taux d'oxygène trop haut, et ceci explique tous vos symptômes. Allez voir un kinésithérapeute pour régler cela. » Ce qu'elle a fait. Ce qui lui a permis de mieux respirer, certes. Les crises se sont espacées, mais elles n'ont pas cessé. Julie angoisse toujours.

En effet, il est intéressant de travailler sur la respiration, mais cette phrase l'obsède, elle tourne en boucle : « J'ai tout pour être heureuse, et pourtant. »

À l'aube de ses 40 ans, cette pensée la taraude et l'absence de réponse la torture. L'écho de sa voix, comme dans une cathédrale, résonne dans le vide de son crâne. Ô existence, existence chérie, à quoi bon ? Ses enfants grandissent et s'éloignent, eux qui étaient « sa principale raison de vivre ». Une question s'immisce alors, comme un courant d'air froid : « Qui-suis-je ? » En voilà une question philosophique. Beaucoup ont cherché à y répondre, peu y sont définitivement parvenus. Descartes dirait que nous sommes parce que nous pensons, Hegel répondrait que nous sommes parce que nous agissons. Julie lit ces philosophes, elle devine dans leurs textes la possibilité d'un être au monde plus serein. Elle cogite, mais cela ne résout pas totalement ses problèmes.

Elle est prise entre ces deux feux : un problème de gaz carbonique dans le sang ou un problème d'existence ? Elle ne trouve pas la possibilité de concilier les deux. Allez trouver le terme « hyperventilation hypocarbonique » dans un livre de philosophie... Effectivement, cela manque. Julie est ainsi comme un pendule, oscillant entre le corps et l'esprit. Écartelée, elle peine à trouver un chemin qui l'aiderait à reprendre le cours de sa vie. Elle se sent léthargique, repliée sur elle-même. Elle sait respirer, elle sait qui est Descartes, mais elle ne sait pas comment faire. L'absence de cohérence dans ce qu'elle vit est presque plus dure à supporter que la souffrance elle-même. Ses connaissances ne l'aident ni à emmener ses enfants au lycée, ni à reprendre le travail, encore moins à surmonter ses crises. Elles ne l'aident pas à agir.

Pourtant, ce dont souffre Julie est cohérent. Ses objectifs de vie sont tous atteints, ce qui lui donne le sentiment d'être arrivée au bout. Elle se retrouve alors face au vide. Ses directions de vie sont floues, elle ne sait plus où elle doit aller. Cette situation, ce sentiment de vide existentiel, est toxique pour l'être humain. Avancer sans savoir où l'on va peut nous entraîner dans une spirale dépressive, une absence de sens. L'angoisse monte, elle devient forte et durable, ce qui se traduit par une réaction corporelle de stress : respiration bloquée, vertiges... Il existe bien un lien entre la quête philosophique de Julie et ses problèmes biologiques, mais elle ne sait pas comment retranscrire ce qu'elle a pu lire dans son corps, dans les faits.

C'est ainsi qu'elle démarre une psychothérapie.

Chapitre II

Paul, travailler pour exister

Paul a 34 ans. Libanais maronite d'origine, il est manager pour une grande enseigne de meubles. Comme Julie, Paul coche toutes les cases du rêve américain : une femme, deux enfants, une maison, une voiture et des vacances au ski… bientôt la Rolex ! Que vouloir de plus, à son âge ? Après tant d'efforts pour en arriver là, il peut être satisfait de son parcours.

Paul a toujours tout fait pour être au top : la perfection est pour lui le salaire minimum de ses actions journalières. Il tient cela de son père, pour qui l'immigration devait être (ré)compensée par une excellence irréprochable. Paul a bien retenu la leçon. La vie, pour cet homme, ne peut se concevoir que selon une trajectoire ascendante. Vers l'infini et au-delà. Mais, tel Icare qui, pour avoir trop voulu s'approcher du soleil, s'est brûlé les ailes, Paul se retrouve à terre un lundi matin de février. Impossible de se lever, dos bloqué. S'en suit un arrêt de travail, des piqûres de cortisone, et hop. « Et hop », se dit-il en apprenant le diagnostic du médecin généraliste : sciatique L5/S1.

Mais quatre mois plus tard, il n'a toujours pas repris le travail. Paul « le valeureux », « le fort », n'a pas supporté cette blessure, tant de l'ego que du corps. Il s'est enfoncé dans une spirale dépressive : « Je me replie, je rumine, je me replie… etc. » Pour lui, pas question de remettre en question son fonctionnement : son corps doit suivre, un point c'est tout.

Paul est au plus mal, il ne se supporte plus. Cet arrêt lui fait prendre conscience que son état de fatigue remonte à bien plus longtemps, et qu'il est bien plus psychologique qu'il ne veut se l'avouer. Le diagnostic, porté un mois plus tard par un psychiatre, tombe comme un couperet : syndrome d'épuisement professionnel ou « burnout ». Sous le poids de la pression, son dos a rompu. Comme Julie, Paul se sent totalement perdu entre une douleur dorsale qui le rend malade et un immense épuisement. Malade d'être malade.

Paul ne se reconnaît plus. Son « qui-suis-je ? » existentiel ne résonne pas comme celui de Julie puisque, pour lui, la question « si je ne travaille pas, qui suis-je ? » est une réalité qui frappe son front et le renverse. Cette question philosophique tient à sa conception de l'action. De telle sorte que sa façon d'envisager la vie, le temps, comme une flèche ascendante, et l'échec comme une faiblesse, l'a probablement précipité dans ce trou noir.

Paul arrive donc dans mon cabinet en disant : « Je veux redevenir qui j'étais. » Plus il essaie de retrouver son état antérieur, plus il s'enfonce, comme tombé dans des sables mouvants. Plus on lutte, plus on s'enfonce. La solution, pour lui, serait d'accepter de se poser pour cicatriser, mais non, il ne cesse de ruminer, de se lamenter de « ne plus être fort ».

Comme Julie, il oscille entre philosophie et biologie : la philosophie du « qui suis-je si je n'agis plus ? » et la biologie défaillante de ses articulations lombaires, victimes de cette conception proactive où le repos ne se donne qu'aux morts.

Comment faire ? Le problème pour Paul est que tout cela s'entremêle. Son dos lui fait mal et l'incapacité, qui l'angoisse, le confronte à des questionnements existentiels, au point d'oublier, ou plutôt de ne pas vouloir entendre, que ce problème de dos est issu d'un épuisement au travail.

Un cercle vicieux se crée. Comment l'arrêter chez Paul, qui ne jure que par le fait de solutionner son problème de dos ? « Ça ira mieux après ! » Difficile pour lui d'aborder le domaine des idées, là où seul compte l'agir. Pour Paul, la solution ne peut être que globale, inclure le corps et l'esprit.

Comme Julie, Paul débute une psychothérapie ACT. Les causes sont différentes, mais les remèdes se ressemblent. Lors de cette thérapie, il devra apprendre à gérer son mode de penser, basé sur « je n'existe que si je réussis », et donc revisiter les conceptions philosophiques de l'action. Il explorera également ses directions de vie où, sans entrer dans le détail, l'on peut supposer quelques déséquilibres entre vie professionnelle et vie personnelle.

Chapitre III

Albane, la voix du corps

Albane est une jeune fille de 14 ans. Elle habite un petit village perdu, « au fin fond de la campagne », a-t-elle précisé lors de son premier entretien. Son frère de 20 ans ayant quitté la maison, elle vit seule avec ses deux parents. Jeanne, sa mère, 44 ans, est professeure des écoles ; Julien, son père de 48 ans, est ouvrier agricole.

Albane aime l'équitation et l'athlétisme. Elle excelle dans ces deux domaines. En témoigne la collection de coupes et de médailles qui trônent au sommet de l'armoire de sa chambre. Son corps et ses performances sont sa raison d'être, son lieu de certitude. Jusqu'à sa rupture du ligament croisé antérieur droit. Sous le coup de ses efforts acharnés pour concourir aux championnats de France de saut en hauteur, son genou a lâché. Une lourde blessure qui se soigne très bien sur le plan chirurgical : Albane aurait pu regagner le stade d'athlétisme dix mois plus tard. Mais près d'un an après sa chute, et bien que « son genou aille très bien », dixit le chirurgien, elle n'a pas repris les entraînements.

Albane a totalement perdu confiance en son corps. Elle ne le reconnaît plus. Alors il se met à dérailler : prise de poids et apparition d'eczéma. S'en suit un long et lent chemin de croix, de dermatologues en allergologues. Mais rien n'y fait, sa peau l'irrite, autant que la vie. « À quoi bon ? », se dit-elle. Albane lâche complètement l'école, elle qui jusque-là n'avait jamais montré de difficulté scolaire. « Étudier, vivre... Pour quoi faire ? »

Elle se perd dans d'innombrables questions : « Qui suis-je, si je ne peux plus faire de sport ? », « Quel est ce corps que je ne reconnais plus ? » Son angoisse existentielle est différente de celle de Paul et de Julie. Cette question est totale, chez cette adolescente en pleine construction d'identité. Elle semble perdue, tant corporellement que philosophiquement. Sa pensée, ses parents, ses amis, personne ne peut l'aider car personne n'a le même corps qu'elle, personne n'est elle.

Albane arrive donc dans le cabinet de psychologie avec pour objectif d'endiguer son eczéma. « C'est dans la tête », lui a dit son dermatologue. D'accord, mais où, dans la tête ?

Le problème d'Albane se situe au carrefour de la philosophie, de la biologie et de la psychothérapie. Débute alors une thérapie basée sur l'ACT, avec pour cible la gestion des émotions (bien souvent en lien avec l'eczéma). Elle sera également l'occasion de se demander comment découvrir qui l'on est. Une question qui se pose tant au niveau du corps que de l'esprit de cette adolescente encore marquée par le passage de la puberté. Un corps nouveau qu'elle appréhende d'appréhender. Albane est en quête de compréhension, de savoir sur son fonctionnement. Elle a aussi besoin d'apprendre comment agir avec ce corps.

Pour Julie, Paul et Albane, la psychothérapie se pose comme un moyen de donner une cohérence entre la philosophie de leur existence et leurs défaillances corporelles. Plus que la compréhension, le but même de cette thérapie est de mettre en œuvre des compétences pour retrouver leur capacité d'agir en direction de leur philosophie de vie et pour renouer avec leur corps. Autrement dit : apprendre à harmoniser ses actions et son corps à ses idées.

Comment l'ACT constitue-t-il un trait d'union entre ces trois personnages que nous suivrons tout au long de cet ouvrage ?

DEUXIÈME PARTIE

QU'EST-CE QUE L'ACT ?

La thérapie d'acceptation et d'engagement (ACT: *Acceptance and Commitment Therapy* en anglais) est une psychothérapie cognitivo-comportementale appartenant à ce qui a été décrit comme la troisième vague des thérapies comportementales et cognitives (TCC). Avant de se lancer dans l'exploration de l'ACT, il convient d'en présenter les fondations, c'est-à-dire les TCC de première et deuxième générations.

Chapitre I

Les thérapies comportementales et cognitives

La thérapie comportementale et cognitive est une psychothérapie basée sur les preuves, ce qui signifie qu'elle a vérifié, reproduit et compris (pour une partie) ses mécanismes d'action. Lorsque l'on évoque les TCC, on parle souvent de deux vagues (la troisième étant représentée par l'ACT). La première vague est dite «comportementale», la deuxième est dite «cognitive», et elles se succèdent chronologiquement.

La première vague: thérapie comportementale

Cette approche se centre sur la modification de nos comportements et la façon dont ces derniers sont appris. Elle cherche donc à comprendre comment notre façon d'agir s'est construite, et surtout comment on peut l'influencer (notamment en cas de comportements délétères comme fumer, consommer de l'alcool...). Elle a été, à tort, qualifiée de thérapie «canine» et dévalorisée par l'utilisation de mots tels que «conditionnement» ou «récompense», qui rapprochent le conditionnement de l'être humain et celui du chien, conditionné pour obéir. Mais la thérapie comportementale est bien plus complexe et plus fine qu'il n'y paraît. Explication.

Pavlov, son chien et sa cloche

Le chercheur russe Ivan Pavlov (1849-1936) a travaillé sur ce que l'on appelle désormais l'«apprentissage classique» (car c'est tout ce qu'il y a de plus simple). Dans ce type d'apprentissage, deux événements arrivant ensemble sont, à force de répétition, associés. On dit que l'apprentissage se fait par association (Cottraux, 2017). C'est la fameuse expérience au cours de laquelle Pavlov faisait sonner une cloche en même temps qu'il donnait à manger à un chien. La cloche n'avait rien à voir avec l'alimentation mais, à force de répétition, le chien comprenait que, lorsque la cloche sonnait, la nourriture était proche. On observait alors une augmentation de sa salivation. La cloche, à l'origine neutre, est donc devenue ce que l'on appelle un stimulus conditionné : elle a acquis la propriété d'annoncer la nourriture. Chez les humains, ce conditionnement se produit dans des situations où la peur arrive dans un contexte donné et s'y retrouve associée, comme dans les phobies. Dans le cas de l'ombrophobie (peur de la pluie) par exemple, où la pluie n'est pas déclencheuse en soi d'une réaction de peur. Cette réaction doit être apprise, conditionnée : si, à chaque fois qu'il pleut, ma maison est ravagée, j'aurai tendance à craindre la moindre goutte, même si j'habite au Sahara. De même, si je me fais piquer par une abeille, cela me fait mal, et l'abeille est ainsi associée à une douleur potentielle. Comme une forme d'empreinte corporelle indélébile et douloureuse.

Prenons le cas de Julie, qui redoute le cinéma car, la dernière fois qu'elle y est allée, elle a fait une crise d'angoisse. Cinéma et angoisse sont donc associés. Un peu comme deux métaux que l'on chauffe et qui se fondent en un seul, indissociés. Paul, quant à lui, est saisi d'angoisse à chaque fois qu'il se trouve seul ; on en déduit que la solitude est associée à quelque chose de néfaste pour lui. Chez Albane, l'association entre le sautoir de saut en hauteur et la blessure est encore plus limpide.

Dans ce « conditionnement » primaire, des chercheurs ont pu observer que notre comportement, en plus d'être influencé par le contexte immédiat, pouvait être modelé selon ses conséquences. On ne craindrait donc pas seulement l'événement qui se produit en même temps que le comportement, mais aussi celui qui vient ensuite. L'histoire de la carotte et du bâton.

Skinner, l'art de la récompense

Tout le monde s'entend sur le fait que le meilleur moyen d'obtenir d'un enfant qu'il range sa chambre est encore de lui promettre une récompense. Souvent, lorsque l'on parle de notion de renforcement positif, on pense à la manipulation. En fait, oui et non, car tout est manipulation à partir du moment où l'on attend de quelqu'un qu'il fasse quelque chose. Plutôt que de manipulation, nous pourrions alors parler d'influence. En effet, le but est d'influer sur l'autre dans un sens qui est le nôtre. Soit, ici, faire ranger la chambre à notre enfant. Ou encore obtenir une augmentation de salaire. Ainsi, apporter une conséquence positive à un acte augmente la probabilité qu'il se reproduise. Si votre patron veut vous revoir le mois prochain, il a plutôt intérêt à vous verser votre paie. Action et conséquence. Des chercheurs se sont penchés sur ce mécanisme qui module notre façon d'agir, autrement appelé la notion de renforcement.

Burrhus F. Skinner (1904-1990), psychologue américain, a démontré que nos comportements n'étaient pas conditionnés uniquement par l'association (comme celle d'une cloche et d'un steak), mais aussi par leurs conséquences (Skinner, 1957). C'est sur ce point que la critique de l'« éducation canine » porte le plus souvent. En effet, cette dernière s'est souvent basée sur la notion de récompense comme procédé d'obéissance du chien. Beaucoup ont alors pu penser que le psychologue faisait de même avec ses patients – un sucre et tout va mieux –, réduisant l'être humain au statut d'animal (est-ce forcément dégradant, d'ailleurs ?).

Or, qu'on le veuille ou non, notre cerveau possède un système, appelé système de récompense, dont je parlerai plus loin. Par cette structure cérébrale, notre corps est fait pour se rapprocher du bien et s'éloigner du mal. Lorsqu'il se rapproche d'une conséquence positive, il sécrète de la dopamine, qui lui donne encore plus envie de se comporter de la même manière. Ici, c'est donc la composante positive qui nous fait agir. Biologie commune aux autres mammifères, n'en déplaise aux penseurs de l'Homme.

La différence entre l'éducation canine et la psychothérapie se situe dans le fait que, dans cette dernière, le bénéficiaire est bien la personne, et pas le psychothérapeute. Ainsi, Skinner a pu déterminer quatre types de conséquences influençant nos actions :

- le renforcement positif représente une conséquence agréable et augmente donc la probabilité de continuer à agir (le salaire, un bonbon) ;
- le renforcement négatif, lui, enlève quelque chose, souvent désagréable, et provoque donc aussi la tendance à reproduire l'action (prendre un antalgique pour soulager la douleur) ;
- le blocage représente une forme de punition : si l'on apporte une conséquence négative à nos actions, on aura tendance à ne pas continuer (amende de stationnement) ;
- l'absence de conséquence aura aussi tendance à nous faire stopper notre action (si un voisin ne répond pas à nos bonjours, nous finirons par arrêter de le saluer).

Ainsi, lorsque nous analysons notre façon d'agir, il est important d'observer de quelle manière notre comportement se maintient. En psychologie comportementale, on observe les conséquences qui font que l'on se comporte toujours de cette manière. En effet, un comportement a toujours une bonne raison d'être, mais, parfois, ses conséquences à long terme sont délétères (par exemple : boire de l'alcool, se sentir bien, puis devenir dépendant).

Considérons le cas de Julie : plus elle évite les situations angoissantes, plus elle se sent rassurée, ce qui augmente sa tendance à éviter, en dépit des conséquences néfastes sur sa qualité de vie. Pour ce qui est de Paul, plus il travaille et obtient des résultats, plus il gagne à la fois l'estime de son patron et de l'argent. Ceci augmente ainsi sa tendance à travailler dur, malgré les conséquences négatives sur sa santé et sa vie de famille. Pour Albane, les coupes disposées sur son armoire sont de puissants renforçateurs et la poussent à toujours faire mieux, à s'entraîner. Ils sont d'autant plus puissants qu'ils sont visibles et eux-mêmes renforcés par ses proches, fiers de sa réussite. Qui n'a jamais rapporté un trophée, une bonne note, un beau dessin, et ressenti cette douce chaleur (shoot de dopamine) au creux du ventre ? C'est le socle de l'apprentissage, le socle de 550 millions d'années d'évolution.

La psychologie comportementale a pour but d'étudier ces renforçateurs. Selon cette approche, on comprend peut-être mieux la raison pour laquelle le souverain bien agit comme un aimant en guidant nos actes. Or, au sein de la psychologie comportementale, bien que considérablement bien établie et démontrée, il manque quelque chose dans la conception du comportement humain. En effet, la sphère située sous les cheveux de l'Homo sapiens que nous sommes devenus est loin d'être vide ! On peut alors imaginer que penser pourrait influencer ce que l'on fait... Dans les années 1970, des chercheurs se sont ainsi intéressés à d'autres leviers permettant de mieux comprendre notre façon d'agir. Leur regard s'est porté sur la façon dont nous interprétons les choses, autrement dit notre mode de penser.

La deuxième vague : thérapie cognitive

Aaron T. Beck (1921-2021), en analysant notre façon de penser face à une situation donnée, a été le fer de lance de cette deuxième vague de la thérapie comportementale et cognitive. Il a montré que ce que nous pensons d'une situation influence énormément notre comportement ; en d'autres termes, la façon dont notre cerveau traite l'information (nos interprétations) est essentielle pour comprendre nos actions.

Par exemple, lorsque Julie se dit, en entrant dans une salle de cinéma : « Ça y est, ça recommence, je vais faire une crise », cette pensée conditionne sa fuite. De la même manière, quand Albane, en s'approchant du sautoir, se dit : « Je vais me blesser », cette pensée est responsable du fait qu'elle s'arrête net. Pour Paul enfin, qui se dit sans cesse : « Je souffre, donc j'existe », on peut aisément imaginer l'influence de cette pensée sur son mode de vie... Cette phrase qu'il se répète inlassablement est teintée d'un ton, d'une couleur, d'une émotion – ici la peur et une boule au ventre – qui vont déclencher un réflexe de fuite. La pensée prend alors le pouvoir sur la réalité, et fait plus d'effet que les faits. « Je pense, donc je suis » est supplanté par « Je suis ce que je pense ».

La thérapie cognitive vise à comprendre notre mode de penser, nos erreurs de jugement, et à remplacer ce contenu par des pensées plus réalistes (par exemple : « Il est possible que je fasse une crise, mais je sais respirer pour la gérer ») qui permettront de faire face à la situation.

Ces deux premières vagues des TCC se centrent ainsi sur ce qui se passe dans l'instant et modifie notre façon d'agir. On retrouve ici la capacité des TCC à associer le corps (émotions-sensations-comportement) et l'esprit (nos pensées), façonnés par des centaines d'années de philosophie. En effet, la façon dont on perçoit le monde, les autres et soi-même résulte de la culture dans laquelle on évolue, et est donc influencée par la philosophie.

Pour commencer à répondre à la question « pourquoi les gens souffrent ? », commençons par chercher à comprendre les éléments qui sous-tendent les problèmes de Paul, de Julie et d'Albane. Cette phase d'observation, que l'on appelle l'analyse fonctionnelle, se déroule selon la séquence suivante (Cercle vicieux de Cungi, 2011) :

- Qu'est-ce qui déclenche mon problème ? La situation.
- Qu'est-ce que je me dis lorsque je suis face à cette situation ? Les pensées.
- Qu'est-ce que je ressens ? Les émotions et les sensations physiques.
- Qu'est-ce que je fais ? Le comportement.

– Quelles sont les conséquences pour moi et pour les autres, à court et à long terme ? Les conséquences.

Observons les résultats de cette analyse fonctionnelle chez Julie, Paul et Albane.

Julie et le cinéma

Situation

Les endroits fermés d'où elle ne peut sortir facilement (cinéma, ascenseur, salle d'attente) ; les endroits où elle ne peut trouver de l'aide (dans la nature par exemple)

Pensées

« Je vais faire une crise. »

« Et si je fais une crise ? »

Émotions

Peur, anxiété

Boule dans le ventre, oppression thoracique

Comportement

Évitement, hyperventilation

Conséquences

Soulagement

Anticipation (« si je vais dans un de ces endroits, je me sentirai mal »)

Moins de sorties

Paul et le vide

Situation

Seul chez lui, allongé ; toutes les situations dans lesquelles il ne peut faire ce qu'il veut à cause de son dos

Pensées

« Je suis nul. »

« Il faut que j'y arrive, sinon je ne vaux rien. »

« La douleur est un concept. »

Émotions

Impuissance, tristesse, culpabilité

Tension dans le cou, boule de feu dans la poitrine, sensation de vide dans le ventre
Comportement
Soit il force, soit il rumine.
Conséquences
Il se dévalorise, aggrave son problème de dos et son incapacité. Il se coupe de sa famille et se replie sur lui-même.

Albane et le saut en hauteur

Situation
À l'approche du sautoir
Pensées
« Je ne vais pas y arriver. »
« Je vais tomber. »
Émotions
Peur, jambes qui tremblent
Comportement
Elle opère un demi-tour.
Conséquences
Soulagement immédiat
Jugement de soi et dévalorisation qui renforcent le sentiment de ne pas y arriver (il en est de même face à son eczéma : « j'en ai marre » – colère, tension –, « je ne dois pas montrer mes faiblesses » – grattage et rumination –, qui entraînent une augmentation de l'eczéma)

Dès lors, on discerne mieux le fonctionnement de Julie, de Paul et d'Albane. Pris dans une mécanique infernale, plus ils agissent, plus ils s'enfoncent. Ils ne parviennent pas à s'adapter. Leur façon d'appréhender le monde est également mise en lumière par cette analyse fonctionnelle : pour Paul, le monde est à conquérir, coûte que coûte ; pour Julie, ce même monde est un enfer pavé de potentielles attaques de panique ; pour Albane, il ne faut pas avoir d'émotions afin d'avancer et d'« être forte ».

Il était important de comprendre comment fonctionnent les TCC afin de mieux appréhender les interactions. Ici, des cercles vicieux éloignent jour après jour Julie, Paul et Albane du souverain bien, de ce bonheur tant espéré. Mais cette compréhension, ce regard, offrent l'espoir d'un heureux dénouement entre corps et esprit. Telle est la force de l'analyse: se redonner le pouvoir d'agir, modifier son mode de penser, ses émotions, pour avancer au mieux. À ceci près que nous nous engageons dans une lutte contre des éléments présents depuis des années, une lutte contre ce corps qui produit lui-même ces pensées et ces émotions. Mais à quoi bon lutter contre sa biologie? Partant de là, l'approche comportementale a poussé l'analyse encore un peu plus loin.

Ces dernières années, une troisième vague de psychologie cognitivo-comportementale est apparue. Plutôt que de tenter de modifier et de changer ses expériences intérieures, la thérapie d'acceptation et d'engagement (ACT) propose de prendre une certaine distance vis-à-vis d'elles, de faire avec ses ressentis plutôt que de chercher à les changer.

La troisième vague: la thérapie d'acceptation et d'engagement

La thérapie d'acceptation et d'engagement fait partie des TCC et se fonde sur le même paradigme «situation-pensées-émotions-sensations-comportement». Basée sur les principes de la méditation de pleine conscience, elle propose d'aborder les émotions, les pensées et la situation selon un angle légèrement différent de celui des approches comportementale et cognitive. En effet, ici, le but n'est pas de modifier les pensées ou les émotions, mais plutôt la façon dont nous les vivons. Souvent, nos conduites problématiques visent à fuir ce qui est désagréable. Chercher les plaisirs et fuir les déplaisirs est tout à fait naturel (voir à ce propos la philosophie hédoniste épicurienne). Oui, mais redouter toutes les souffrances conduit à un évitement systématique, et donc à une LUTTE permanente pour ne plus souffrir. Et pour mener cette lutte, on évite de s'engager dans des actions qui seraient pourtant importantes. De nombreuses expériences ont permis d'étudier cette tendance à éviter les expériences désagréables. Par exemple, si l'on vous interdit, tout en lisant ces lignes, de penser à un éléphant rose coiffé d'un chapeau de père Noël, que se passe-t-il ? Vous avez la réponse. De même, imaginez-vous sur l'autoroute du soleil, un 15 août, en plein embouteillage. Votre climatisation est en panne, il fait une chaleur étouffante. Pour couronner le tout, vos enfants vous demandent sans cesse « quand est-ce qu'on arrive ? ». À ce moment-là, le Dalaï-Lama, assis paisiblement à côté de vous, vous dit, d'un ton des plus assurés : « Calmez-vous, il n'y a aucune raison de s'énerver. » Que faites-vous ? Oui, vous seriez sans doute la première personne à hurler sur le maître spirituel du Tibet.

Souffler sur les braises.

L'ACT vise à augmenter notre seuil de tolérance à la souffrance. Imaginons un randonneur, capable de supporter les douleurs musculaires afin de réaliser son rêve : gravir sa montagne vers ce bonheur tant existentiel que corporel. Heureusement, il ne tourne pas les talons à la première tension ! Les principes de l'ACT invitent à considérer l'angoisse, la peur ou encore les images noires comme faisant partie du fonctionnement normal de notre corps. Si la sélection naturelle nous a légué ceci, c'est que cela peut être utile, fonctionnel. Il convient ainsi d'accepter qu'il n'y ait rien d'anormal dans notre fonctionnement. Avoir des pensées noires quand on se sent triste, ressentir de l'angoisse devant une situation incertaine ou se remémorer des souvenirs pénibles d'un événement difficile sont des processus de notre fonctionnement normal de protection. Le problème vient souvent de la façon dont nous réagissons face à ces émotions, pensées et sensations.

Pourtant, les codes sociétaux considèrent la souffrance, la douleur, le stress, comme des ressentis néfastes. Or, comme l'écrivait Hans Selye (1956), le père du stress (« *Stress is Life* », disait-il), à quoi bon lutter contre la vie ? Cette attitude pourrait être qualifiée de « normalité destructrice » (Monestès et Villatte, 2011) : à vouloir être « normal », c'est-à-dire sans souffrance, nous nous enfonçons. D'où l'idée qui constitue l'un des fondements de l'ACT : il faut parvenir à vivre différemment cette souffrance. Les biologistes souscriraient sans doute à cette idée, puisque la nature ne laisse rien au hasard ; nous aurons l'occasion de développer plus loin la fonction protectrice de l'angoisse et de la peur. Nous pourrions alors nous poser la question suivante : « De quoi cette angoisse veut-elle nous avertir ? » Ce qui nous conduit à changer notre regard, et celui de nos trois amis, sur les ressentis désagréables.

Une affaire de mécanismes plutôt que de maladie

La thérapie d'acceptation et d'engagement s'attache à changer son rapport aux choses (le processus) plutôt que de changer les choses elles-mêmes (le contenu). De la même manière que nous pouvons travailler la souplesse, la force ou encore l'explosivité d'un muscle, nous sommes en mesure de travailler notre capacité à gérer nos émotions, nos pensées, ou à porter attention au moment présent.

L'ACT cible six processus, six façons de réagir face à nos émotions, nos pensées, nos situations. Six compétences au service d'une seule. En effet, ces six éléments sont les rouages d'un moteur plus général que l'on appelle la flexibilité psychologique, et qui correspond à la capacité à rester pleinement en contact avec ses ressentis désagréables (acceptation) tout en maintenant un comportement en fonction des buts et de la situation (Hayes *et al.*, 2006). Dans notre quête du bonheur, ce but, ce souverain bien, nous entrevoyons là l'espoir d'une réponse. Ces six processus sont résumés dans un hexagramme nommé Hexaflex (Wilson, 2007) :

L'Hexaflex

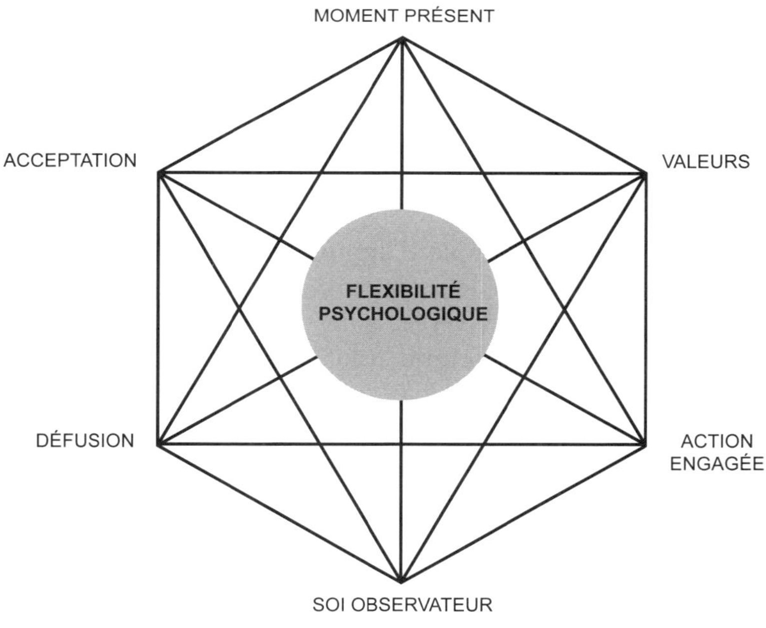

L'acceptation (Monestès et Villatte, 2012) est une forme active de contact avec ses sensations, ses émotions, ses pensées. Elle s'oppose ainsi à ce que l'on appelle l'évitement expérientiel, soit la tendance à éviter ou à vouloir modifier nos expériences intérieures (tout faire pour ne pas ressentir telle sensation, telle émotion).

La défusion est une alternative à la fusion cognitive, c'est-à-dire la tendance d'une personne à considérer le contenu de ses pensées comme s'il était le reflet de la réalité (elle se traduit par une adhésion au contenu littéral de ses pensées, « je suis nul(le) » par exemple).

Le moment présent est cette capacité à être en contact avec le moment que l'on vit et l'environnement extérieur. On pourrait le rapprocher d'un processus attentionnel, notamment utilisé en méditation de pleine conscience.

Le soi observateur désigne une prise de perspective par rapport à ses expériences, une capacité linguistique mais aussi psychologique à dire et à expérimenter le « je ».

Les valeurs constituent le cœur de la thérapie d'acceptation et d'engagement. Il est essentiel d'identifier ce qui est important pour soi.

Les actions engagées bouclent l'ensemble des processus ; sans action, il n'y a pas de changement (Schoendorff *et al.*, 2011).

L'ACT est une thérapie d'apprentissage, où la personne identifie puis entraîne les compétences nécessaires à l'acquisition de la vie visée, rêvée, souverainement bonne. Bien qu'étant considérée comme une pratique, ancrée dans le réel, l'ACT ne représente pas seulement une méthode, une caisse à outils. Ses fondations sont elles-mêmes ancrées dans un contexte philosophique qu'il convient d'expliciter afin de mieux appréhender cet entre-deux philosophique et biologique, ce rapport entre le corps et l'esprit.

Chapitre II

Prologue philosophique de l'ACT

L'ACT se fonde sur des notions philosophiques anciennes, qui seront développées dans les chapitres suivants. Mais pour mieux appréhender l'ancrage philosophique de cette pratique, commençons par aborder la notion de contextualisme fonctionnel.

Psychologie contextuelle

Le contextualisme est une branche de la philosophie contemporaine considérant que toute chose ne peut être prise indépendamment du contexte dans lequel elle se situe. C'est un peu ce que dit aussi la théorie de la Gestalt. Imaginez une bouteille. Celle-ci ne peut être observée indépendamment du contexte : l'arrière-plan (le mur), le support sur lequel elle repose (la table), le liquide qu'elle contient, voire l'étiquette (un magnifique Châteauneuf du Pape dont l'année changera tout quant à votre envie d'y goûter… 1902 ou 1992 ?). Ainsi, le contextualisme défend l'idée que l'étude du contexte est le seul moyen de comprendre, mais aussi de juger, un comportement. « Rien n'est bon, rien n'est mauvais, tout dépend du contexte ? », se demanderait sans doute la jeune Lucie. C'est effectivement ce qui définit le contextualisme, le contexte désignant un ensemble de circonstances et de conditions qui entourent et déterminent tout comportement. Ces circonstances et conditions peuvent être spatiales, temporelles, situationnelles, personnelles, sociales, culturelles, écologiques, historiques... (Alentoh, 2019). Ainsi, si l'on vous présente ce dessin :

Et qu'on l'affiche au mur d'une classe de maternelle...

Il est certes très réussi, mais ne le jetteriez-vous pas à la fin de l'année scolaire ?

Maintenant, si on le présente comme ceci :

Cela change-t-il votre perception du dessin ? Assurément oui, surtout si vous êtes l'heureux possesseur de ce Picasso. Le prisme, le contexte à travers lesquels on observe ce dessin changent grandement notre perception des choses.

Notons qu'on ne prend pas uniquement en compte le contexte de l'objet observé, mais aussi celui de l'observateur. Les conditions dans lesquelles nous vivons influencent nos perceptions et la vérité que l'on confère aux choses. Il existe donc un contexte qui nous est propre et qui dépend de nos dispositions physiques, psychologiques et culturelles. Par exemple, si vous vous promenez dans le musée qui détient ce dessin de Picasso le jour de votre rencontre avec l'amour de votre vie, cette œuvre restera à jamais gravée dans votre mémoire. Elle sera associée à un contexte d'amour, de joie et d'espoir d'une vie heureuse. Le contexte est ici interne, et aussi symbolique. Imaginez en revanche que vous vous baladez avec le même amour de votre vie, vos trois enfants, un vendredi soir, après une longue journée de travail, avec votre belle-mère présente chez vous depuis trois semaines, et que cette dernière adore ce tableau. Vous restera-t-il en mémoire de la même manière ? Sûr que non. Ainsi, en ACT, les comportements des personnes sont à considérer en fonction du contexte intérieur et extérieur dans lequel ils se produisent.

Revenons par exemple à Paul. Imaginons qu'il travaille tard et ne rentre chez lui qu'à 22 h. Le fait-il parce que sa belle-mère est à la maison ? Ou parce qu'il souhaite obtenir une prime pour partir en voyage avec sa femme (sans belle-maman) ? Selon le contexte, son comportement ne s'observe pas à travers le même prisme. Quant à Albane, si elle force sur son genou au moment du dernier saut, pour remporter la médaille, cela n'aura pas la même signification qui si elle le fait pendant un entraînement (je souligne qu'Albane n'a pas de belle-mère). Le contexte modifie notre perception de leurs actions.

Le vrai du faux, le bon grain de l'ivraie

Ceci nous amène à considérer un questionnement plus large : qu'est-ce qui est bien ou mal, en santé mentale ? Le jugement de valeurs fait partie de ces éléments de contexte, il s'agit d'un critère qui permet de fonder non seulement une théorie, mais aussi une vie. La bonne ou la mauvaise santé. Mais comment définit-on cette vérité en psychiatrie ? Ceci mérite d'être exploré car, là encore, la troisième vague des TCC effectue quelques défrichements philosophiques à même de produire des effets considérables dans notre façon d'agir. En effet, bon nombre de thérapies psychologiques ou médicales ont pour but de soigner, c'est-à-dire de corriger les choses selon un référentiel, une norme : soit « la bonne santé », soit la « bonne pensée ». La vraie bonne santé. Or, on observe bien que cette démarche procède d'une certaine conception de la vie, d'un certain parti pris selon lequel il y aurait une « bonne », ou vraie vie, et une « mauvaise », ou fausse vie. Certains considéreront par exemple qu'il est bon de ne pas manger d'animaux, d'autres privilégieront les gourmets et succulents plaisirs. En soin, il est important d'étudier ces critères que l'on donne et que l'on prescrit à l'autre, au patient que nous sommes aussi parfois.

L'ACT n'a pas de visée ontologique, ce qui signifie qu'elle ne cherche pas à définir ce qui est juste ou non, ce qui est vrai ou faux. Elle est dite a-ontologique, au sens où ce qui l'intéresse est simplement de savoir si un comportement remplit son objectif ou non. C'est l'idée qu'a développée Francis Bacon en 1620 (tout de même) dans un manifeste scientifique appelé *Novum Organum* (*Nouvel Outil* (déjà !), Desprez, 2011). Il y soutenait que « savoir c'est pouvoir ». Pour lui, la véritable question de la connaissance n'est pas de savoir si elle est vraie ou non, mais quel pouvoir elle nous donne. En l'occurrence, quel pouvoir elle nous donne pour accomplir nos objectifs (on retrouve le souci des buts évoqués plus haut).

Ceci ancre le discours dans une approche résolument scientifique. En effet, comme le décrit très bien Yuval Noah Harari dans son livre *Sapiens : une brève histoire de l'humanité* (2015), l'histoire de l'humanité a été marquée par diverses révolutions. Celle qui nous intéresse ici est la révolution scientifique, où l'homme a pu prendre conscience (avec l'évolution du volume de son cerveau) qu'il ne savait pas tout, que tout était à découvrir, que rien n'était gravé dans le marbre du savoir ancestral. Rien n'est vrai en soi, rien n'est vrai à jamais. Avant cette révolution, tout homme devait s'en référer aux livres sacrés ou à leur dépositaire, le sage, le religieux. La vérité se nichait forcément dans les écrits. En dehors d'eux, point de salut. La terre était plate, circulez il n'y a rien à voir. En admettant qu'il n'y ait pas de vérité en soi, en adoptant cette posture a-ontologique, l'ACT ne peut donner aucune leçon. La seule règle est de combler l'écart entre le point de départ et le but de la personne. Entre nous et ce bonheur, ce souverain bien. Le torrent de la créativité humaine s'écoule alors dans sa plus pure radicalité pragmatique : faire ce qui fonctionne et non plus uniquement ce que l'on croit fonctionner. Ainsi, ce qui est vrai pour une personne de 80 ans ne l'est peut-être pas pour un ado de 14 ans.

Cette approche centrant son regard sur la fonction de nos comportements plutôt que sur leur véracité ou leur justesse (bien/mal) correspond précisément à ce que l'on appelle le contextualisme fonctionnel, concept développé par John B. Watson en 1913 (Watson, 1913). Selon la perspective contextualiste, rien n'est bon ou mauvais en soi, seul compte l'aspect pragmatique de ce que l'on analyse : cela permet-il d'approcher notre objectif ou non ?

Contextualisme fonctionnel

Analyser un comportement seul, une émotion seule, une pensée seule n'a pas de sens. Sans référence, tout peut être vrai. Sans référentiel, la pensée « Je suis nul(le) » n'est ainsi pas forcément négative : elle peut même se révéler tout à fait vraie si je me comporte comme un mufle envers un ami. En revanche, est-ce qu'elle m'aide pour avancer ? Est-ce qu'elle m'aide à réparer mes erreurs ? Pour illustrer ce fonctionnalisme, prenons un exemple concret.

Je considère le premier objet présent devant moi lorsque je lève les yeux de mon clavier : une bouteille d'eau. Elle remplit actuellement la fonction attendue, à savoir m'hydrater au besoin. Une fois vidée, est-elle bonne à jeter à la poubelle ? Non, je peux de nouveau la remplir d'eau ou d'un autre liquide, comme de l'engrais vert pour mes plantes. À priori, la bouteille reste la même, mais sa fonction a changé. En revanche, si elle est pleine d'engrais et que je veux m'en servir pour m'hydrater, elle devient dysfonctionnelle. Poursuivons. Une fois vidée de cet engrais vert, ma bouteille est-elle hors d'usage ? Non, bien sûr, et vous imaginez bien qu'elle peut servir à tout un tas d'autres choses, un objet de décoration avec du sable de couleur par exemple. Ainsi, la bouteille reste la même, mais, si l'on juge sa fonction en regard du but de son utilisation, il devient assez simple de décider si elle remplit nos attentes ou non. Mais, au fait, qu'est-ce qui a changé autour de cette bouteille ? Le contexte, bien sûr ! Le contexte dans lequel nous la percevons nous donne une idée de sa fonction. Notons au passage (puis je le reprendrai dans le chapitre suivant) que nous avons ici changé le contexte matériel, mais que l'on peut aussi changer le contexte symbolique, avec le langage. Par exemple, si je donne cette bouteille à mes enfants, il est probable qu'ils en feront, selon leur imagination, une baleine bleue ou un vaisseau spatial. Il en est de même en psychologie ACT : divers comportements remplissent la même fonction (manger, boire, fumer pour se soulager) ou bien un même comportement revêt des fonctions différentes (boire, manger, fumer pour, par exemple, entrer en relation avec quelqu'un). Les conséquences de ces deux fonctions (se soulager et entrer en relation avec quelqu'un) sont différentes aussi.

L'ACT est donc une psychothérapie qui illustre le dessein général philosophique de tendre vers le développement de soi. Autonomie, liberté et pragmatisme. Rien n'est bon, rien n'est mauvais en soi, tout dépend du contexte. Chacun son bonheur, chacun son dessein.

TROISIÈME PARTIE

SIX PROCESSUS, UN VOYAGE

L'idée d'incarner la philosophie dans le corps à travers l'ACT peut être vue comme un voyage. Nous savons quelle destination nous voulons atteindre et, pour y parvenir, nous devons découvrir et apprendre des pays, des cultures, des langues. Six au total. Mais, pour voyager, nous avons besoin d'un moyen de locomotion. En psychothérapie, ce moyen n'est autre que le langage, cette pierre de Rosette, ce facteur commun qui unit toutes les pratiques psychologiques. Le langage pourrait être considéré comme un processus à part entière, mais il n'existe qu'en fonction du contexte : c'est par lui que se modifient notre rapport à nous-même, nos émotions, nos pensées et nos comportements. Commençons donc – avant d'entrer dans le détail des six processus ciblés par l'ACT – par nous demander en quoi le langage constitue le formidable véhicule de cette synthèse corps-esprit et, surtout, de quelle manière il peut nous élever autant que nous clouer au sol.

Prologue

Le facteur commun : le langage

Ce formidable outil est apparu assez tardivement dans l'évolution de l'Homme, et force est de constater qu'il constitue le point de bascule ayant permis à l'espèce humaine de se différencier de ses autres congénères mammifères. Nous avons environ 98 % de gènes en commun avec le chimpanzé (Mikkelsen *et al.*, 2005), et dans les 2 % restants se niche un gène au nom de code faisant penser à une opération militaire, le FOXP2 (Liégeois *et al.*, 2003). D'après diverses études (Enard *et al.*, 2002 ; Konopka *et al.*, 2009), ce gène est impliqué dans la génération du langage chez l'Homme. Le langage est donc, d'abord et avant tout, le fruit de la biologie. Il résulte d'un processus de sélection naturelle et de meilleure chance d'adaptation : grâce à lui, Homo sapiens a pu communiquer, anticiper, nommer les choses indépendamment de leur présence physique, transmettre son savoir. Ces compétences lui ont permis de s'extraire de la nécessité matérielle et de mieux maîtriser son rapport au monde et à l'autre. C'est notamment grâce à la faculté de parler que nous sommes capables de vivre en communauté (en groupes de plus de 150 personnes, selon Harari, 2015). Sans le langage, « jamais vous ne convaincrez un singe de vous donner sa banane en lui promettant qu'elle lui sera rendue au centuple au ciel des singes », écrit Yuval Noah Harrari. La communauté n'est possible que grâce au langage. Comment des empires s'étendant de l'Asie à l'Europe auraient-ils pu exister sans communication ? De l'art pariétal aux réseaux sociaux, le langage permet de faire avancer l'être humain. De la même manière qu'en psychothérapie, on apprend, on avance avec l'espoir d'un bonheur futur. Pas de langage évolué chez les singes, donc pas de psychothérapie pour les singes. Mais les singes souffrent-ils autant de troubles psychiatriques que leurs cousins les Hommes ? On peut se demander si ces avancées ne se payent pas d'un lourd tribut de questionnements existentiels… C'est une question que j'aborderai plus loin.

La révolution qui a permis à l'être humain de communiquer et de penser s'est produite entre 70 000 et 30 000 ans avant J.-C. (Harari, 2015). Bien sûr, les animaux communiquent également, mais c'est sans commune mesure avec la communication humaine qui, elle, peut associer un nombre infini d'informations, de signes, de symboles. Cette révolution est le fruit de l'évolution de notre cerveau : lui seul a, peu à peu, permis l'émergence du langage.

Biologie corticale

Le langage est formé de deux unités de base : des sons, représentant la partie physique, et des unités de sens, qui en constituent la partie symbolique. Assemblés et placés dans un certain ordre, les mots prennent un sens et se déclinent dans toutes les langues du monde. Sans aller plus loin, on observe déjà de quelle manière la philosophie, la biologie et son entremetteuse, la psychothérapie, se trouvent réunies dans ce facteur commun. Deux entités supposent deux lieux de production. Décrivons synthétiquement la biologie du langage – le spécialiste me pardonnera ici de ne pas entrer dans le détail.

Le corps humain : schématisation

Imaginons le corps humain comme une maison comportant différentes pièces. Au dernier étage se trouve le cerveau. Pour simplifier, on peut visualiser ce dernier comme une orange. Son écorce, qui constitue la partie la plus évoluée, est appelée le cortex cérébral, ou néocortex. Cette partie, plus récente en termes d'évolution, contient ce qui nous différencie de l'animal et donc, pour ce qui nous concerne ici, la neuropsychologie du langage. La pulpe de l'orange, plus ancienne, est une zone qualifiée de sous-corticale. Elle renferme toute la gestion émotionnelle et affective (appelée le système limbique), mais aussi tout le programme automatique commun à l'espèce (manger, dormir, se reproduire...), que l'on appelle le cerveau reptilien. Ces parties ne fonctionnent pas chacune de leur côté, mais en réseau. Cette topographie, certes un peu grossière, permet de situer globalement les différentes fonctions du cerveau.

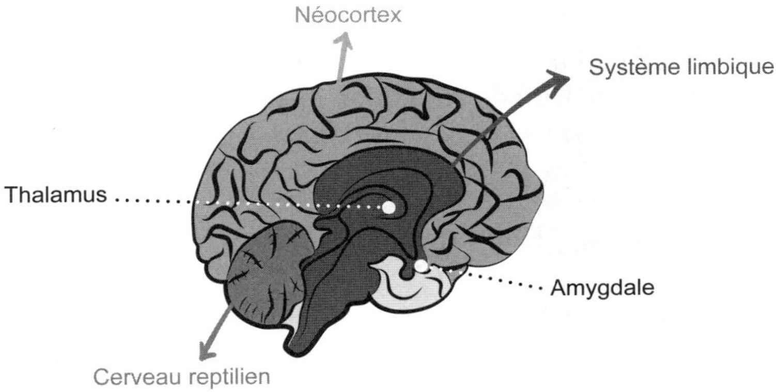

À ce poste de commande est relié tout un réseau de câbles électriques véhiculant des informations, volontaires ou non, comme la motricité volontaire, la motricité automatique ou encore la respiration et la fréquence cardiaque. Ce réseau est ce que l'on appelle le système nerveux périphérique. Au bout de ces câbles électriques (les nerfs, donc) se situent nos organes. Je passe évidemment sur le squelette, qui soutient l'ensemble.
Dans cette maison, aucune pièce n'est plus importante que les autres et aucune des pièces n'en est séparable. Le corps est esprit et l'esprit est corps, comme le langage est forcément sonore et symbolique. Inséparables.

Revenons sur le langage: si nous sommes capables de produire des sons et de leur donner du sens, c'est qu'il existe deux sites de production au sein du cerveau.

Le premier, appelé aire de Broca, est situé dans la région inférieure gauche du lobe frontal gauche (voir schéma). Cette région gère la motricité nécessaire, entre autres, à l'articulation, à la prononciation et à la respiration. Grâce à ses liens étroits avec le cortex moteur primaire situé juste en arrière, cette zone pilote aussi la gestuelle. Sachez ainsi que la majeure partie de notre communication passe par ce canal et ne concerne pas que les Italiens à la gestuelle prolixe. Ainsi, la perturbation de cette zone cérébrale, qui peut être considérée comme le moteur du langage, provoque une difficulté à produire des paroles sans que la compréhension soit altérée. La personne peine à parler, mais aussi à lire et écrire.

Le second centre de production, appelé aire de Wernicke, est situé dans une région postérieure du lobe temporal. Ce site gère le sens de la parole. Les personnes atteintes de cette partie du cerveau parlent sans problème avec fluidité, mais leur discours est incompréhensible.

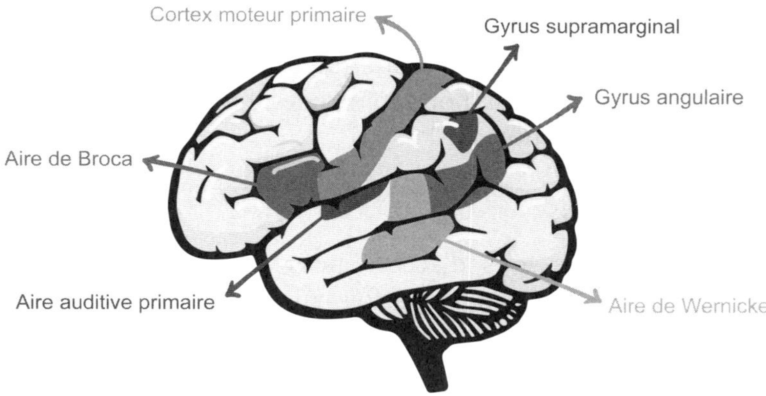

L'aire de Broca gère donc l'exécution des sons, tandis que l'aire de Wernicke est chargée de la production du sens, du contenu destiné à l'autre. La première représente les boules du loto et la machine qui les fait sortir (Broca, le support physique), la seconde gère les numéros (Wernicke, le sens).

Observons maintenant comment la philosophie traite son outil langagier et l'analyse au-delà de sa seule fonction de communication.

Philosophie du langage

Aborder toute la philosophie du langage en un chapitre de livre serait une tâche bien trop ardue. Centrons donc notre propos autour de la question suivante : « En quoi le langage va-t-il être notre ami commun pour avancer dans cette vie tumultueuse ? » Car, qu'on le veuille ou non, la philosophie est une réflexion, mais on ne peut la séparer de l'avantage adaptatif qu'elle a procuré à l'Homme. Si l'Homme philosophe, c'est qu'il en a besoin pour survivre.

Le langage a traversé toute la philosophie, de Platon jusqu'à Jacques Derrida, en passant par Raymond Devos qui, comme tout grand philosophe, excellait dans l'art du langage : ne rien dire pour tout dire. Intéressons-nous d'abord à l'importance du langage en tant que véhicule d'information, preuve de vérité. Nous nous interrogerons, dans un second temps, sur sa fonction.

L'empire du sens

Nous sommes tous d'accord pour dire que le langage est un véhicule à sens, et parfois aussi à contresens. Pour preuve, entre :

Ce que je pense,
Ce que je veux dire,
Ce que je crois dire,
Ce que je dis,
Ce que vous avez envie d'entendre,
Ce que vous croyez entendre,
Ce que vous entendez,
Ce que vous avez envie de comprendre,
Ce que vous comprenez...

... il existe un certain nombre de chemins menant à l'incompréhension, et tout autant de sujets d'étude du langage. En philosophie, comme en biologie, l'abord du langage porte sur deux éléments : l'un concret, l'autre abstrait

(Saussure, 2002). En effet, il ne suffit pas d'être capable de prononcer des mots comme « mon chaton », il faut encore savoir quelle signification on leur donne. Le langage est ainsi pris entre le réel, ce qu'il est censé nommer, et le symbolique auquel il renvoie. Le langage se rapporte-t-il plutôt à ce que l'on pense ou plutôt à la réalité ? Concret ou abstrait ?

À dire vrai

Ainsi, pour Platon (discours du Cratyle, Robin, 1950), le langage est censé se référer au réel, et fidèlement s'il vous plaît. Ce que l'on dit correspond à ce que l'on veut identifier : « Ceci est une table. » Reste à savoir si ce que l'on dit est vrai. S'agit-il bien d'une table ? C'est ici que ce que l'on appelle le réalisme fait son entrée. Le réalisme est le fait de considérer ses idées – donc, ici, le langage – comme fidèles à la réalité. Ainsi, pour Platon, et pour les tenants de cette approche langage-réel, le langage est constitué de signes naturels dont la correspondance au réel est fixe et absolue. Pas de second degré chez les Grecs. Pourtant, si tout ce que l'on disait était vrai, cela se saurait.

Ce que nous touchons du doigt ici, c'est la question des conditions de vérité de ce que l'on dit. En effet, le langage ne dit pas toute la vérité, rien que la vérité, sur les choses. Il semble alors nécessaire de nuancer la pensée grecque. C'est ce que font, au XIXe siècle, Gottlob Frege et Edmund Husserl (Ludwig, 1997). Pour eux, le langage doit être analysé et pondéré en fonction des faits, donc du contexte. Il n'est pas forcément vrai en soi. Prenons deux situations extrêmes : d'une part la communication entre les abeilles, où tous les signaux correspondent à une information transmise, fixe, stable dans le temps et prédictible (pas de tricherie de sens dans la ruche) ; d'autre part le discours d'un homme politique, qui émet des propositions auxquelles on peut croire... ou pas. Jacques Chirac n'a-t-il pas dit à ce sujet : « Les promesses n'engagent que ceux qui y croient » ?

Alors, entre le vrai et le faux en fonction du réel, pourrait-on considérer que ce langage exprime quelque chose de plus ? Cet implicite, ce qui se dit en creux, peut aider à comprendre l'intérêt du langage.

Sens caché

Abordons maintenant le rapport qu'entretient ce séculaire dialecte humain avec le domaine des idées, celui du symbole. Évoquer le sens caché de nos paroles fait partie des marronniers de la psychologie (Freud est passé par là !). Tout ce que vous direz « se retournera contre vous », assènent les officiers de police américains, ces chevaliers de la vérité... les psychanalystes aussi, ces divas du divan.

Nous savons effectivement que le langage flirte avec l'obscurité. Son message est à la fois explicite et implicite, ce qui effraie parfois, car cela donne l'impression que l'autre peut « lire dans nos pensées » (un fantasme d'enfant) et découvrir des choses sur nous qui nous sont inconnues. C'est d'ailleurs ce qui a freiné Paul avant de venir en psychothérapie : lui qui maîtrisait tout craignait de se retrouver face à quelqu'un qui pourrait lire entre les lignes et le déposséder de cette maîtrise du sens. Le sens va de soi.

Cette façon de considérer le langage postule que ce dernier a plus à voir avec l'inconscient qu'avec le monde réel. En effet, le langage exprime la pensée *via* les mots. Je dis ce que je pense, je ne dis pas ce qui est vrai. Ferdinand de Saussure (2002) développe l'idée que le langage est une somme de signes dont la correspondance au réel est arbitraire et propre à chacun : ce que les mots disent dépend plus de ce que pense le locuteur que d'un code fixe et préétabli.

Le langage est ainsi l'expression de la pensée, et le sens dépasse les mots. Pour ces auteurs, ce que l'on dit n'est que la partie émergée de l'iceberg : le reste est à découvrir.

Pour résumer ces deux courants, l'un pense que le langage vient du réel et le reflète, là où l'autre avance que le langage reflète plutôt le monde intérieur de l'être humain et révèle, explicitement ou non, ses intentions, sa façon d'appréhender le monde. Encore un entre-deux, une opposition de plus qui ne nous aide pas à avancer.

Mais gardons à l'esprit l'idée que l'Homme est le fruit d'une évolution, et que c'est grâce au langage qu'il a pu s'adapter au monde et survivre. À quoi sert-il alors ? Savoir de quoi est fait un gâteau au chocolat, c'est bien ; le manger, c'est mieux.

Le langage a une fonction sociale, en ce sens qu'il permet à l'homme d'interagir avec les autres, mais il est aussi un moyen d'agir. C'est cette dernière théorie que développe John Searle, pour qui le langage est une action : un acte de langage (*Speech Acts*, 1969).

Dire, c'est faire

John Searle et, avant lui, John L. Austin (1962) postulent que le langage est une force qui n'a pas tant de sens en elle-même que dans l'action qu'elle cherche à produire. Peu importe le sens, caché ou non, ce qui compte, c'est la fonction. Plutôt que de se perdre dans les méandres du sens, le pragmatisme (du grec *pragma*, « action ») considère la parole comme un comportement à même de produire un changement. Selon cette approche, les mots ne devraient jamais être pris en dehors du contexte de l'intention du locuteur (Sperber et Wilson, 1989). C'est ainsi que notre cerveau cherche, dans notre vie quotidienne, à décoder les intentions de nos interlocuteurs, afin d'observer dans quel contexte nous devons interpréter leurs actes langagiers. Exemple célèbre :

« Et bonjour, Monsieur du Corbeau,
Que vous êtes joli ! que vous me semblez beau !
Sans mentir, si votre ramage

Se rapporte à votre plumage,
Vous êtes le Phénix des hôtes de ces bois. »

Si l'on analysait ce discours selon les deux approches décrites précédemment, on pourrait soit prendre les paroles du renard de Jean de La Fontaine au pied de la lettre (le langage représente le réel, la vérité), et se dire qu'effectivement le ramage du corbeau en jette; soit les considérer en termes de signification, et demander au renard ce qu'il entend par joli, beau, qu'est-ce qu'être un «hôte de ces bois»? Au risque de se perdre en conjectures, jusqu'à ce que le fromage devienne finalement immangeable.

Selon Sperber et Wilson, il faudrait plutôt se demander: dans quel contexte d'intention dois-je interpréter ce discours fort agréable? Un peu comme lorsque le mari de Julie arrive avec des fleurs et quelques mots doux, et qu'elle se demande bien ce qu'il a derrière la tête en lui parlant comme cela...

Le langage permet ainsi de faire des choses – il offre ici la possibilité d'attraper un bon fromage sans se déplacer. Ce qui nous amène à l'interpréter en fonction non plus du contenu, mais du contexte.

Il est alors important de savoir à quoi servent ces mots et, surtout, s'ils fonctionnent dans un contexte d'efficacité relatif aux buts. Dans le cas du mari de Julie, la tentative ne fait que renforcer ses soupçons, en dépit d'un contenu des plus romantiques. Concernant notre le goupil futé, s'il emploie ces mots, c'est qu'il sait qu'ils vont *fonctionner* (contextualisme fonctionnel) avec le corbeau et qu'il parviendra à remplir son estomac vide de ce succulent fromage. Et si ce n'était plus un corbeau, mais une souris, qui tenait le fromage, peut-être le renard aurait-il utilisé d'autres mots:

«– Donne ton fromage, petite souris.
– Pourquoi?
– Parce que les petites créatures de 19 grammes écoutent celles qui pèsent 20 kilos.
– Ok, prenez le fromage.»

Si je modifie encore le contexte, avec un ours dix fois plus lourd que le renard ?

« – Ours, donne-moi ton fromage !
– Pourquoi obéirais-je, cher goupil ? Tu es si minuscule.
– Parce que si tu ne me le donnes pas, je dis à toute la forêt que tu aimes t'habiller en ourse et danser sur Maître Gims !
– Ok, prends le fromage, je garde ma dignité. »

Le langage possède une force que l'on appelle la force illocutoire (Austin, 1970), qui doit être interprétée en fonction du contexte de sa finalité et en regard des intentions de son locuteur. Cette force, pourtant constituée d'air et de sons apparemment inoffensifs, est d'une intensité telle qu'elle peut être dévastatrice. Songeons à ce qu'un tweet peut coûter à la planète. Quatre milliards d'années d'évolution réduites en cendres par une saillie numérique. Grandeur et décadence dues au langage. La force est désormais du côté de celui qui sait parler, et non plus du côté de celui qui pèse le plus lourd ou qui détient le fusil.

La pragmatique nous amène ainsi à prendre en compte le langage en fonction du contexte, et non seulement du contenu, c'est-à-dire : Qui ? Où ? Quand ? Par exemple : « je », « ici », « maintenant ».

Cette approche nous intéresse hautement en psychothérapie ACT. En effet, plutôt que de chercher à savoir pourquoi ci ou pourquoi cela, nous allons pouvoir nous intéresser au comment. Comment travailler sur le contexte afin que nos trois amis puissent avancer de nouveau dans leur vie. C'est sur cette dernière approche du langage que l'ACT se pose et poursuit l'analyse, avec ce que l'on appelle la théorie des cadres relationnels.

L'ACT, une thérapie de modulation du langage

J'en arrive ainsi au cœur du réacteur de l'ACT, son essence, son moteur, ses fondements scientifiques : la théorie des cadres relationnels. L'idée reste toujours de comprendre comment unifier son corps et son esprit dans ce même et unique but de trouver son bonheur. Car, pour Lucie, nous ne sommes pas plus avancés, et l'odeur de poulet règne déjà dans le salon. Il serait bon d'avoir une esquisse de réponse à lui proposer avant de s'attaquer, en paix, au gallinacé dominical. Voyons d'abord de quelle manière le langage empêche nos trois amis d'avancer.

Albane refuse de sauter en hauteur car le sautoir lui rappelle sa douloureuse blessure, et elle refuse de ressentir ses émotions car elle se dit que cela revient à se montrer faible. Paul pense que le repos n'est pas fait pour lui, car « il ne fait rien pendant ce temps-là », et il s'évertue à « faire » au détriment de son dos. Quant à Julie, elle se dit que sa vie est vide en dépit de ses deux beaux enfants, de son mari et de son travail.

Quel est le point commun entre ces trois personnes ? Quel est le contexte qui modifie totalement leur perception des choses et leur façon d'agir ?

Ce contexte est créé par le langage. Il pose un problème parce que c'est à cause de lui que Paul, Julie et Albane continuent d'agir d'une manière inadaptée, tout en sachant que cela ne fonctionne pas.

En effet, pour un lapin, une chose est une chose, une carotte reste une carotte. Quand il voit un renard, il court, et lorsque celui-ci disparaît, il remange des carottes. Pour l'être humain, même lorsque le renard est parti, il est possible d'y repenser, d'en reparler et donc de subir les mêmes effets : la peur. Or, la différence entre un lapin et nous se situe au niveau du langage. Grâce à lui, le mot « renard » est équivalent au renard, mais aussi à la pensée ou à l'image du renard. Le renard fait peur, sa simple évocation aussi. Le langage est ainsi cet outil qui permet de mettre en relation de nombreux éléments, même lorsqu'on ne les voit pas ; ces relations sont symboliques. Le langage est au cœur de nos problèmes, mais aussi de nos solutions, puisqu'il est l'outil principal du psychologue ! Avec le langage, toute chose peut devenir autre chose. C'est à travers lui que se modifie notre relation à nos pensées, nos émotions et nos comportements (autrement dit, nos six processus ACT abordés dans les prochains chapitres). Mais alors, comment ça marche ?

La théorie des cadres relationnels (TCR), une approche scientifique du langage

Cette théorie, basée sur des travaux scientifiques menés notamment par Steven Hayes et ses collègues (2001), étudie la façon dont le langage met les choses en relation et la façon dont il interfère avec nos comportements (comme nous venons de le voir). J'ai évoqué plus haut les travaux de Pavlov : faire sonner une cloche avant de donner un steak (un conditionnement) fait, après quelques répétitions, que le chien salive dès qu'il entend le son de la cloche. Il y a donc association de ces deux événements, qui semblent conditionnés – la cloche → le steak : la relation est concrète. Le langage est, lui, un outil qui va aider à faire des associations plus larges et, surtout, symboliques, c'est-à-dire sans que les éléments soient présents au même moment.

Le langage, cet assistant relationnel

À ce stade, il est important de retenir l'idée que le langage est un comportement qui, au même titre que les autres, est appris selon les bases entrevues précédemment, à savoir l'apprentissage classique. Il n'est pas inné, mais bel et bien construit, en interaction avec l'environnement. Lorsque l'on montre la basilique du Sacré-Cœur à un enfant et qu'on lui dit le nom de ce monument, l'association immédiate est réalisée dans son esprit entre les phonèmes (les sons du mot) et l'image du bâtiment. Si, quelques mois plus tard, ce même enfant nous dit : « Tiens, c'est le Sacré-Cœur », en passant devant l'édifice parisien, nous lui répondrons : « Oui, c'est cela, bravo ! Tu as retenu le mot. » Nous renforçons ainsi positivement ses paroles.

Le langage s'apprend donc par association et par renforcement mais, dans l'exemple ci-dessus, tout n'est pas exact d'un point de vue scientifique. Arrêtons-nous sur les lacunes de l'apprentissage classique que le langage corrige.

Les travaux de Murray Sidman sur l'équivalence de stimulus transforment littéralement notre conception de l'apprentissage symbolique (Sidman, 1994). En effet, selon Sidman, lorsque l'on montre le Sacré-Cœur à cet enfant et que nous lui disons : « C'est le Sacré-Cœur », il y a une équivalence entre le son et le monument. Lorsqu'il le voit à nouveau, il dit donc : « C'est le Sacré-Cœur. » En outre, lorsque nous lui montrons le panneau où est écrit « Sacré-Cœur », il comprend tout aussi naturellement que le mot est équivalent au monument, ainsi qu'à l'association de phonèmes prononcée \sa.kʁe.kœʁ\. Cela peut paraître tout à fait banal, mais ces équivalences, quasi instantanées, ne sont possibles que chez l'être humain. L'équivalence est l'association dans un sens ET dans l'autre : mots-monument et monument-mots, soit deux relations. Ici, trois éléments sont mis en relation : le mot prononcé, le mot écrit et le bâtiment.

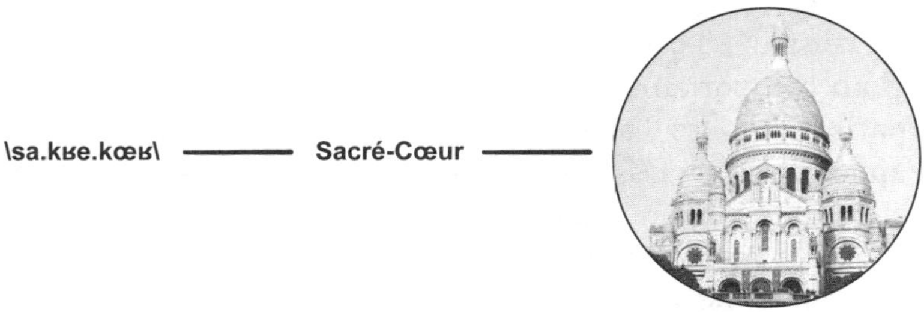

Observons qu'une fois qu'il a appris, que nous disions « Sacré-Cœur » ou que nous montrions ce monument, l'enfant prononce le mot ou montre le monument. Or, d'un point de vue scientifique, l'apprentissage opérant et classique ne peut expliquer cela, car il faudrait normalement entraîner les relations une à une, c'est-à-dire dans les deux directions. Ce qu'un animal ne peut réaliser qu'à force d'entraînement, l'homme le dérive, lui, naturellement et d'une manière instantanée.

Mot → bâtiment
Bâtiment → mot
Mot écrit → mot prononcé
Etc.

Le langage permet alors ce que l'on appelle la dérivation de relation, c'est-à-dire qu'implicitement, il offre la possibilité d'intégrer les relations inverses (voir schéma ci-dessous), et ceci sans apprentissage supplémentaire. Quoi de plus économique !

Ceci se démontre ainsi : si l'on présente une photo du Sacré-Cœur que nous sommes allés visiter la semaine précédente, l'enfant, sans qu'on lui ait appris (donc sans la nommer) que la photo représente le Sacré-Cœur, nous dit : « C'est le Sacré Cœur ! » Mais feu René Magritte aurait sans doute dit : « Non petit, c'est une photo sur papier glacé représentant le Sacré-Cœur. » Un photographe professionnel, lui, pourrait affirmer : « Tiens, c'est un tirage spécial en 5X5 réalisé avec un Leica xxx. » Dans la tête de cet enfant, toutes les relations sont mises à jour, dérivées et mises en lien avec la photo = mot écrit = mot prononcé = monument, de telle sorte qu'il est évident qu'il y a une équivalence entre l'image et le monument.

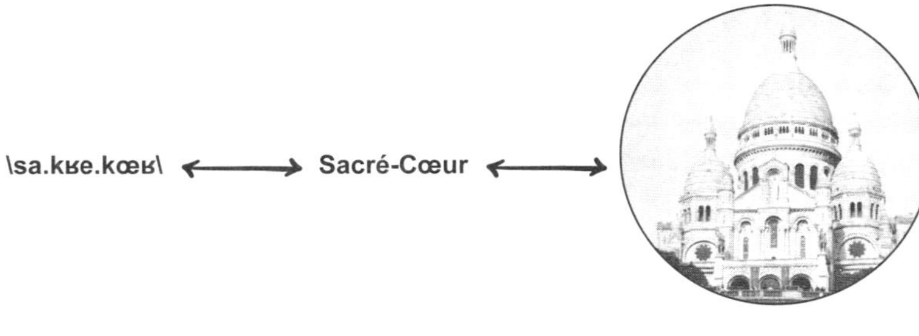

Il s'agit ainsi d'une troisième forme d'apprentissage, que l'on pourrait appeler l'apprentissage relationnel arbitraire. Arbitraire parce que cet enfant apprend à mettre en relation des éléments selon leurs caractéristiques non plus seulement physiques, mais aussi, et surtout, symboliques. Autrement dit, il maîtrise l'abstraction.

En psychothérapie, cet élément est important. Il explique, par exemple, que lorsque Paul se retrouve allongé sur son canapé pour soulager son dos, ce qui est bon et nécessaire à cet instant, sa sensation n'est pas de la détente, mais bien de la tension. En effet, d'un point de vue symbolique, ce canapé est associé à la dépression de sa mère, qui restait des heures, non pas sur ce canapé précis, mais sur un canapé. Chez Paul, une équivalence malheureuse entre une souffrance et ce mobilier de salon s'est créée.

C'est ce type de lien symbolique que véhicule le langage que nous travaillons en thérapie, car ce qui nous fait souffrir, ce sont les relations symboliques, lorsque, par exemple, un paysage prend la couleur de la nostalgie, ou quand un travail perd de son sens si l'on se pose la question de l'écologie (une valeur symbolique et culturelle). Le langage nous enferme alors dans une toile d'araignée, et le réseau qui est tissé ne nous permet plus d'agir. Il nous bloque et nous fige, comme un lapin. Comme si le renard était encore là.

Ceci ouvre sur l'aspect émotionnel. Finalement, ce sont bien ces émotions et ces sensations qui nous piquent et nous font souffrir. Le corps se réveille.

L'habit ne fait pas le moine, le langage si

La théorie des cadres relationnels (Hayes *et al.*, 2001) prolonge les travaux de Sidman sur la dérivation de réponses relationnelles (Monestès et Villatte, 2011) pour approfondir le rôle du langage dans notre façon d'agir et de percevoir le monde.

Prenons l'exemple d'un enfant qui apprend que « tiède » est plus chaud que « froid » et que « froid » est plus chaud que « glacé » ; il pourra facilement répondre à la question : « Qu'est-ce qui est le plus chaud, entre glacé et froid ? » (Dymond et Barnes, 1995)

Tiède > Froid
Froid > Glacé
Tiède > Glacé

De la même manière, considérons l'exemple des pièces de monnaie (Monestès et Villatte, 2011). Une pièce d'un euro, pourtant plus petite qu'une pièce de cinquante centimes, possède une valeur plus importante, ce que les enfants apprennent vite à intégrer. Aussi, indépendamment des indices physiques, les enfants apprennent que, selon des conventions sociales, quelque chose peut être plus grand qu'autre chose. Cette relation, prescrite socialement, modifie la perception de la pièce chez l'enfant au moment où il comprend que la plus grosse lui procurera moins de bonbons.

Ces relations sont appelées des cadres ; ils peuvent être d'équivalence, d'opposition ou déictiques (je-ici-maintenant). Ces relations changent le sens d'une phrase autant qu'elles permettent de décrire le monde. Par exemple, on peut dire que le chat est un animal, comme l'est aussi le chien (équivalence) ; on dit aussi que le chien n'est pas aussi fainéant que le chat (opposition). Mais lorsque vous cherchez votre animal, dire « je le vois sur mon lit » et affirmer « le voisin l'a vu hier sur le sien » (déictique : je/ici/maintenant et le voisin/chez lui/hier) ne produisent pas le même effet (oui, parce qu'en plus de ne rien faire de leur journée, les chats sont infidèles, et à eux, on le leur pardonne…).

Le langage met donc en relation les éléments d'après des caractéristiques physiques, mais aussi selon des caractéristiques arbitraires, symboliques. Plus encore, il transforme la fonction des éléments, la fonction correspondant à la valeur affective de ce que l'on perçoit. Une fonction peut être appétitive (attractive), aversive (repoussante) ou encore neutre. C'est ici que les émotions interviennent, car cette valeur affective liée aux choses est un lien symbolique que l'on nous a donné par association.

Imaginons que l'on vous présente, dans un restaurant, une omelette. Le serveur vous annonce : « Et voici votre omelette aux champignons. » Quelle est la valeur affective de cette assiette ? Nulle, voire négative. En revanche, si l'on met en relation cette assiette avec ce discours : « Voici votre omelette aux œufs de la ferme Saint-Martin, en Normandie, à la crème d'Isigny et aux truffes noires du Périgord du chef Michel Rostang. » C'est mieux, non ? Sauf si le serveur ajoute un dernier détail, contextuel : « À 125 euros. » Là, tout bascule en une seconde. La fonction de l'omelette a été transformée par le langage. Si l'on plaçait des capteurs de fréquence cardiaque sur votre corps, nul doute que votre cœur réagirait différemment selon le langage produit. Ici, le corps et l'esprit sont bien réunis.

La théorie des cadres relationnels nous ouvre les yeux sur la façon dont le langage se révèle être un comportement de mise en relation des hommes, des choses et des idées, sans que le corps puisse une nouvelle fois se trouver séparé de l'esprit.

Nous venons de voir en quoi le langage était un acte, une action permettant d'apprendre des choses sans les avoir expérimentées directement (qui s'est fait mordre par un serpent, pour en avoir si peur ?). L'étude du langage, selon le point de vue contextuel et fonctionnel, produit ainsi un éclairage fondamental sur son aspect délétère. Il peut embellir ou non une omelette, mais il peut aussi embellir ou non la vie, les gens, soi-même. Le langage peut être une prison, un démoniaque fil d'Ariane constitué de symboles et de liens invisibles et pourtant si solides, nous éloignant chaque jour de la sortie du labyrinthe, de ce bonheur tant espéré.

Le langage, mon meilleur ennemi

Pour comprendre comment le langage est responsable de nos conduites inadaptées, appuyons-nous sur une série d'expériences réalisées en 2009 par Simon Dymond et Brian Roche.

Dans ces études, le principe de départ consiste à soumettre les participants à une procédure d'apprentissage relationnel entre trois images, soit A = B = C (on leur dit qu'elles sont égales). Considérons par exemple les images suivantes :

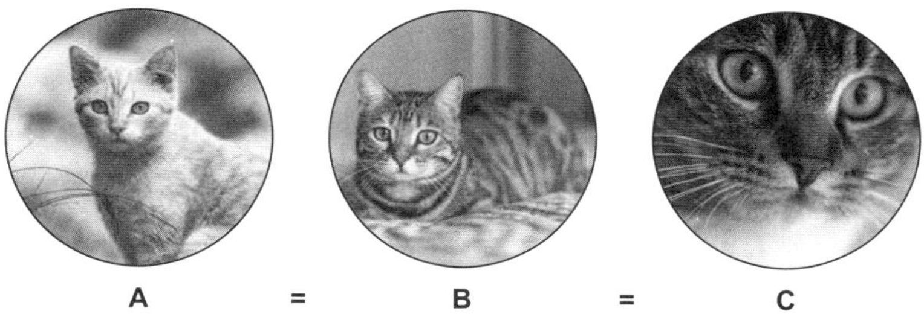

Deuxième étape de l'expérience : l'image A est associée à un léger choc électrique, ce qui lui confère une fonction aversive.

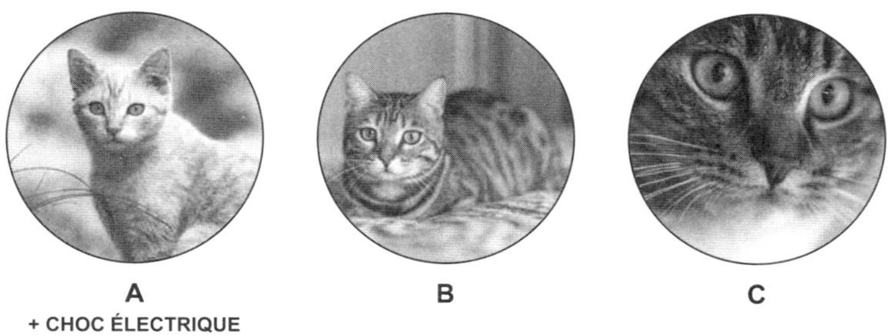

L'exercice consiste ensuite à présenter plusieurs images, dont A, B et C, aux participants. Ces derniers ont alors la possibilité d'appuyer sur une touche pour les faire disparaître. Jusque-là, rien d'extraordinaire.

Ici, deux apprentissages ont été exécutés : d'abord l'équivalence des trois images A, B et C, puis la transformation de la fonction de l'image A.

Le résultat de cette expérience montre que les participants appuient plus souvent pour éviter les images A, B et C (et pas seulement l'image A), parmi des dizaines d'autres présentées, alors qu'à aucun moment B et C n'ont été associées à un choc électrique. Cela prouve que le langage a créé un contexte qui a transformé B et C en éléments aversifs potentiels.

A RÉACTION D'ÉVITEMENT — B RÉACTION D'ÉVITEMENT — C RÉACTION D'ÉVITEMENT

Si l'on apprend ensuite à nos mêmes participants que ces images ne sont plus équivalentes, mais placées dans des relations hiérarchiques, soit A<B<C, ces résultats montrent une appréhension croissante (mesurée par le degré de réactivité de la peau) à la présentation des diverses images.

A APRÉHENSION + — B APRÉHENSION ++ — C APRÉHENSION +++

Ces observations revêtent une importance fondamentale lorsque l'on étudie le cas de Paul, de Julie et d'Albane, car elles montrent que le langage peut, à lui seul, remplacer l'expérience. En effet, pour Julie, qui a du mal à sortir de chez elle par peur de faire une attaque de panique, l'idée ou le fait de prononcer les mots « sortir en ville » provoque le même effet que la sortie elle-même. Julie a fait une crise dans un cinéma (apprentissage classique : cinéma = danger) ; par généralisation, et sans en avoir fait l'expérience, elle évite donc désormais tous les autres cinémas. Elle considère également, arbitrairement, que c'est le fait de ne pas pouvoir sortir de la salle qui l'angoisse (alors que, dans les faits, les règles de sécurité nous permettent justement de la quitter rapidement). Dès lors, tous les lieux clos possèdent pour elle une valeur négative et, symboliquement, la capacité à créer, chez elle, une crise d'angoisse, ceci indépendamment des facteurs réels. Plus encore – et c'est là que la situation se corse pour elle car, jusqu'à présent, le fait de rester chez elle la sécurisait –, ses souvenirs de crise d'angoisse au cinéma ont acquis la même propriété négative que le cinéma lui-même. La pensée, tout comme sa propre respiration, deviennent angoissantes car associées à la crise d'angoisse. Ceci en dépit du fait que respirer plus rapidement peut être tout simplement un mécanisme de régulation de la température corporelle lorsqu'il fait chaud.

C'est ce que l'on appelle la dérivation de fonction : le langage tisse une sorte de réseau, de toile d'araignée au cœur de laquelle se diffuse l'émotion (donc la fonction) et qui contamine des éléments au départ neutres. C'est ce qui fait encore plus souffrir : on a toujours la conscience que l'événement en question n'est pas censé être dangereux, et pourtant, on ne peut s'empêcher de l'éviter.

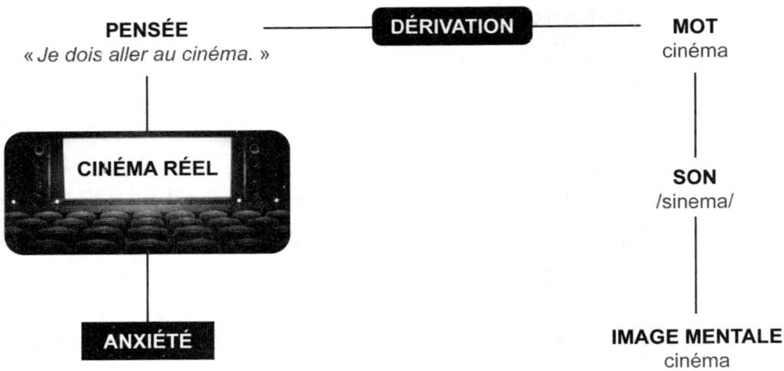

L'enfer langagier prend alors possession du cerveau de Julie, car, si l'on peut éviter le cinéma et les lieux clos, comment éviter de penser, de respirer ? C'est à ce moment même que ce langage, support de notre évolution, devient un poids qui nous tire au fond de l'eau.

Le langage, responsable de notre souffrance ?

Par leur capacité à relier tout et n'importe quoi et à transférer une fonction, les mots commandent plus que l'expérience directe. Si je dis au renard de la fable, qui s'apprête à avaler ce précieux fromage obtenu après d'intenses efforts, que ce dernier est « périmé » (est-ce seulement possible ?), un seul mot suffira à transformer une fonction de désir en fonction de dégoût.

Lorsque l'on parle de désir et de dégoût, le corps et la biologie ne sont pas très loin. La théorie des cadres relationnels démontre ainsi expérimentalement et scientifiquement (c'est-à-dire d'une manière reproductible, mesurable) la double implantation psychologique et biologique du langage. Le langage n'est plus seulement un ensemble de signes, il n'est plus uniquement une action ou un comportement, il est aussi une réaction biologique.

Naturellement, biologiquement, notre corps sait ce qu'il doit faire : se rapprocher de ce qui fait du bien et s'éloigner de ce qui peut le blesser. Mais si nous décidons, dans nos instances néocorticales, que telle pensée, telle sensation ou telle émotion est négative et annonciatrice d'un funeste destin, nous fuyons.

Alors arrêtons de penser, stoppons cette machine infernale, et tout ira bien. Une célèbre expérience conduite par Daniel Wegner (Wegner, 1989) a cherché à étudier ces tentatives de ne plus penser. Pour cela, Wegner a demandé aux participants de tout faire pour ne plus penser à un ours blanc. Comme vous vous en doutez, plus ils cherchaient à se défaire de cette pensée, à la base neutre, mais qui, sur les injonctions expérimentales, devenait « interdite », plus ils y pensaient. Du point de vue de la TCR, cela revient à tenter de sortir d'un trou grâce à la pelle avec laquelle on l'a creusé. En effet, ne plus penser à quelque chose, c'est mettre en relation, ici d'opposition, ces deux événements. Là où on veut délier, on relie encore plus, car on utilise le langage !

Ce que le dieu du langage a lié dans le ciel des idées ne peut être délié sur la terre du corps.

Cet abord du langage aide à comprendre la double implication corps-esprit, biologique-symbolique. Les mots sont plus que des symboles éthérés, ils prennent le corps au premier degré. Le langage est ainsi ce levier qui modifie notre rapport à l'instant présent, à nos émotions, à nos pensées, à nos comportements, à nos motivations, et enfin à notre idée de nous-même.

Chapitre I

Faire avec ou faire sans : l’acceptation

Lundi matin, 7 h. Au lever du lit, première pensée : « Il faut que j'y aille, c'est aujourd'hui. » Julie, Albane et Paul ont rendez-vous chez le psy. Ils « se font suivre », ils « voient quelqu'un », dirait-on dans le langage courant. L'atmosphère est lourde, le climat brumeux, la tête et le corps hésitants. Pourtant ? La psychothérapie est un soin, mais ce type de soin reste particulier. Que dire ? Que répondre ? Suis-je fou ? Sur le trajet qui les conduit jusqu'à mon cabinet, d'autres phrases, d'autres émotions, d'autres sensations les traversent.

Dans un esprit didactique, j'ai décidé de vous faire partager leurs trois cheminements psychothérapeutiques à travers mon regard de psy. Comme si vous y étiez. Ce sont donc trois tranches de vie servies sur un même plateau et dans un même espace, que vous allez suivre. Imaginez que, lors de cette première rencontre, je suis – comme vous, lecteurs – en pleine connaissance de leur histoire. Pour plus de fantaisie encore, ces entretiens se conduiront simultanément, dans la même pièce : comme si les uns entendaient, répondaient et réagissaient aux propos des autres.

Ainsi, tous trois, de manière tout à fait surréaliste, se retrouvent devant la porte de mon cabinet, comme s'ils se tenaient devant le château de Poudlard, qui renferme tant de secrets. Quelques pas tout droit, quelques autres à gauche, une porte, et chacun s'assied, en silence, au hasard. Des sièges à la mode suédoise les attendent comme, déjà, une invitation à la réflexion. Ça y est, ils y sont, chez le psy.

L'atmosphère est pesante, la tension est à son paroxysme. Chacun se demande ce que l'autre fait là. Chacun se demande ce qu'il fait là.

La porte s'ouvre, le psy, moi en l'occurrence, accueille ces trois êtres tendus avec un bonjour de type « comme si de rien n'était ». Un bonjour à même de donner confiance. L'effet est loin d'être atteint et la tension est toujours palpable lorsqu'ils s'installent, jamais au hasard, dans l'un des trois fauteuils en cuir noir. La pièce les accueille, toujours dans un style suédois. Comme si la Suède pouvait à elle seule véhiculer une atmosphère propice à la réflexion, à la parole et à la détente. Ce qui est assez paradoxal lorsque l'on pense à la température et au degré d'ensoleillement de ce pays nordique. Peu importe, seule la fonction compte. Bois, tissu, cuir. Beige, marron, pastel bleu colorent et teintent la pièce d'une fraîcheur et d'une neutralité rassurantes. Quelques plantes vertes, quelques tableaux de nature rappellent ce lien au cosmos. Une marque de fabrique du voyage thérapeutique dans lequel s'engagent à ce moment précis ces trois Homo sapiens. En bref, le design suédois, c'est un peu comme si on était chez soi partout où l'on se trouve, partout où l'on s'assied. Ainsi, pragmatisme oblige, le but est visé, la finalité claire : venir chez le psy, c'est avant tout pour être bien, souverainement bien. À ce moment précis, ce n'est pas vraiment ce que mes trois chers patients ressentent, loin de là.

– THÉRAPEUTE : Bonjour à tous les trois, bienvenue !

Trois bonjours se succèdent, entre timidité et appréhension.

– THÉRAPEUTE : La question large à laquelle nous allons tenter de répondre aujourd'hui est : « En quoi puis-je vous aider à avancer ? »
– JULIE, *s'empressant de répondre* : Moi, personnellement, je ne veux plus d'angoisse, je ne veux plus faire d'attaque de panique !
– ALBANE : Pareil, je ne veux plus être angoissée lorsque je fais du sport et, en plus, je ne veux plus être en colère, ça me donne de l'eczéma.
– PAUL : Personnellement, je ne sais pas trop ce que je fais ici, car j'ai surtout des problèmes de dos, et je ne vois pas

ce qu'un psy pourrait faire pour moi. Mais bon, pourquoi pas, je suis à bout de toute façon.

- THÉRAPEUTE : L'expression « en avoir plein le dos », c'est peut-être ça, pour vous ?
- PAUL : Oui, ça résume bien, j'en ai même plein le dos de mon dos : pour tout vous dire, plus je m'énerve et plus il me le rend en douleur.
- THÉRAPEUTE : Un cercle vicieux, quoi !

Acquiescement collectif et synchrone.

- THÉRAPEUTE : Qu'est-ce qui fait que vous en avez « plein le dos » ?
- PAUL : L'inactivité, le vide, ça me stresse.
- THÉRAPEUTE : Et lorsque vous êtes stressé, vous faites quoi ?
- PAUL : Je lutte pour rester actif et pour ne pas m'endormir sur mes lauriers ; il est impossible de ne rien faire, pour moi. Dans la famille, on ne reste pas à « ne rien faire ». On n'est vivant que si l'on a mal.
- THÉRAPEUTE : Quelle en est la conséquence ?
- PAUL : Mon problème de dos empire.
- THÉRAPEUTE : Et si l'inactivité n'était plus un problème pour vous, que feriez-vous ?
- PAUL : Selon mon médecin, en me reposant, je pourrais laisser mon dos cicatriser de ma hernie discale.
- THÉRAPEUTE : Eh bien vous voyez Paul, c'est mon job de psy de vous apprendre à gérer ce stress qui vous empêche de vous poser.

Albane et Julie interviennent.

- JULIE : Je suis comme Paul, tout m'angoisse : sortir, aller au cinéma... J'ai peur de faire une crise d'angoisse. Même lorsque je suis chez moi, je m'active pour ne pas penser, car si je m'assieds, je finis par me dire : « Si je ne fais rien, la crise va arriver. »

– ALBANE : Perso, je fais pareil, je reste dans ma chambre et je me blinde de vidéos pour ne pas penser à mon eczéma et au fait que je ne puisse plus faire d'athlétisme. C'est l'enfer sur terre, ce truc.

À ce moment de la rencontre, les objectifs sont clairs : nos trois amis doivent parvenir à cesser de souffrir. Ils sont engagés dans une lutte, dans une hyperactivité pour ne pas sombrer dans le trou des idées noires.

– THÉRAPEUTE : Je vous remercie tous les trois, il me semble avoir saisi votre demande. Si j'ai bien compris, ce que vous venez chercher ici, c'est avant tout de ne plus être angoissés, stressés, et de ne plus être en colère contre vous parce que vous n'allez pas bien.

Un nouveau « oui » vient entériner ma remarque. L'ambiance est moins tendue, nous sommes focalisés sur l'objectif « terre », tel Christophe Colomb tentant de rejoindre les Indes. Ce ne sont pourtant pas les Indes que nous allons rejoindre : « ne pas ressentir » n'est peut-être pas la direction qui sera prise... Poursuivons.

– THÉRAPEUTE : Alors, qu'avez-vous tenté de faire pour ne plus ressentir cette souffrance qui vous empêche de mener la vie que vous aimeriez vivre ?
– JULIE : J'ai tout essayé : relaxation, sophrologie, les plantes, le magnétiseur. Rien n'y fait ! Même les antidépresseurs n'ont pas réussi à stopper mes crises. Seuls les anxiolytiques fonctionnent, mais ça ne dure pas !
– THÉRAPEUTE : Et vous, Albane ? Qu'avez-vous tenté pour ne plus avoir peur du sautoir ?
– ALBANE : Je fais tout pour oublier que je ne peux plus sauter : je vais sur Internet, sur Snapchat, et je regarde les stories de mes copines.
– THÉRAPEUTE : Vous vivez à travers la vie des autres.

– ALBANE : Oui, c'est un peu ça. Sinon, je vais chez le kiné, mais il me dit que mon genou va bien, que c'est dans la tête.
– PAUL : Pardonnez-moi, Albane, de vous interrompre, mais je déteste cette fichue expression ! « C'est dans la tête », cela ne veut rien dire ! Vous avez mal au genou, moi au dos, et Julie, c'est sa respiration qui coince. Nous ne sommes pas fous !
– THÉRAPEUTE : Très bonne réflexion. C'est ce que nous allons essayer d'éclaircir ensemble : c'est dans la tête, dans le corps, ou les deux ? Poursuivons, si vous le voulez bien. Et vous Paul, qu'avez-vous essayé pour ne pas ressentir ce stress lié au fait de ne rien faire ?
– PAUL : Moi ? Je bricole, je téléphone au boulot pour suivre un peu ce qui se passe, je vais aussi sur Internet. J'essaie de penser à autre chose. Sinon, je fais les exercices du kiné mais il me dit que j'en fais toujours trop. Un comble, non ?
– THÉRAPEUTE : Si j'ai bien compris, vous avez tous les trois l'impression d'avoir tout essayé pour aller bien, mais rien ne fonctionne, et vous finissez chez le psy, avec cette peur de devenir fous. Seriez-vous d'accord pour vous livrer à un petit exercice, afin de mieux prendre conscience de ce qui coince ?

Assentiment général. Qu'ont-ils à perdre ? Le désespoir est parfois l'ami du psy.

– THÉRAPEUTE : OK, alors fermez les yeux, s'il vous plaît. Demandez-vous depuis combien de temps vous luttez pour aller bien. Laissez-vous le temps de faire émerger ce chiffre. Le chiffre qui correspond au temps depuis lequel vous cherchez à faire disparaître votre souffrance[1]. Si toute

1. Il est souvent difficile de retracer l'origine exacte des exercices et des métaphores. Parmi ceux que je présente dans cet ouvrage, certains ont été créés par des praticiens et des chercheurs se référant à l'ACT (on les retrouve dans les ouvrages référencés en bibliographie), d'autres ont été imaginés

l'énergie que vous avez mobilisée pour aller bien avait été utilisée pour la construction d'une maison ou pour faire pousser un arbre, imaginez maintenant la taille que ferait ce bâtiment, cet arbre.

Comme étouffant sous le poids du bâtiment qu'elle a imaginé, Julie souffle :

– JULIE : Je n'en peux plus, j'ai passé une énergie de dingue à ça, moi c'est Versailles !
– THÉRAPEUTE : Effectivement, Julie, vous mettez la barre très haut. Paul, Albane ?
– PAUL : Comme j'ai l'impression de lutter pour ne pas être inactif depuis toujours, pour moi c'est un gigantesque arbre centenaire.
– ALBANE : Forcément, moi je ne suis pas aussi vieille qu'eux donc ça fait moins de temps, mais j'ai imaginé un bel immeuble quand même.
– THÉRAPEUTE : Eh bien d'abord, on peut vous féliciter d'avoir fourni une telle énergie pour aller bien.
– PAUL : Et après, ça nous avance à quoi ?
– THÉRAPEUTE : J'allais y venir. Ce que vous avez essayé ne fonctionne pas. Vous êtes ainsi comme tombés dans des sables mouvants. Plus vous vous agitez, plus vous vous enfoncez. C'est cohérent, d'une manière intuitive, que de vouloir se débattre lorsque l'on est en difficulté. Ainsi, plutôt que de changer de stratégie, votre tête vous dit peut-être : « Vas-y continue, tu ne t'y prends pas assez bien. Plus fort ! » Alors vous vous agitez plus encore, et vous vous enfoncez.
– JULIE : C'est ça, j'ai l'impression de m'enfoncer chaque jour un peu plus, il n'y a plus que dans mon lit que je suis bien. Pourtant, comme vous l'avez souligné, ce n'est pas faute d'essayer de m'en sortir.

---

par moi-même, mais sont certainement influencés par d'autres (on recycle plus que l'on invente).

– THÉRAPEUTE : Effectivement, cela n'a pas l'air de faire avancer les choses.

L'atmosphère s'alourdit soudain, les esprits se ferment. Julie, Albane et Paul se trouvent pris dans leurs pensées, une paradoxale présence. Leur corps est là, devant moi, mais je sens bien qu'une part d'eux-mêmes est absente, perdue dans les méandres de la rumination. Observons à quel point ces trois personnes sont engagées dans une lutte de tous les instants pour « aller bien », dans un espoir déchu de ne plus souffrir, de ne plus ressentir cette épine nichée dans le gros orteil. Malgré toutes leurs tentatives, l'épine les empêche toujours d'avancer, de mettre un pied devant l'autre dans leur vie. Le désespoir se lit sur leur visage, la fatigue aussi. Éreintés, épuisés de lutter chaque jour pour « être bien », si tant est qu'ils se souviennent encore ce que signifie « être bien ». La sombre et trop habituelle poésie que produit leur esprit pourrait rappeler un célèbre poème de Paul Éluard :

« Sur mes cahiers d'écolier
Sur mon pupitre et les arbres
Sur le sable sur la neige
J'écris ton nom
[...]
Et par le pouvoir d'un mot
Je recommence ma vie
Je suis né pour te connaître
Pour te nommer
Liberté.
Paul Éluard, 1942

À tant vouloir se libérer de leurs chaînes, ces trois personnes se retrouvent au fond d'un trou. Reprenons et tentons de les sortir de là.

– THÉRAPEUTE : On ne peut pas vous reprocher de vouloir tout faire pour faire disparaître ce qui est désagréable.

C'est tout à fait naturel, et c'est d'ailleurs intuitif, automatique. Mais ce qui est automatique n'est pas forcément ce qui fonctionne le mieux. En effet, depuis près de 550 millions d'années, notre cerveau est entraîné à résoudre les problèmes. Nous sommes le fruit et les successeurs de l'Homo sapiens, qui a réussi à contrôler le monde. Les lions le dérangent ? Il les tue. Les arbres l'empêchent de voir la lumière ? Il les coupe. L'être humain a appris à faire disparaître ce qui le gêne. Pour le meilleur et parfois pour le pire, je vous l'accorde.

– PAUL : D'accord, mais quel est le rapport avec les sables mouvants ?
– THÉRAPEUTE : Qu'est-ce qui vous empêche de changer de stratégie au milieu de ces sables mouvants ?
– ALBANE : Vous l'avez dit, c'est quand on se dit « continue, force, t'es pas bon », un truc comme ça.
– THÉRAPEUTE : Exactement, ce sont nos pensées, ce que l'on se dit, donc le langage, qui nous font persévérer dans l'erreur.
– JULIE : Vous dites qu'on le fait exprès, alors ? Que c'est notre faute si on en est là ?
– THÉRAPEUTE : Non, Julie. En fait, nous faisons ce que nous avons l'habitude de faire. Si l'on prend l'habitude de faire disparaître ce qui nous dérange, à partir du moment où l'on nous dit que les émotions sont nocives, que nos pensées sont malsaines ou que nos sensations physiques sont anormales, quoi de plus naturel que de vouloir lutter contre elles et les faire disparaître ?
– PAUL : Je suis d'accord, j'ai bien compris que c'était un peu familial chez nous de lutter contre l'ennui et l'oisiveté. Ne rien faire ne fait pas partie de l'éducation que j'ai reçue. J'entends encore mon grand-père me dire de ne pas rester pas là « à rien foutre », sur un ton qui me fait encore frémir.
– THÉRAPEUTE : Encore une histoire de langage donc.
– ALBANE : Vous êtes sympas, mais j'en suis toujours aux sables mouvants moi. Alors, comment on en sort ?

– THÉRAPEUTE : Le seul moyen de s'en sortir est justement contre-intuitif : s'allonger et augmenter sa surface de contact avec le sable.
– JULIE : On flotte, quoi !
– THÉRAPEUTE : Exactement ! En fait, je ne peux pas vous apprendre à ne rien ressentir – d'ailleurs, serait-ce une bonne chose ? Mais je peux vous apprendre à percevoir autrement vos ressentis intérieurs. C'est un peu comme si je vous apprenais à surfer plutôt qu'à lutter contre les vagues.
– PAUL : Ok, alors, si j'ai bien compris, on va rester avec ce stress toute notre vie ?
– THÉRAPEUTE : Le stress ne disparaîtra sans doute pas, mais vous ne le ressentirez peut-être pas avec la même intensité. Je vous rappelle que si l'on s'enfonce dans les sables mouvants, c'est avant tout parce qu'on s'est agité. En fait, j'ai une bonne et mauvaise nouvelle.
– PAUL : C'est comme chez le cancérologue, qui nous annoncerait une augmentation du temps qui nous reste à vivre ? Vous nous offrez un sursis ?
– JULIE, *angoissée* : Cela veut dire qu'il ne faut plus se relaxer pour se détendre, ne plus prendre d'anxiolytique ? C'est l'enfer, votre truc !
– THÉRAPEUTE : Non, bien évidemment, il est normal de vouloir se détendre et de minimiser ses émotions. Parfois, cela fonctionne d'ailleurs. À court terme, même si cela revient ensuite, c'est tout de même une bonne solution. Le problème est plutôt lorsque cela devient systématique, rigide et pulsionnel. Lutter systématiquement contre nos émotions consomme une énergie que nous ne fournissons pas pour d'autres activités. Par exemple, rester chez soi ou ne pas aller chez des amis afin d'éviter l'angoisse. C'est ce que l'on appelle faire preuve d'une rigidité psychologique entraînant une réduction de notre variété de comportement.
– JULIE : Effectivement, c'est un peu ce que je ressens. Je passe ma vie à anticiper, à redouter, à freiner pour ne plus

ressentir ces crises d'angoisse. Les anxiolytiques me soulagent immédiatement, mais cela revient sans cesse.
- THÉRAPEUTE : Exactement.

Le désespoir est palpable, et pour cause : chacun se dit que toutes ces années passées à lutter sont vaines. Ce qui est bien fallacieux. C'est aussi oublier, dans ce moment-là, ce qui allait bien. Ils se sont levés ce matin avec l'espoir que tout s'en aille, comme on soigne une angine, et voilà qu'on leur annonce qu'ils ont du pain sur la planche. On les comprend. Pourtant, n'oublions pas que la psychothérapie, c'est comme un film américain, ça commence mal et ça finit toujours bien.

- THÉRAPEUTE : Je ne peux pas éradiquer vos angoisses, vos peurs, vos pensées et autres sensations désagréables. D'ailleurs, sachez que j'en ai toujours moi-même ! Je suis parfois coincé entre la peur d'être un mauvais psy et celle de ne pas être compris. Comme si j'avais en moi deux petits personnages, un sage et un diable, qui me tyrannisent parfois.
- JULIE : Alors là, je m'y retrouve totalement, entre « vas-y, bouge-toi » et « n'y vas pas, tu vas faire une crise », je tourne en bourrique.
- THÉRAPEUTE : Je vous remercie de votre partage Julie. Je ne vous contredirai pas, car toutes les expériences de psychologie montrent que si je vous interdis de penser à un éléphant rose avec un chapeau de père Noël... que se passe-t-il ?
- ALBANE : Ben on y pense.
- THÉRAPEUTE : C'est la mauvaise nouvelle.
- ALBANE : Et la bonne ?
- THÉRAPEUTE : C'est que si vous êtes prêts à accepter de percevoir autrement votre souffrance, à lui faire de la place plutôt qu'à lutter contre elle, je peux peut-être vous apprendre à avancer avec vos ressentis en direction

de la vie que vous aimeriez mener, de celles et ceux qui comptent pour vous.

– JULIE : Je ne vois pas comment je peux faire de la place à l'angoisse, elle me paralyse !
– THÉRAPEUTE : Certes. Si vous en êtes d'accord, nous pouvons commencer par changer notre regard sur nos émotions et nos pensées, et nous ouvrir à elles afin de réduire leur impact sur notre façon d'agir. Qu'en pensez-vous ?
– PAUL : Après tout ce que j'ai essayé, pourquoi pas, car je suis coincé dans tous les sens du terme.
– JULIE : Idem, au point où j'en suis.
– ALBANE : Je ne vois pas comment on va faire. D'ailleurs, je ne sais même pas ce que c'est, une pensée, et pour moi, les émotions sont néfastes. Je pars de loin pour leur faire une place !
– THÉRAPEUTE : Ok. En même temps, heureusement que vous ne savez pas faire, car c'est mon métier de vous aider. Il faut bien que les psys travaillent, non ? Mais avant, comme le souligne Albane, il convient de s'arrêter sur ce qu'est une émotion et sur ce que « accepter ses ressentis désagréables » signifie.
– PAUL : Accepter ? Se résigner, quoi !
– THÉRAPEUTE : Pas exactement. Prenons le temps, si vous le voulez bien, de changer notre regard et de modifier le langage que nous employons pour nommer et gérer nos émotions.

Le premier temps d'une thérapie ACT est appelé le désespoir créatif (Monestès et Villatte, 2011). Le désespoir est la prise de conscience que lutter ne fonctionne pas alors que c'est la seule solution, la seule corde que nous avons à notre arc. Il est créatif car cette impasse ouvre sur d'autres possibilités, d'autres outils à créer. Ce premier mouvement montre à quel point le désagrément peut nous faire avancer pour trouver d'autres solutions, ici contre-intuitives, pour faire face à notre souffrance. Pour l'ACT, la souffrance fait partie du jeu. Seule compte la façon dont celle-ci nous empêche d'avancer en direction du but que l'on s'est fixé.

En effet, l'esprit reste le même, la finalité identique : relier le corps et l'esprit dans un même mouvement, trouver son bonheur. Voyons maintenant comment nous pouvons nous ouvrir aux obstacles qui se dressent devant nous au moment d'agir. Observons comment lever le premier obstacle à l'action, l'évitement des expériences intérieures (évitement expérientiel), qui pourrait être contrebalancé par une notion souvent mal comprise, l'acceptation.

L'acceptation comme philosophie

Le fait de considérer telle émotion ou telle sensation corporelle comme négative, néfaste, malsaine, est une hérésie d'un point de vue de l'évolution et relève plus de la culture que de la nature. En effet, ce que nos trois amis se disent de leurs émotions et sensations importe beaucoup dans la façon dont ils les gèrent. Ainsi, dire que la colère est mauvaise, c'est l'envelopper d'un voile de préjugés. Préjugés vis-à-vis desquels notre cerveau biologique adopte la réaction la plus adaptée : fuir, combattre, se figer. Ce qui, finalement, nous enferme. Or ces préjugés sont induits par le langage, la culture, et donc aussi par la philosophie. On dit bien qu'il faut « prendre les choses avec philosophie », ce qui signifie que la philosophie transforme notre relation à notre monde intérieur. Il n'est d'ailleurs pas nécessaire d'être philosophe pour avoir un rapport particulier à ce monde intérieur ; la culture et l'éducation s'en chargent à base de « il faut être fort et ne rien ressentir », « calme ta joie », « la colère, c'est mal ». Et parallèlement, les magazines de développement personnel affirment que « c'est mal de penser que la colère c'est mal ». Tout et son contraire...

Avant d'aborder l'acceptation sous l'angle de la biologie puis de l'ACT, observons de quelle manière la culture et la philosophie ont posé un cadre bien particulier, pour ne pas dire fondamental, dans la conception de nos ressentis intérieurs. Comme le disait Nicolas Boileau, « ce qui se conçoit bien s'énonce clairement ». Alors, lutter, accepter ou se résigner ?

Philosophie du droit, du bien, du sans bavure

L'invitation à se débarrasser de l'habitude de sans cesse lutter pourrait venir, entre autres, des stoïciens de la Grèce antique. La première pensée qui me vient en songeant à ce courant de la philosophie est cette maxime d'Épictète (Ier-IIe siècles avant J.-C.) : « *Sustine et abstine* », que l'on peut traduire par « supporte et abstiens-toi ». Ces deux mots semblent écrits pour Paul, qui porte la charge et tient coûte que coûte jusqu'à se rompre le dos, et pour Albane, qui, à vouloir « être forte », s'interdit tout débordement émotionnel, jusqu'à fléchir et s'en trouver à genoux. Cette école philosophique invite à s'abstenir, à se tenir face à la souffrance, à « rester stoïque », ce qui revient à se transformer en statue grecque. Sympathique à regarder mais à vivre, beaucoup moins.

Selon les stoïciens, pour vivre heureux et connaître le bonheur, il faudrait s'abstenir des passions (Duhot, 2003), terme qui vient d'ailleurs du grec *pathos*, la « souffrance ». Se libérer des passions reviendrait donc à se libérer de la souffrance. Dans le sens grec du terme, les passions représentent toutes ces pulsions, ces émotions à même de perturber notre raison, notre raisonnement. S'abstenir de passions, c'est concourir à l'absence de sentiments comme la colère ou la peur, qui nuisent à la réflexion, ce qui importe le plus pour cette école philosophique.

Cette attitude qui vise à s'épargner toute souffrance se retrouve également chez Épicure, philosophe hédoniste. La philosophie épicurienne, contrairement à ce que l'on entend souvent, ne prône pas la luxure et le plaisir, bien au contraire. Pour Épicure, le bonheur s'atteint grâce à l'ataraxie, c'est-à-dire l'absence de souffrance (absence de trouble).

On observe, dans ces généalogies de la conception de la souffrance, que la pensée grecque est encore très présente dans notre culture. Elle se diffuse comme un parfum inodore dont les effets ne sont pas perceptibles immédiatement. Un doux piège, une sibylline illusion. Or, être stoïque, c'est possible, cela donne l'illusion du contrôle, puisqu'à court terme cela fonctionne très bien. Mais ce contrôle agit comme un poison à retardement, de telle sorte qu'il est difficile d'analyser qu'il est la cause de notre souffrance. C'est de ce contrôle de soi dont s'emparent les religions, non choisies, mais imposées. Comme un opium du peuple, à même de nous gouverner tous. Contiens, retiens, tiens-toi bien. Sinon ? Sinon, tu périras en enfer.

En effet, quel que soit l'avis des stoïciens, le courant de pensée qui s'empare de cette conception est la religion chrétienne (ici, je ne critique pas la foi, mais la doctrine). En effet, bien que les moyens d'y parvenir diffèrent, la pensée chrétienne raffole de cette contrition de nos ressentis. D'ailleurs, l'inscription « *Sustine et abstine* » apparaît sur de nombreux monuments chrétiens (Jagu, 1964).

En quoi cela concerne-t-il nos trois amis ? La civilisation qui nous procure notre cadre de pensée (vu, selon la théorie des cadres relationnels, comme une mise en relation des choses) est appelée la civilisation judéo-chrétienne. On peut donc supposer que cette tendance à lutter proviendrait des stoïciens, *via* la religion chrétienne. Le conditionnel est de mise car il serait injuste de les considérer comme uniques coupables.

Croyants ou non, la manière de penser les choses de l'être humain lui est prescrite et existe avant lui. Charge à lui de l'adapter pour remplir réellement son but. La question fonctionnelle qui demeure est : est-ce que cela fonctionne pour être heureux ? Oui, à court terme, nous l'avons vu.

Le point commun entre ces angles de vue est ancré dans cette conception du « tiens-toi bien » : le contrôle. Tels des stoïciens, nous aimons avoir le contrôle de nous-mêmes, du monde, et pourquoi pas des autres ? Julie et Paul ont toujours tout réussi, géré, contrôlé. Leur vie était tracée vers l'infini, et pourquoi pas au-delà. Albane, elle, encore toute jeune adolescente, a hérité d'un trait familial nommé la « force de caractère ». Autrement dit, sans caractère, on est faible. La flèche de vie a touché un plafond de verre et s'est plantée dedans. Impasses philosophiques.

Faire de la place

Le bouddhisme, lui, ne repose pas sur un Dieu ou sur une croyance, mais sur une pensée, sur un homme, Siddhârta Gautama, qui, après un long périple spirituel, deviendra le Bouddha. Cet homme, héritier d'un petit royaume himalayen, vers 500 avant J.-C., fut frappé de voir à quel point la souffrance de l'humain était universelle et consubstantielle de la vie. En effet, l'être humain souffre de ne pas avoir ce dont il a besoin, mais il souffre aussi lorsqu'il l'obtient, à la fois par peur de le perdre et par frustration de ne pas en avoir plus. La souffrance naît ici de ce que nous cherchons à avoir. Ce que l'on possède nous possède alors en retour par le désir et la frustration. Il suffit de voir comment une célèbre marque à la pomme organise la souffrance de ne pas avoir ce que les autres ont. De même, comment vous sentez-vous lorsque vous pensez avoir perdu votre téléphone ? Cela peut paraître trivial, mais si l'on souffre de ce genre de situation, qu'en est-il pour le reste ?

Selon les bouddhistes, notamment Thich Nhat Hanh (2003), il existerait trois types de souffrance. La première est la souffrance de la souffrance (*dukkhata dukkhata*), représentée par la souffrance liée aux sensations désagréables. La deuxième est la souffrance des choses composées (*smaskara dukkhata*), où ce qui est assemblé est amené à se séparer (la perte d'un proche, la fin d'un groupe d'amis, l'érosion d'une montagne). La troisième est la souffrance liée au changement (*viparima dukkhata*).

Quel est le point commun entre ces trois souffrances ? Le désir. Le désir de ne pas ressentir de sensations désagréables et autres émotions négatives. Le désir que rien ne se sépare, que rien ne change. Or, présenté comme cela, qui peut espérer que les choses de la vie restent immobiles, unies et vierges de désagréments ? Les livres assurément, mais pas la vie, celle que l'on incarne dès que l'on sort de chez soi. Sortir de chez soi, c'est comme sortir du ventre de sa mère, et – Julie en est témoin – c'est souffrir. Il fait froid, on se sépare de sa mère et il faut, peu à peu, devenir autonome. Désirer, et donc refuser, ces trois souffrances, c'est refuser les fleurs de la vie et préférer la cigüe de la mort.

Cette attitude d'acceptation face à la souffrance est une loi des bouddhistes appelée *Dharma* ou *Dhamma* (Harari, 2015). Une loi universelle de la nature. Plus nous désirons quelque chose, plus la souffrance apparaît. On perçoit alors l'impossibilité de s'en défaire car, comme nous le verrons, nous ne pouvons imposer l'absence de désir à notre biologie. L'intuition de Gautama est que l'esprit est régi par le désir, ce qu'implique de fait l'insatisfaction. Donc, premièrement, la souffrance est un fait et, deuxièmement, c'est la gestion de nos désirs qui en est la clé.

Pour cette pratique spirituelle, l'acceptation est la capacité à observer les choses comme elles sont et non comme elles devraient être. Ne rien désirer et se détacher de ses attentes de changement, de sensation, d'union. Prendre les choses comme un footballeur reprendrait une balle haute d'une volée magistrale. La balle vient comme elle vient, à nous de l'utiliser et d'en faire ensuite quelque chose.

Les bouddhistes séparent douleur et souffrance, ils séparent ce qui nous arrive de ce que nous en faisons. L'histoire bouddhiste de la double flèche illustre bien cette différence entre la douleur et la souffrance. Un jour, un homme reçoit une flèche dans le dos. Il crie de douleur. C'est la flèche de la douleur. Puis vient une seconde flèche, symbolique elle, qu'il s'inflige, celle de la souffrance. « Pourquoi l'ai-je reçue ? », « ce n'est pas possible, je n'aurais jamais dû recevoir cette flèche, je dois travailler », « je suis vraiment nul d'être passé par là ». Il rumine, il peste contre cette flèche reçue. Il souffre de douleur.

Cette histoire montre que la douleur nous prend au dépourvu et que nous n'avons aucun contrôle sur le hasard. En revanche, nous nous torturons bien plus encore en luttant contre la douleur et faisons de nous notre propre bourreau. Cet homme n'accepte pas, il amplifie le mal.

Résignation ? Non, acceptation.

L'acceptation est ce processus central prôné par la philosophie bouddhiste. Loin d'être une simple résignation, elle est une attitude active face à nos ressentis intérieurs. Accepter, c'est « consentir » (notez le préfixe « co », avec) à faire de la place à ses ressentis sans que ceux-ci commandent nos comportements. C'est les regarder dans les yeux, et peut-être apprendre à comprendre ce qu'ils peuvent nous apporter.

Fromage et dessert – Plaisir et souffrance

Pour commencer, prenons une pièce de deux euros. Une face, représentant la valeur, est toujours livrée avec une autre, dont on se fiche. De telle sorte que nous aimerions plutôt deux faces « deux euros ».

C'est comme dans la vie : le côté de la valeur (deux euros) représente ce qui compte, et il est « livré avec » des sentiments parfois désagréables. Si votre conjoint est important pour vous, il est normal que vous ayez peur de le perdre, non ? De même, si, pour moi, la compétence, en tant que psychologue, est une valeur fondamentale, il est normal que je redoute l'incompétence, n'est-ce pas ? Cette démonstration vous semble simpliste, digne d'un vendeur de coupe-légumes sur un marché ? Pourtant, si nous sommes sensibles aux choses, c'est qu'elles comptent pour nous. C'est ce que Martin Heidegger (1889-1976) nous invite à penser dans son *Introduction à la recherche phénoménologique*. Pour lui, l'homme est soucieux par nature. « Le souci est l'être de l'Homme », disait-il. Lorsque l'on se soucie, on se soucie de quelqu'un, de quelque chose. Ces soucis que nous traitons comme des erreurs, des désordres, ne sont en fait que des invitations à « prendre soin de ». Ce sont des attentions durables portées à ce qui compte pour nous : nos proches, nos valeurs. Deux solutions s'offrent alors à nous : soit nous refusons ce qui dérange et nous sommes prêts à quitter conjoint et enfants pour ne plus ressentir la peur ; soit nous « acceptons » et nous faisons de la place à cette sensation, certes désagréable, mais qui signifie que ces personnes comptent. Mais alors, plus ça compte, plus ça fait souffrir ?

En effet, ce que le bouddhisme affirme, c'est que ce sont nos attentes qui nous font souffrir le plus. Plus votre conjoint est important pour vous, plus votre souffrance grandira. La solution serait alors de modérer nos attentes, nos plaisirs et désirs ?

À partir du moment où le plaisir et le désir commandent notre existence, il pourrait être intéressant d'établir une diététique. Rien n'est à jeter, tout est une question d'équilibre. La philosophie épicurienne vient à notre secours, afin de nous sortir de ce « tout ou rien ». Pour Épicure, dans son ouvrage *Lettre à Ménécée* (Laerce, 1965), il convient de réguler ses plaisirs afin de réguler sa souffrance. Comme avec cette pièce de deux euros, plus les choses comptent – plus la pièce est grande – et plus la souffrance est proportionnée. Voici comment l'épicurisme organise la notion de plaisir : il y a des plaisirs naturels et d'autres non, des plaisirs nécessaires et d'autres non. L'idéal est de satisfaire en priorité nos désirs naturels et nécessaires (boire, manger à sa faim) au détriment des désirs non naturels et non nécessaires (acheter un yacht, fumer), les désirs intermédiaires étant à moduler.

Classification des désirs selon Épicure				
Désirs naturels			**Désirs vains**	
Nécessaires			Artificiels	Irréalisables
Pour le bonheur (ataraxie)	Pour la tranquillité du corps (protection)	Pour la vie (nourriture, sommeil)	Exemples : richesse, gloire	Exemples : désir d'immortalité

Au fond, ce qui fait souffrir nos trois amis n'est pas tant la boule au ventre que ce qu'ils perdent, ce qu'ils ne peuvent obtenir à lutter contre le désagrément. Julie souffre ne plus pouvoir aller au cinéma, Paul souffre de ne plus pouvoir travailler et Albane souffre de ne plus sauter en hauteur.

Sadomasochisme philosophique

Si nous ressentons des émotions, c'est qu'elles font partie de nous, qu'elles sont à nous. C'est NOUS ! L'acceptation nous rapproche de nous. Se défaire de ses émotions reviendrait à vouloir avancer sur une jambe.

L'Homo sapiens est assez paradoxal sur ce sujet. La mode est au zen (j'en suis aussi un thuriféraire), au calme et à la plénitude... Oui, mais une vie stable, c'est aussi sympa qu'un étang des Dombes. C'est beau, cela fait rêver, mais au bout de deux heures, deux jours, deux mois, que fait-on ? On s'ennuie, non ? Que se passerait-il si le contrôle que nous avons évoqué plus haut avait véritablement fonctionné ? Que se passerait-il si nous étions totalement zen, tel le Bouddha ? Sept ans au Tibet, c'est magnifique en film, mais à vivre ?

Ainsi, plutôt que de considérer la souffrance comme quelque chose d'anormal dans notre monde, pourquoi ne pas changer notre regard sur celle-ci et faire preuve d'honnêteté ? Que représente l'absence de souffrance, chez les bouddhistes ? Le nirvâna : « extinction de tous les désirs de ce monde » (Larousse), ou encore : « état de délivrance intellectuelle et affective qu'on obtient par le renoncement au vouloir-vivre, aux intérêts de son individualité, et aux illusions de la sensation » (Lalande, 1960). Ça ne sentirait pas un peu le sapin, ça ?

Plus qu'accepter ses ressentis, il est possible de les aimer. Les aimer comme on aime le blues des joies et des peines, une sorte de rock'n'roll attitude. Les choses existent par contraste, nous l'avons vu précédemment, comme sur le négatif d'une photo, le noir soutient le blanc : yin et yang. Si l'on veut aimer la lumière du jour, il faut aussi aimer l'obscurité de la nuit. Que seriez-vous si ne souffriez pas ?

« Qu'on me donne la haine pour que j'aime l'amour
La solitude aussi pour que j'aime les gens
Pour que j'aime le silence qu'on me fasse des discours
Et toucher la misère pour respecter l'argent
Pour que j'aime être sain, vaincre la maladie
Qu'on me donne la nuit pour que j'aime le jour
Qu'on me donne le jour pour que j'aime la nuit
Pour que j'aime aujourd'hui oublier les toujours
On m'a trop donné bien avant l'envie
J'ai oublié les rêves et les mercis
Toutes ces choses qui avaient un prix
Qui font l'envie de vivre et le désir
Et le plaisir aussi
Qu'on me donne l'envie
L'envie d'avoir envie
Qu'on rallume ma vie
L'envie. »

Texte de Jean Jacques Goldman, chanson chantée par Johnny Hallyday

Si je souffre, c'est que j'aime.

Il peut être trop douloureux de garder en soi une sensation énorme qui parfois nous envahit. Mais est-elle énorme d'emblée, ou devient-elle énorme à force de la refuser ?

Après tant de temps à lutter contre, votre cerveau va devoir maintenant inverser la tendance et changer son point de vue sur ces événements, certes désagréables. En effet, l'acceptation est une compétence qui s'apprend. Le cerveau a besoin de temps pour activer les chemins neuronaux qui y conduisent.

« Si vous avez souffert, vous savez comment apprécier les éléments de paradis qui sont présents, mais si vous restez enfermé dans votre souffrance vous passerez à côté du paradis. » (Thich Nhat Hanh, 2003)

Il n'est pas question de laisser Julie, Paul et Albane dans cette souffrance ; il faut donc les amener à porter un regard différent sur ce qui leur fait mal, les libérer d'une lutte contre la souffrance et les aider à entendre cette dernière comme une invitation à la préservation de leur vie, de leurs proches, de leurs valeurs. La douleur de dos de Paul est ainsi une invitation à se reposer, la peur du sautoir d'Albane signe la nécessité de prendre des précautions en s'échauffant, et la crainte de faire une crise au volant de sa voiture invite Julie à être attentive et à maîtriser sa conduite. Équilibre entre préoccupation et action.

Entre le bouddhisme, qui invite à un dénuement total, une séparation des attentes de changements, de bien-être et de conservation, et l'espérance folle d'un monde de bonheur, sans souffrance, la voie du milieu prônée par la philosophie chinoise et son Tao invite, tel un équilibriste du souverain bien, à cheminer entre diététique des attentes et rêverie d'un monde meilleur. Un peu de colère, un peu d'angoisse et de peur, mais livrées avec un être aimé, des enfants, une bonne entrecôte aux morilles et un Côtes du Jura. Quitte à souffrir au moment des adieux. Chacun sa philosophie de la souffrance, sa philosophie de vie, pour peu que cela permette de toucher ce souverain bien du bout des doigts…

L'acceptation, cette invitation à faire de la place, représente ce premier temps : nommer et renommer efficacement (toujours en fonction du critère fonctionnel, du but recherché et non celui de la vérité) nos ressentis intérieurs.

L'acceptation comme biologie

Comme nous l'avons vu plus haut, le fait d'espérer ne plus ressentir d'émotions est bien une idée de philosophe, d'Homo sapiens, car, d'un point de vue biologique, il s'agit d'une hérésie. Pourquoi ? C'est ce à quoi nous allons tenter de répondre par l'étude des émotions et des sensations physiques, à travers l'exemple du couple « Docteur Jekyll et Mister Hyde » de la régulation émotionnelle : l'évitement expérientiel *versus* l'acceptation.

Avant de commencer, imaginez un Homo sapiens se promenant tranquillement au beau milieu d'une forêt verdoyante, un matin d'été. Supposons que cet être humain ait subi une mutation génétique à même de supprimer toutes ses émotions, de le rendre capable de tout contrôler. Combien de temps pourrait-il survivre sans peur, sans ressentis désagréables ? Une durée très limitée ! Car, si la peur n'évite pas le danger, elle contribue toutefois à éviter de se faire dévorer par un prédateur ou de chuter dans un ravin. Une petite mutation génétique nous hissant à l'égal d'un Dieu s'immisce dans notre code génétique, et hop, on remballe, fin du spectacle. L'espèce humaine s'éteint. Vous l'aurez compris, nos émotions, nos sensations existent avant tout pour nous guider dans les méandres de la lutte pour la vie, «*struggle for life*», dirait Darwin. Elles font partie d'un système sophistiqué d'aiguillage de nos actions, au service de ce souverain bien, que l'on appelle l'adaptation au contexte de vie. Sans adaptation, pas de vie.

Qu'est-ce qu'une émotion?

Le mot «émotion» vient du latin *motio*, qui signifie «se mouvoir». Cette origine étymologique permet de définir la fonction première du système émotionnel: sans lui, pas d'action (et pas d'action, pas de chocolat). Ce qui pose un sérieux problème pour l'humanité.

Une émotion, c'est d'abord un sentiment, une expérience psychologique intime et subjective, à la fois universelle et spécifique selon la culture (ce qui nous dégoûte n'est pas identique selon les pays). L'émotion se manifeste par une activation physiologique automatique globale et stéréotypée, qui influe sur le comportement (augmentation du rythme cardiaque, du rythme respiratoire…). Elle provoque également une réaction comportementale (par exemple, fuir face à une menace – comportement d'éloignement de ce qui est dangereux – ou se diriger vers une boulangerie, alléché par bonne odeur de pain au chocolat – comportement d'approche de ce dont nous avons besoin). Enfin, la dynamique émotionnelle est sous-tendue par des motivations qui coordonnent ces réactions et ces comportements, en fonction du contexte (faim, froid, danger…). En effet, vous n'aurez pas la même réaction émotionnelle si vous passez devant le rayon charcuterie des Halles de Lyon (vegans, s'abstenir) à 11 h 30 que si vous le parcourez à 14 h 30…

La mécanique émotionnelle constitue ainsi une combinaison de réactions physiologiques et comportementales inconscientes, donc automatiques, et conscientes, avec une forte composante sociale.

Combien d'émotions existe-t-il ? Aucune étude ne fait consensus à propos de leur nombre, mais la recherche montre que l'on peut considérer un panel de huit émotions, avec plusieurs nuances d'intensité (Breedlove *et al.*, 2018, p. 448), réparties en binômes antagonistes – joie-tristesse ; affection-répugnance ; colère-peur ; attente-surprise – dont les différentes combinaisons constitueraient toute la palette émotionnelle de l'être humain (Plutchik, 1994). Le fait que cette étude ne fasse pas l'unanimité et que les chercheurs ne parviennent pas à se mettre d'accord montre bien l'influence de la culture et du langage (donc de la philosophie) : il est actuellement impossible de classer les émotions comme on classe les espèces d'arbres.

Arrêtons-nous sur un point fondamental : ce qui tracasse Albane, Julie et Paul, c'est la difficulté à nommer, à connaître et à prendre en compte leurs émotions. Si les chercheurs ne s'entendent pas sur cette question, comment nos trois amis pourraient-ils y parvenir ? Demandez à un ado : « Comment te sens-tu ? » Réponse : « Je ne sais pas. » Ici, le langage ne suffit pas...

C'est pourquoi Paul Ekman et ses collègues (Keltner et Ekman, 2000) ont cherché à classer les émotions en étudiant les mimiques faciales. Ils ont observé une constante interculturelle (avec quelques subtiles variations) de huit émotions : tristesse, colère, dégoût, surprise, joie, peur, mépris et gêne.

En compilant les deux approches, on peut donc établir un noyau dur de six émotions : la joie, la tristesse, la peur, le dégoût, la colère et la surprise.

À quoi servent les émotions ?

Les émotions sont le fruit de l'évolution de l'espèce ; elles sont communes aux humains, à l'ensemble des mammifères, voire aux arbres (Wohlleben, 2017). La thèse évolutionniste selon laquelle nos émotions sont responsables d'une meilleure adaptation est portée par le célèbre naturaliste et paléontologue anglais Charles Darwin (1809-1882) qui, dans son ouvrage intitulé *The expression of the emotions in man and animals* (1872), explique ceci : « Les mouvements expressifs du visage et du corps [...] sont [...] d'une très grande importance pour notre bien-être. Ils sont le premier moyen de communication entre la mère et son bébé ; elle approuve d'un sourire et encourage ainsi son nourrisson à poursuivre dans la bonne direction, ou au contraire elle le désapprouve d'un froncement de sourcils [...]. Nos expressions donnent de l'intensité et de l'énergie aux mots que nous prononçons. Elles révèlent bien plus les pensées et les intentions d'autrui que les mots, qui peuvent être mensongers. »

Ce passage montre le caractère fondamental des émotions : l'adaptation. Au-delà de l'adaptation au contexte matériel (froid, menace...), elles sont le moteur du lien social. Cet ensemble de réactions physiologiques et psychologiques constitue un programme sophistiqué pour aider l'être humain à faire face rapidement et automatiquement à son environnement.

On peut classer les émotions en trois systèmes, en trois grandes fonctions (Gilbert, 2009) : défense, challenge et contentement.

- Le premier système émotionnel est basé sur la défense : il permet de réagir face à une menace, en fuyant, en se figeant ou, en cas de disposition favorable, en combattant. Ce mode de réaction est tout à fait fonctionnel lorsqu'il est adapté au contexte et qu'il utilise comme carburants la cortisone et l'adrénaline, qui activent les battements du cœur, la respiration, la vigilance... Mais parfois, le système de défense est mobilisé de manière excessive ; dans ce cas, il conduit à l'épuisement.
- Le deuxième système est basé sur la recherche et l'obtention : il s'agit du challenge. L'être humain a besoin « d'aller plus haut », de chercher à se reproduire, à se nourrir, à être reconnu. Ce système, également appelé « système de récompense » (très actif dans le cas des addictions),

lui procure le plaisir et la motivation nécessaires pour se dépasser. Son principal carburant est la dopamine. Comme le précédent système, il n'est pas problématique en lui-même, mais si un individu passe son temps à chercher le challenge, il finira épuisé aussi.

- Le troisième système est celui du contentement. Il se manifeste par des comportements de repos, de concentration, de calme, et de tout ce qui a trait à la conservation de l'espèce. Ces comportements s'activent grâce aux hormones comme la sérotonine, les endorphines et l'ocytocine, et ils sont volontiers prosociaux. Paul, Albane et Julie manquent cruellement de ce dernier système.

Ce système biologique, émotionnel, est une organisation régie par une seule et même règle : « est-ce que nos comportements sont adaptés ou non, en fonction du but fixé et nécessaire ? » La fin justifie les moyens. Tout est donc lié à l'adaptation au contexte, une fois encore.

TROIS SYSTÈMES DE RÉGULATION DES ÉMOTIONS (LES TROIS CERCLES)

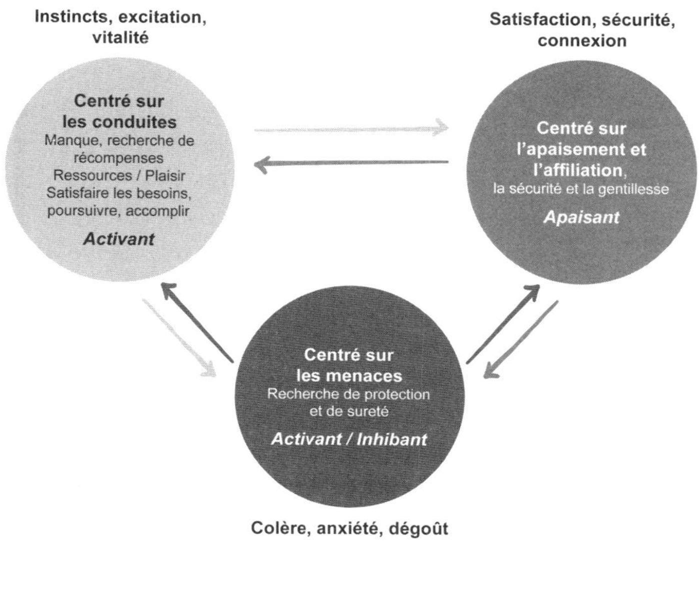

À la suite de Darwin, deux hommes ont entrepris de démontrer que la faculté d'adaptation revêtait un caractère biologique: Claude Bernard (1813-1870) et Hans Selye (1907-1982).

Le médecin français Claude Bernard explique le principe d'homéostasie qui commande le corps, c'est-à-dire la stabilité de son milieu intérieur. Une de ses expériences montre que lorsque l'on engloutit, par exemple, un pot de Nutella (donc une dose de sucre faramineuse), notre corps, qui déteste le déséquilibre, dispose d'un mécanisme de régulation qui va le protéger et réguler la teneur de sucre dans le sang (glycémie). Il en est de même pour tout ce qui est lié à la faim, au sommeil, au froid... Selon ce point de vue, nos émotions seraient le fruit d'un écart entre l'équilibre et la situation donnée. La réaction physiologique née de ce déséquilibre correspondrait alors à une tentative de retrouver l'équilibre. Tout comportement humain est ainsi destiné à maintenir la préservation de son équilibre biologique, gage de survie.

Hans Selye, le père de la conception du stress, explique quant à lui les mécanismes qui mettent en œuvre cette régulation. Pour lui, le stress n'est qu'une banale et nécessaire réaction face à une déstabilisation (le mot anglais *stress* signifie « charge »). Lorsque vous allumez la lumière après une longue période d'obscurité, votre corps fait face à un stress (une charge, donc) et déclenche ce que Selye appelle un syndrome général d'adaptation (SGA), où le corps entier réagit. Vous plissez les yeux, voire vous les protégez avec vos mains, votre pupille se rétracte, le reste de votre corps peut même se détourner de la lumière. Imaginez, dans ce simple exemple, la complexité de cette réaction !

Cette obsession de notre corps pour l'homéostasie, pour l'adaptation, fonctionne dans tous les contextes, qu'ils soient physiologiques (déséquilibre de température, d'hormones, de sucre...) ou physiques (équilibre postural par exemple). Ceci explique que bon nombre de problématiques de santé mentale sont parfois sous-tendues par des problèmes purement biologiques, comme l'hyperthyroïdie. Mais notons ici que le langage est en lui-même porteur de déséquilibre : selon la théorie des cadres relationnels, il peut transformer la fonction d'un événement, et donc créer un déséquilibre, une menace ou un désir (qui est déséquilibré, puisqu'il y a un manque). Imaginez que je vous donne un stylo en vous disant qu'il a appartenu à un serial killer et que des traces de sang ont été retrouvées dessus. Que se passe-t-il dans votre corps ? Et si je vous dis ensuite que ce stylo est celui que Nelson Mandela a utilisé pour signer la fin de l'apartheid, que ressentez-vous ? Le langage, grâce au transfert de fonction (aversive ou appétitive), a créé une déstabilisation, une rupture d'équilibre (puisque menace ou désir), alors que ce stylo n'a aucune valeur en soi.

Ainsi, notre corps, notre biologie sont indissociables de la psychologie, de la philosophie. Selon ce point de vue, ne pourrait-on pas considérer la souffrance, en partie émotionnelle, comme un signal de déséquilibre ? La souffrance pourrait alors être entrevue comme une invitation à rétablir l'équilibre, qu'il soit physiologique (la douleur du dos pour fléchir les genoux) ou psychologique (la colère pour se faire respecter).

Dans la majorité des sociétés traditionnelles, comme le décrit Tobie Nathan (1998), la souffrance est une occasion de transformation plutôt qu'une maladie anormale, qu'un problème à résoudre. Considérer ce point de vue biologiste, c'est réinstaurer notre souffrance dans un cadre fonctionnel, c'est nous inviter à rétablir une homéostasie pour mieux s'adapter au monde. Or, après des millénaires de détestation du corps, du sensible, nous nous sommes éloignés de nos capacités à faire face. Criminaliser nos émotions comme des choses à effacer plutôt qu'à utiliser, à prendre en compte, apparaît aujourd'hui comme une énorme bavure judiciaire !

C'est bien souvent lorsque le corps ne suit plus que l'on entre en psychothérapie. Paul n'a pas entendu ses douleurs de dos, il n'en a pas tenu compte. Il les jugeait anormales alors qu'elles n'étaient que l'expression de multiples déséquilibres, en termes de ressources (fatigue) ou de déséquilibres alimentaires (alimentation trop riche en graisse et manque d'eau). Pour lui, le burnout est une occasion de redonner à ses signaux corporels une valeur d'adaptation et non de problème. Plus tard, il saura que ses douleurs de dos sont le signe qu'il doit soit ralentir, soit rééquilibrer son alimentation. Et que dire d'Albane, pour qui les émotions sont l'apanage des faibles, alors même qu'elles reflètent simplement la puberté et une invitation à mieux s'adapter au monde social ? Julie, elle, a peur de la peur, et elle interprète chaque sensation corporelle comme annonciatrice d'un destin funeste (la peur d'étouffer et de mourir). Son anxiété signe un moment d'instabilité : ses enfants sortent du nid et sa carrière s'enlise, l'invitant à s'adapter différemment. Plutôt que de prendre en compte ces signaux, nos trois êtres errent dans un océan agité, avec une carte faussée de bout en bout, et tournent dans un triangle des Bermudes, oubliés, fantômes à eux-mêmes.

Comment fonctionnent les émotions ?

Anatomie

D'un point de vue biologique, le cœur des émotions se situe au niveau du cerveau, dans un ensemble anatomique que l'on appelle système limbique, cerveau émotionnel ou encore cerveau affectif. Rappelons que la partie la plus évoluée du cerveau représente l'écorce de l'orange ; le système limbique, lui, se situe dans sa pulpe. Il s'agit d'une association complexe et diffuse de structures cérébrales impliquées dans les émotions, l'apprentissage et la mémoire (Breedlove, 2018).

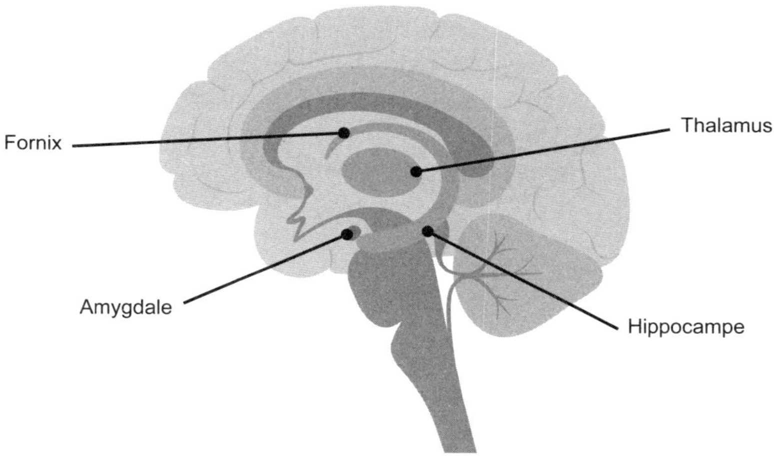

Dans cette belle association de bienfaiteurs se trouve l'amygdale (rien à voir avec le fond de notre gorge) – qui gère notamment la réaction face à la peur –, l'hippocampe et le fornix – plutôt axés sur la mémoire et l'apprentissage. Le gyrus cingulaire, quant à lui, est impliqué dans la direction de l'attention. On ajoute parfois à ce système l'hypothalamus, qui commande les fonctions vitales. L'hypothalamus est au contact de tous les aspects hormonaux de régulation des besoins fondamentaux (manger, boire), et il dispose de toutes les connexions avec les sphères de la pensée. En cela, il constitue le lien entre le corps et l'esprit. Il est d'autant plus important qu'il tient sous sa coupe l'hypophyse qui, elle, contrôle toutes les sécrétions hormonales.

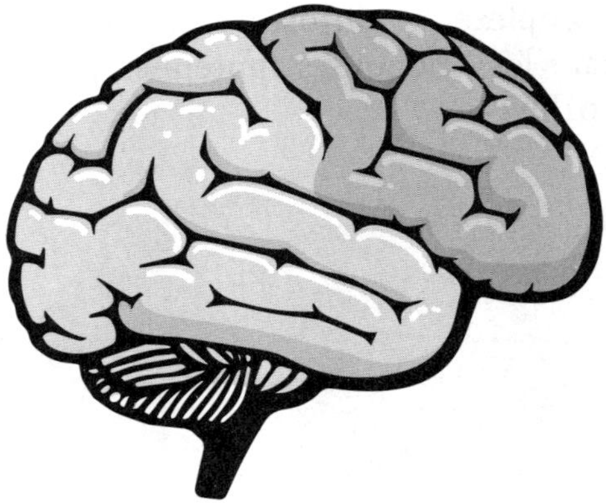

En somme, on pourrait comparer le système limbique à la bande de *Mission impossible*: un réseau où chacun a sa spécialité mais où tous dépendent les uns des autres.

Plaque tournante de la réaction émotionnelle, le système limbique est également en lien avec l'étage supérieur, à savoir le cortex cérébral (l'écorce), et avec le cortex préfrontal, qui occupe la partie antérieure du lobe frontal (voir illustration ci-dessus).

Le cortex cérébral, c'est un peu la grosse tête de la bande d'acolytes de la mission. Il gère tout ce que l'on appelle les cognitions (les pensées, l'intellect, l'apprentissage et la personnalité), ainsi que tout ce qui nous sépare de nos confrères mammifères: les idées abstraites, le jugement, les décisions, l'anticipation, l'altruisme ou encore la conscience. Ce qu'il est important de souligner ici, c'est le fait que les racines de l'émotion se trouvent dans la réflexion et dans la pensée. D'une manière métaphorique, on pourrait dire que, de toute la bande, le cortex préfrontal serait le philosophe, et donc le siège de la philosophie. On entrevoit dès lors pourquoi cette dernière est directement impactée par la façon de concevoir les émotions, à travers ce cortex préfrontal. Il est intéressant de noter ici que le cerveau droit est plutôt spécialisé dans la gestion des émotions et de la créativité, tandis que le cerveau gauche gère plutôt le raisonnement, la rigueur. Aucun des deux ne se suffit à lui-même mais, encore une fois, il est ici question d'équilibre : l'un aide l'autre. Entre la chaleur des émotions et la froideur du raisonnement, le cerveau, ce mitigeur, cherche en permanence la bonne température en fonction du contexte.

De l'autre côté, en aval du système limbique, se trouvent, de manière schématique, le tronc cérébral et le système nerveux autonome qui, comme son nom l'indique, gère d'une manière automatique et autonome la réaction émotionnelle. Il fait partie de ce que l'on appelle la voie courte (Ledoux, 1998) ; par exemple, lorsqu'une porte claque, vous n'avez pas besoin d'être conscient ni de réfléchir pour réagir. La voie longue, elle, passe par le cortex (quelques millisecondes supplémentaires suffisent pour prendre le temps de la réflexion). Toute la différence se situe là, au niveau des émotions, entre la réaction automatique, pulsionnelle et rigide (il n'y a pas trente-six façons de sursauter), et l'action, choisie, consciente et multiple (il existe de multiples façons de gérer la colère, entre tarte dans la figure et affirmation de soi). La mise en mouvement de l'émotion se fait à travers le système nerveux somatique d'une part (Marieb, 1999), qui représente la motricité (marcher, courir, se diriger), et le système nerveux autonome d'autre part, constitué de deux grands canaux nerveux.

Imaginez dans votre maison deux circuits électriques reliant différentes pièces, différentes fonctions. Le premier se nomme le système nerveux sympathique (orthosympathique). Il gère la situation d'urgence et il active, d'une manière globale, toutes nos cellules pour réagir au danger (en fuyant, en combattant ou en se figeant, trois réactions communes à tout mammifère). C'est par lui que votre cœur et votre respiration s'accélèrent lorsque vous êtes confronté à ce claquement de porte qui vous surprend.

Le second circuit électrique est appelé le système nerveux parasympathique. Il gère tout ce qui a trait à la conservation de l'espèce, à savoir, par exemple, la digestion ou la reproduction. Ces deux systèmes sont essentiels à l'homéostasie évoquée plus haut. Tous deux s'équilibrent, entre activation et repos, pour maintenir le corps dans de bonnes dispositions.

Paul, Julie, Albane : trois biologies en détresse

Afin de travailler l'acceptation chez celles et ceux qui essaient de tout contrôler, on peut commencer par tenter de comprendre comment cette attitude plonge notre corps au fond des sables mouvants. Pour cela, modélisons et analysons les histoires de Paul, de Julie et d'Albane.

Paul

Paul travaille beaucoup et s'impose des objectifs de réussite très élevés. Sa volonté de réussir lui est dictée par sa mémoire, au niveau de son cortex préfrontal, où se niche la règle selon laquelle il faut « réussir coûte que coûte ». Le cortex préfrontal ne prenant en compte que l'objectif, il fait fi tant des obstacles que des sensations désagréables éprouvées par Paul (les douleurs de dos par exemple). La fusée est lancée, rien ne l'arrête. Cette situation de peur de ne pas réussir est, au départ, vécue comme excitante (sécrétion de dopamine). Dans cette phase de challenge, Paul se sent pousser des ailes. Dopage ordinaire. Il sacrifie tout pour le plus grand des profits : réussir ou périr. Tel un cost killer (celui qui réduit les budgets drastiquement dans une entreprise), Paul augmente son bénéfice en grappillant sur ses temps de détente, ses repas, son repos... *Time is money*. Puis les dépenses excèdent les recettes, et Paul fait faillite. Son corps n'a plus d'énergie, il est dénutri, déshydraté, tendu et exténué. L'adrénaline du travail ne suffit plus à l'exciter ni même à le mettre en mouvement. Son corps craque, presque logiquement, un matin. Faillite discale. Et pour cause : une étude de Nilsen (2007) a montré qu'un stress prolongé, en plus de générer des tensions considérables sur les disques intervertébraux, pouvait produire des cytokines, hormones pro-inflammatoires qui majorent l'inflammation générale, dos compris. La fusée prend feu, mais elle s'envole toujours, car la peur d'échouer est toujours présente, toujours aussi tenace. À ce moment-là, c'est l'amygdale qui prend le relais et qui le plonge dans une fuite du danger (devenu palpable par les douleurs dorsales). La peur, les sensations de fatigue et de douleur sont alors niées, balayées sous le tapis à coup d'heures supplémentaires.

La faillite de Paul s'explique assez clairement dans cet enchevêtrement psycho-philo-biologique. Paul utilise la même stratégie pour se sortir du trou : il dépense de l'énergie au lieu d'en récupérer. Or, lorsqu'il manque de sérotonine, panne sèche : la dépression prend ses quartiers. L'évitement des expériences désagréables, qui se manifestaient pourtant de manière évidente, tels des signaux lumineux rouges, ont fini de le précipiter dans les abîmes.

Julie

Les troubles de Julie ont commencé un matin du mois de juillet, avec ce que l'on appelle une attaque de panique. Avant d'en arriver là, elle était juste fatiguée. Elle dormait mal et mangeait moins, car elle appréhendait le départ de son fils en classe préparatoire. Dans cet état de fatigue, sa tension était faible, sa fréquence cardiaque s'accélérait, et une activation cérébrale sous forme d'une réaction de stress était sans doute déjà sur le point de se déclencher. Le feu couvait. Elle ressentait donc déjà des émotions qui l'inquiétaient, son amygdale s'était mise en alerte et son cortex cérébral cherchait à comprendre, en vain, ce qui ajoutait de l'incertitude.

Puis Julie a commencé à faire des insomnies, à ne plus supporter la chaleur étouffante de l'été. Sa respiration s'est accélérée, elle est devenue plus haute (thoracique), à force de chercher l'air. Ces facteurs précipitants ont entraîné une montée de l'angoisse. La réaction de stress, la peur, sont devenues plus fortes qu'à l'accoutumée. L'expression « étouffer » prend tout son sens lorsque, percevant cette modification de son état corporel, Julie prend peur (par peur ne pas la contrôler). La machine est lancée et le feu se déclare, la peur de la peur plonge le corps dans une fuite en avant. Il sécrète de plus en plus de cortisol et d'adrénaline, ce qui active encore la respiration et le rythme cardiaque. La pensée « je vais mourir » s'impose ensuite, comme un coup de vent sur une forêt corse, et finit d'embraser Julie, perdue sur le bûcher de l'angoisse. Jouer avec le contrôle émotionnel, c'est jouer avec le feu.

Mais ce n'est pas tout. À ne plus réussir qu'à mobiliser sa respiration haute, Julie ressent une grande fatigue musculaire, notamment au niveau des épaules. C'est ce qui lui procure cette sensation d'oppression, de poids sur la poitrine. En outre, lorsque l'on ne respire que « par le haut », au niveau du thorax, l'air s'expulse mal. Julie se met alors à avoir peur d'étouffer, ce qui la pousse à TOUT faire pour faire céder cette gêne respiratoire sous l'effet de son cortex, qui lui envoie bien le message « je dois me contrôler ».

La respiration de Julie est superficielle, et elle éprouve une sensation de blocage ou d'étouffement. Son cerveau pense alors qu'elle manque d'air, et il tire encore un peu plus, mais de l'air, elle en a déjà trop ! Alors sa respiration s'accélère. L'oxygène entre en quantité, tandis que le gaz carbonique prend la fuite. Cette hyperventilation provoque des vertiges, une sensation de chaleur qui s'amplifie. Jusqu'à ce que le corps coupe cette réaction en chaîne, à court de carburant adrénergique. La crise s'arrête, Julie est exténuée, et elle s'en souviendra, car son cerveau, à l'aide de l'hippocampe (qui mémorise le contexte d'apparition de la peur), mémorise tout ce qui a trait à cette attaque de panique (lieu, sensations ressenties...). C'est ce qui fait naître la peur d'avoir peur de paniquer... Cercle infernal. Le piège s'est refermé.

Albane

Albane a 14 ans. Sa poussée de croissance est terminée, mais pas sa puberté : son corps est encore sous le coup d'un double choc. Le premier, physique, a été initié par sa croissance spectaculaire. Le second est hormonal. Son corps, qui jusqu'à présent ne lui posait aucun problème, devient soudain cet ennemi intime, cet étranger, dont elle ne comprend plus rien. Le « je ne sais pas », qu'elle répond instinctivement à toute question sur ses ressentis, signe ce divorce entre son corps et son esprit. Son cortex cérébral possède une carte, un schéma corporel, qui n'est plus en adéquation avec son corps transformé. L'interprétation des événements intérieurs est donc paralysée. De plus, le corps et l'intimité sont, à son âge, une chose qu'il est bien aisé et bienvenu d'éviter, afin de ne pas se poser trop de questions sensibles, entre sexualité et autonomie. Albane fonce – elle se pense forte, elle se sent forte –, jusqu'à la blessure. Notons au passage que la régulation de l'action se fait au moyen du cortex frontal, cortex qui n'a pas encore atteint sa maturité à l'âge d'Albane. Ses stratégies de régulation ont plus à voir avec un interrupteur on/off. Ainsi, son corps, d'avoir trop été maltraité, placé sous silence – off –, s'est mis à crier, dans un claquement de ligament. Une fois à terre, Albane s'est trouvée triste, en colère, avec la peur de ne plus jamais pouvoir sauter en hauteur. Mais ces émotions sont immédiatement refoulées. Même problème, même solution : elle évite d'y penser et elle retient sa colère. Jusqu'au moment d'aborder le sautoir, où tout réapparaît, comme un boomerang qu'on aurait lancé il y a quelques jours (supprimer ses émotions provoque un effet rebond) et qui reviendrait de nulle part. Mêmes résultats, puisque tout empire, avec l'apparition de plaques d'eczéma, dont on connaît les liens avec la sphère émotionnelle. La douleur transpire par la peau, diront certains. À la fois par la culture de la perfection et par un déficit de régulation émotionnelle, Albane tombe dans le désespoir du contrôle.

Ainsi, on observe que l'évitement expérientiel pousse Paul, Julie et Albane dans le vide. Comme souvent, le contrôle est une solution tellement attirante qu'on ne peut reprocher à qui que ce soit de vouloir y goûter, à ses dépens.

Voyons maintenant comment la thérapie d'acceptation et d'engagement peut tenir sa promesse de reconstruire le lien entre le corps et l'esprit, entre l'action et la réflexion, pour une meilleure adaptation.

L'acceptation en ACT

Deuxième séance de psychothérapie pour Paul, Julie et Albane. Ils semblent plus à l'aise que la semaine précédente, mais leur appréhension est loin d'être apaisée. Et pour cause : tel un diagnostic tombé brutalement lors de la dernière séance, ils ont réalisé qu'ils ne pourraient pas faire disparaître leur souffrance. Le choc a été violent, ils peinent à s'en remettre. L'atmosphère est donc tendue, mais aussi teintée d'espoir. Espoir d'une troisième vague sur laquelle nous allons surfer.

- THÉRAPEUTE : Bonjour à tous les trois, bienvenue pour cette deuxième séance, lors de laquelle nous allons tenter d'apprendre à gérer différemment les émotions et les sensations.

Les « bonjours » se succèdent, entre politesse et appréhension.

- THÉRAPEUTE : Pour commencer, j'aimerais vous exposer une métaphore qui servira de base à notre apprentissage de l'acceptation. À vos yeux, les ressentis désagréables sont comme le nouveau petit copain de votre fille de 13 ans, que l'on prénommera Bob. Il est du genre « rasta-gothique ». Imaginez-le avec des dread-locks, maquillé et vêtu de noir. Albane, je vous laisse le soin de vous figurer plutôt votre future belle-mère, en « pom-pom girl » par exemple.

– ALBANE : Pas de souci, j'ai compris, j'ai déjà le petit copain de ma meilleure amie en tête.
– THÉRAPEUTE : OK. Donc, ce Bob ne vous plaît pas, mais vous n'avez pas le choix. C'est elle et lui, ou rien ! Paul, Julie, que se passerait-il si vous cela vous arrivait ?
– PAUL : Franchement, à première vue, je ne me vois pas le faire entrer dans ma maison ! Rasta ET gothique, c'est beaucoup !
– JULIE : Je suis d'accord, à 13 ans, c'est trop jeune !
– ALBANE : Comment ça, c'est trop jeune, à 13 ans ? Ma mère s'est mariée à 18 ans ! Et si elle l'aime, ce Bob ? Moi, perso, si mon père ne veut pas me voir avec une amie qu'il ne juge pas fréquentable, cela me donne juste envie de la voir encore plus, pour l'embêter !
– THÉRAPEUTE : Nous nous trouvons effectivement face un problème.
– PAUL : Oui, mais qui est le chef de famille ? Elle est mineure, ce sont ses parents les responsables !
– JULIE : Rasta-gothique en plus, elle aurait pu choisir autre chose ! *(rire moqueur)*
– THÉRAPEUTE : En somme, plus vous lutterez pour qu'elle le quitte, plus elle risquera de rester avec lui.
– ALBANE : Carrément ! Est-ce que mes parents arrêtent de fumer lorsque je leur dis ? Jusque-là, Bob est moins dangereux que la cigarette !

Un ange passe dans la pièce, le conflit est là, posé au milieu, il n'y a plus qu'à dérouler notre histoire.

– THÉRAPEUTE : D'accord, j'entends. Paul, Julie, vous ne voulez pas entendre parler de Bob, c'est ça ?
– PAUL : Je ne veux même pas y penser.

– THÉRAPEUTE : Refuser ce petit copain, tout en sachant qu'elle reste avec lui malgré tout, cela vous permet-il d'arrêter d'en parler et d'y penser ?
– JULIE : Cela me rendrait malade, je crois que je me sentirais obligée de fliquer ma fille encore plus, pour la protéger de ce type.
– ALBANE : Elle se cachera, et peut-être même qu'elle fuguera.
– THÉRAPEUTE : Plus vous le refuserez, plus vous en parlerez, et plus vous y penserez. *Bob in your dreams.* Non seulement il prendra plus de place, mais vous vous priverez de votre fille.

Deuxième moment de silence teinté de réflexion, les positions s'assouplissent.

– THÉRAPEUTE : Que se passerait-il si vous l'invitiez à votre table ? Personne ne vous oblige à l'aimer, ni à cautionner ses tenues vestimentaires ?
– PAUL : Je vous vois arriver avec vos gros sabots, il faut l'accepter, c'est ça ? Se résigner et laisser le respect de côté ?
– THÉRAPEUTE : Je ne sais pas, que se passerait-il si vous l'invitiez à votre table ?
– ALBANE : Déjà, ils auraient leur fille avec eux.
– JULIE : J'admets.
– THÉRAPEUTE : En effet, tolérez-le et vous aurez votre fille.
– PAUL : Oui, mais ce ne sont pas dans les valeurs familiales que de tolérer ça, les gothiques ne pensent qu'à la mort et les rastas ne « foutent rien » de leur vie !
– ALBANE : C'est peut-être ce que vous pensez, mais votre fille, c'est aussi votre famille.
– JULIE : Personnellement, je crois que je serais prête à tout pour ne pas me priver de mes enfants. Donc Bob viendra un dimanche, et peut-être qu'au fond, je me rendrai compte que c'est un bon garçon.

– THÉRAPEUTE : Intéressant ! Peut-être qu'en l'invitant, vous pourrez apprendre à le connaître, ce qui vous permettra, dans un deuxième temps, soit d'apprendre à l'apprécier, soit d'expliquer à votre fille en quoi il peut être toxique pour elle.
– ALBANE : En même temps, j'avais un ami gothique, il l'est resté deux mois, après ça l'a saoulé de se maquiller le matin. Donc autant attendre, les gens changent vite. Et sincèrement, je ne vois pas le problème, quand je pense à la tronche de mon père en 1968 ! Paul, à quoi ressembliez-vous à 15 ans ?

Rires partagés. Les points de vue commencent à converger autour de l'acceptation. Ne reste plus qu'à terminer l'histoire et à l'ouvrir à celle de chacun de nos amis.

– THÉRAPEUTE : Maintenant, imaginez, lorsque vous commencez à ressentir une émotion, une pensée ou encore une sensation désagréable, que c'est votre Bob à vous. Vous pourriez la repousser, mais ce serait pire et cela vous obligerait à vous séparer de ce qui est important. Et si vous faisiez connaissance ? Et si, malgré les apparences, vous écoutiez ce que cette « peur » a à vous apprendre ?
– PAUL : Je savais bien que vous alliez en arriver là : l'acceptation. Après réflexion, je me dis que les clients les plus désagréables au départ sont ceux avec qui je fais le plus d'affaires !
– THÉRAPEUTE : Effectivement. Albane, ne pourrait-il pas en aller de même avec vos émotions à vous ? Est-ce toujours être faible que de les exprimer ?
– ALBANE : Vu comme ça, non, je sais que ce sont de vieux préjugés depuis que je vous ai entendu parler de philosophie. Un peu les mêmes préjugés qu'ont Julie et Paul. Je suis dans le même bateau !
– THÉRAPEUTE : Nous sommes tous dans le même bateau, car moi-même, il m'arrive de lutter contre telle

ou telle émotion. Alors je râle ou je joue aux jeux vidéo. C'est naturel. Il est naturel de ne pas vouloir avoir Bob à sa table. Le problème, c'est le refus catégorique. Pour cela, lors de moments difficiles, prenez le temps de décrire Bob lorsqu'il point dans votre esprit.

– ALBANE : Vous êtes sympa, mais moi, je ne sens rien. Je sais que je suis en colère, mais lorsque vous demandez ce que je ressens, c'est le vide !
– THÉRAPEUTE : À votre âge, c'est normal. Vous avez besoin de retrouver des repères. Seriez-vous d'accord pour essayer de laisser la porte ouverte à Bob ?
– ALBANE : Oui, il le faut bien car j'ai envie de refaire de l'athlétisme.
– THÉRAPEUTE : Ok, Albane, comment apprend-t-on à sauter en Fosbury (sauter en étant sur le dos) ?
– ALBANE : À force de s'entraîner...
– THÉRAPEUTE : Exact, eh bien dites-vous que cela prendra un peu de temps, mais qu'à force de vous centrer sur vos émotions, de les regarder en face, vous apprendrez peu à peu à les nommer et à les ressentir.
– PAUL : Tu vois, Albane, j'ai le même problème que toi. Les sensations de fatigue, je ne les ressens pas. Du coup, mon dos craque avant que je m'en aperçoive. Ne fais pas comme moi !
– JULIE : Mais moi, je les ressens déjà trop !
– THÉRAPEUTE : Oui, mais rappelez-vous que le problème se situe dans notre attitude de lutte. Cette métaphore est déjà un exercice auquel vous pourrez vous entraîner d'ici la prochaine fois. Essayez de vous arrêter un moment dans la journée, au hasard, et observez ce que vous ressentez dans votre corps.
– ALBANE : Mais si tout va bien, pourquoi le faire ? Autant observer quand on souffre, non ?
– THÉRAPEUTE : En effet, mais c'est un peu comme lorsque l'on craint la pluie : on ne regarde le ciel que quand il y a des nuages. On oublie qu'il a peut-être fait

beau une majeure partie du temps. On oublie souvent qu'il y a beaucoup plus de moments agréables qu'on ne le pense. Et quelle place prend le mauvais temps, lorsque l'on porte son attention sur lui ?

- PAUL : Toute la place ! C'est se fixer, comme je le fais sur ce que je n'ai pas réussi : ça me mine et ne vois plus mes réussites. Je comprends bien ce que vous dites.
- THÉRAPEUTE : Merci Paul pour votre partage. J'ai une image à vous montrer. Que voyez-vous ?

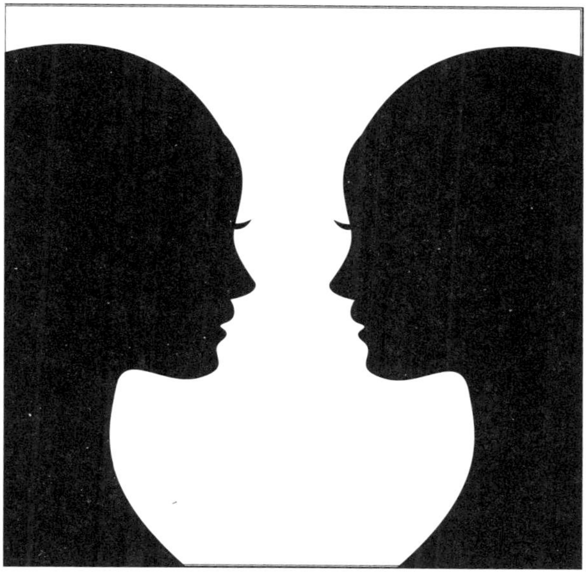

- PAUL : Un vase.
- JULIE : Non, deux visages.
- ALBANE : Ok, je vois, c'est une sorte d'illusion d'optique.
- THÉRAPEUTE : Cette image montre que s'il est important pour nous d'éviter de voir le vase, nous le verrons encore plus. Porter son attention sur les visages, c'est ainsi s'entraîner à percevoir qu'autre chose existe en dehors. Donc, des moments heureux aussi. Mais surtout, cette image symbolise l'acceptation, les deux sont là, à nous de

porter notre attention. Parfois, ce seront nos sensations, parfois la situation. Un peu comme vous trois qui prenez plus ou moins en compte vos ressentis.

– PAUL : C'est l'histoire du verre à moitié plein ou à moitié vide. L'idée est de voir le verre comme il est.

– THÉRAPEUTE : Tout à fait. Pour mieux accepter ce qui coince, il convient parfois de commencer par ce qui va bien. Ainsi, observer et décrire ses sensations corporelles d'une manière régulière, c'est comme commencer par la piste verte avant d'attaquer la noire.

– JULIE : Je comprends mieux, car moi, j'ai l'impression d'être toujours angoissée, peut-être parce que je ne me centre sur moi que lorsque quelque chose coince.

– THÉRAPEUTE : Il faut apprendre à reconnaître le moment où Bob est là, où il frappe à la porte. Observez deux choses. D'abord votre attitude : si vous luttez, observez que vous luttez, si vous le laissez entrer, observez que vous êtes en train de le laisser entrer. Ne faites rien d'autre qu'observer. Ensuite, observez ce que pourrait représenter votre fille à ce moment. Ce qui est important pour vous. Levez juste le nez et observez l'extérieur.

– ALBANE : Comme si je me focalisais plus sur le sautoir que sur mon genou. Car pour moi, au moment de démarrer ma course, je me rends compte que plus rien ne compte hormis mon genou.

– THÉRAPEUTE : C'est exactement ça.

– PAUL : Pour moi, ce serait interroger plus souvent mon corps pour me rendre compte quand ça commence à chauffer, c'est ça ?

– THÉRAPEUTE : Oui, Paul. Maintenant, seriez-vous d'accord pour faire un autre exercice qui va dans le sens de l'acceptation ? Une mise en situation de piste noire bosselée ?

Assentiment général. L'heure est au « comment faire ».

Nous savons maintenant, grâce à la théorie des cadres relationnels, que le langage met en relation toutes choses et dérive les fonctions associées. Ainsi, dire qu'il ne faut pas ressentir une émotion car elle nous ferait craquer, devenir faible ou, pire, mourir, c'est enserrer ce phénomène biologique dans un cadre d'opposition (relation) et dériver une fonction négative (aversive). Ainsi, le ressenti déclenche un comportement de suppression plutôt que d'adaptation au contexte. Faire preuve d'acceptation en ACT, c'est utiliser le langage pour modifier ce contexte, ces relations et ces fonctions. Dire qu'une émotion est normale, c'est la situer dans un contexte de description neutre en termes de fonction plutôt que de jugement. Dire qu'elle est utile, c'est la placer dans un contexte fonctionnel, donc plutôt un contexte positif. En découlent la disparition du comportement d'évitement et le redéploiement de l'attention vers le contexte (la situation). Ainsi, sans le savoir, nos trois amis sont déjà en train d'adopter une attitude d'acceptation en nommant leur histoire, leurs sentiments et leurs émotions. Dans cette métaphore de Bob et dans l'illusion d'optique du vase, ce sont le cadre et les relations qui sont modifiés. Reste à leur donner les outils pour ancrer cette attitude dans leur vie, au jour le jour. Poursuivons avec une situation désagréable (exercice tiré de Russ Harris, *Passer à l'ACT*).

- THÉRAPEUTE : Si vous en êtes d'accord, je vais vous demander de vous souvenir d'une situation dans laquelle vous vous êtes sentis blessés. Par exemple, lorsque vous avez dit « bonjour » à une personne et que celle-ci ne vous a pas répondu.
- PAUL : Ah, c'est facile, je déteste ça, ça me met en boule.
- THÉRAPEUTE : Ok, allons-y, fermez les yeux, s'il vous plaît. Lorsque cette image sera présente dans votre esprit, prenez le temps de répondre à toutes ou à une partie des questions suivantes. Où cet événement désagréable se situe-t-il dans votre corps ? Si je vous donnais un stylo

magique pour en dessiner les contours, quelle forme cet événement prendrait-il ? Quelle serait sa couleur ? Et son aspect ? Serait-il lisse, pointu, rugueux ? Portez maintenant votre attention sur les limites de votre corps : vos pieds posés au sol, votre corps en contact avec ce fauteuil, votre tête et vos mains posées. Imaginez que cette sensation ne puisse pas prendre plus de place que les limites de votre corps. Quelle place prend cette sensation ? Maintenant, imaginez les quatre murs de cette pièce, son sol et son plafond. Quelle place occupe cette sensation, par rapport à cette pièce ? Imaginez ensuite ce bâtiment, son toit, ses murs. Quelle est la place de cette sensation, comparée à ce bâtiment ? Quelle place prend cette sensation, là, dans votre corps par rapport à ce bâtiment, cette salle, votre corps ? Si c'était un animal, un personnage de dessin animé ou de film, lequel serait-il ? Gollum ? Calimero ? Imaginez-vous lui glisser une phrase du type « Ok, tu es là, mais c'est moi le patron ». Désormais, prenez quelques lentes respirations et revenez ici, maintenant, dans cette pièce, les pieds posés au sol, installés dans ces fauteuils. Ouvrez les yeux lorsque vous en ressentirez le désir, et reprenons le cours de cette séance.

– JULIE : Ouah, c'est la première fois qu'une sensation ne me submerge pas !
– THÉRAPEUTE : Effectivement, j'ai un ami qui utilise l'expression « surfer ses sensations », ça vous parle ?
– JULIE : Exactement !
– THÉRAPEUTE : Et vous, Albane, avez-vous ressenti quelque chose ?
– ALBANE : Oui, c'était difficile au début, mais j'ai bien ressenti une boule rouge dans la poitrine, et surtout l'envie de pleurer. Je me suis contenue pour qu'elle ne sorte pas.
– THÉRAPEUTE : Une lutte ?
– ALBANE : Oui, mais en même temps, lorsque vous nous avez demandé de la comparer au bâtiment, elle est devenue plus petite, je l'ai donc laissée tranquille.

– THÉRAPEUTE : Bravo à vous, car cela n'a pas dû être facile avec du monde à côté de vous !
– ALBANE : C'est sûr.
– THÉRAPEUTE : Et vous, Paul ?
– PAUL : Personnellement, j'ai bien senti la tension dans mes épaules, qui s'étendait jusqu'au bas du dos. J'avais l'image d'un sac à dos rempli de cailloux. Je me suis rendu compte que je pouvais peut-être le poser et me reposer. Pour moi, la tension est restée la même, mais je l'ai mieux tolérée.
– THÉRAPEUTE : Effectivement, étant donné votre histoire, ce n'est pas rien de ressentir ainsi les choses. Comme je vous l'ai dit, nous allons apprendre à faire avec nos ressentis. Parfois, cela diminue, parfois non, le principal étant que cela ne vous bloque pas.
– JULIE : En fait, je ne vais pas vous dire que cela m'a fait du bien. C'est aussi désagréable, mais cela ne prend plus toute la place.
– THÉRAPEUTE : Comme faire avec une vague sans la changer ?
– JULIE : Je suis bonne pour apprendre à surfer !
– THÉRAPEUTE : Vous voyez, l'acceptation est une attitude active. Loin d'une simple résignation, c'est un apprentissage d'un autre rapport à soi. Et si vous êtes d'accord, voici l'attitude que nous pouvons nous donner comme expérimentation d'ici la prochaine séance.

Ce ne sera évidemment pas une tâche aisée, mais de manière indirecte, un moyen de maîtrise leur est redonné. Celui qui accueille Bob continue bel et bien d'être le patron ! L'ACT, ici envisagée à travers des métaphores, des changements de points de vue et une méditation de pleine conscience (raccourcie), relie et réconcilie la philosophie – notre conception de notre monde intérieur – en l'incarnant dans le corps, la biologie. Observez que tous ces mécanismes sont sous-tendus par la théorie des cadres relationnels, et donc par le seul outil du langage. Ni leurs émotions, ni même leurs sensations corporelles n'ont été modifiées. Nous avons joué sur les relations symboliques d'oppositions et de dérivations de fonctions aversives que Julie, Paul et Albane entretiennent avec elles.

« *Ce contre quoi tu résistes existe, ce à quoi tu fais de la place s'efface.* » (Carl Gustav Jung)

Chapitre II

Pensée, penser, panser : la défusion cognitive

Nous venons de comprendre comment l'évitement systématique de nos expériences intérieures pouvait nous faire sombrer. Poursuivons avec un deuxième frein à l'action : la fusion cognitive, mécanisme par lequel la pensée peut devenir plus vraie que nature, et qui conduit à ruminer au lieu d'agir, et son alter ego positif, la défusion cognitive : savoir prendre de la distance vis-à-vis de ses pensées.

Nous l'avons vu, la différence entre l'être humain et le lapin se situe essentiellement au niveau du langage. Grâce à lui, l'être humain a trouvé un moyen extraordinaire de communiquer et de s'adapter au monde et à l'autre. Le langage, lorsqu'il s'intériorise, constitue la pensée, qui permet de percevoir les idées abstraites. L'être humain, doué de ce don langagier, n'a ainsi plus besoin que l'objet existe réellement devant lui pour interagir. Les représentations de cet objet suffisent à l'évoquer. Qu'en est-il alors de la pensée, qui n'est autre que la forme intériorisée du langage ?

Il convient d'abord de se demander si le langage intérieur (la pensée, donc) reflète la réalité ou non, si la carte correspond au territoire : est-ce que ce que je pense est vrai ou non ? Qui n'a jamais fait l'expérience d'un quiproquo, d'une légère paranoïa, l'amenant à penser qu'une personne ne l'aime pas, indépendamment de tous faits et preuves tangibles ? Qui n'a pas fait l'expérience d'une pensée qui le guide indépendamment de toute logique, par exemple « le vendredi 13 porte malheur » ? Nous sommes dans le domaine de la superstition, mais nous agissons comme si c'était vrai, avec plus ou moins de souplesse selon les personnes.

Comment peut-on définir le fait de penser ? Selon Skinner, il s'agirait d'un comportement verbal et intériorisé (1957). La pensée est ainsi, comme le langage, un outil de mise en relation de nos représentations sous forme de mots, d'images ou de souvenirs. Cette action de représentation n'est pas toujours profitable (elle peut parfois conduire à la rumination), mais la pensée peut aussi servir l'action, servir l'adaptation.

Qu'est-ce qu'une pensée ?

Le terme « pensée » reflète une activité cognitive comprenant non seulement la réflexion, mais aussi l'organisation du savoir. Il vient du latin *pensare*, qui signifie « peser, juger ». Pourtant, une pensée est bien un objet en lui-même, qui se définit et se décrit. On pourrait regrouper sous cette appellation toutes les représentations, c'est-à-dire des reflets du monde extérieur, des images, des mots, des sentiments. Ici, nous les abordons principalement comme le reflet intérieur de notre langage, un langage intérieur. Des mots, encore des mots, toujours des mots. Revenons un instant à Paul, Julie et Albane. Leur conception de leurs propres pensées est extrêmement importante : pour eux, ce qu'ils se disent est vrai. Lorsque Julie se dit qu'elle va faire une crise, cette pensée est vraie, et elle reflète, selon elle, ce qui va se produire. Effet boule de cristal. Pourtant, lorsqu'elle est énervée contre son chien qui a grignoté les pieds de sa table en bois, et qu'elle pense « je vais te tuer », cette pensée ne reflète pas du tout la réalité. Alors, qu'est-ce qui est vrai et qu'est-ce qui ne l'est pas ?

Une fois de plus, ce rapport à la vérité est un héritage de la philosophie grecque, platonicienne notamment, et de ce que l'on appelle le réalisme. Pour Platon, les pensées sont comme des imitations des choses : elles sont justes dans le sens où elles s'accordent au monde. Dans cette optique, la pensée est là pour révéler la réalité, pour la mettre en exergue. L'idée est alors universelle et possède un caractère invariable qui évite sa remise en question. Il est sécurisant de se dire que nos croyances et autres représentations sont parfaitement fiables, un peu comme si nous nous disions que la carte que nous avons sous les yeux reflète réellement le paysage dans lequel nous nous trouvons, et qu'ainsi nous pouvons avancer en sécurité. Or, prendre ses pensées pour des réalités pose évidemment un problème. On se retrouve souvent face à des personnes qui ont honte de leurs pensées. Si j'ai des pensées pédophiles, suis-je condamnable ? Cela fait-il de moi un pédophile aux yeux de la loi ? Est-ce que penser, c'est tromper ? Si tel était le cas, quelle vague de culpabilité s'abattrait sur le monde !

Julie ne veut surtout pas se reposer par peur de penser à la crise d'angoisse. Pour elle, la pensée est vraie, elle annonce réellement la crise. Ce rapport à nos pensées est le fruit d'une culture de l'esprit sain dans un corps sain, où la pensée doit être pure puisque révélatrice de l'être que nous sommes. Or, en observant nos trois amis, en observant notre vie, il paraît évident que nos pensées ne sont pas vraies en elles-mêmes. La superstition est le fruit de nos croyances passées. Pourtant, il est des moments où tout vole en éclat, où ce que l'on se dit nous paraît clair comme de l'eau de roche. Comme sous le coup d'un sortilège où ce qui nous semblait invraisemblable se révèle être d'une effroyable vérité. La pensée « je suis nul » peut par exemple prendre le commandement de notre raison.

Puisque je me le dis, c'est que c'est vrai. D'accord, mais que se serait-il passé si toutes nos pensées avaient été vraies ? Un beau carnage, un sacré néant.

Hypothèse, mystère et boule de gomme

Et si nos pensées n'étaient que des représentations ? D'aléatoires constructions ? Cette question est celle que pose le nominalisme. Selon ce courant philosophique, les concepts et les croyances ne sont que des constructions, des conventions arbitraires créées par le langage. Le réalisme n'a plus qu'à aller se rhabiller. Ici, les termes « homme » et « femme » ne représentent rien en eux-mêmes. Ils sont relatifs. D'instables hypothèses à confirmer. De cette manière, il est possible de concevoir que nos pensées sont la conséquence de multiples causes. Nous pensons ce que l'on nous a transmis à propos des hommes et des femmes.

Nos pensées ne sont que des hypothèses, puisqu'elles sont toujours relatives à la personne qui les produit et qui les observe. Il n'y a ainsi pas une seule vérité sur l'homme et la femme.

Pourquoi notre pensée ne peut-elle pas être un fidèle et exact reflet du monde qui nous entoure ? (Notons ici que pour Paul, Julie et Albane, c'est cette prise de conscience que vise la psychothérapie ACT.)

Premièrement, comme l'affirme René Descartes (1596-1650), le cerveau humain ne peut pas prendre en considération la totalité du monde. D'après un exemple qu'il décrit, il est possible de construire un objet à mille faces, mais il est impossible de l'appréhender totalement, car le réel dépasse nos capacités de perception. Par conséquent, nos représentations ne constituent qu'une partie du monde et ne peuvent être que des hypothèses. C'est la raison pour laquelle Descartes invite à douter d'elles, comme nous le verrons lorsque nous aborderons l'activité de penser. Ici, la pensée est donc une conception mais, contrairement à ce qu'avance Platon, elle n'est pas réelle (au sens réaliste), ni fidèle. Ce premier point opère une révolution dans notre conception du savoir : il nous montre que la vérité n'existe pas dans notre tête. Nos conceptions ne sont que partielles et construites par nous. À la suite de Descartes, Emmanuel Kant (1724-1804) développe ce que l'on appelle le schématisme. Pour lui, la seule vérité objectivable est que, plus qu'un fait tangible, la pensée est un processus d'association, une connexion entre des matériaux divers. La notion de connexion constitue cette révolution. Une pensée est ainsi un mélange imparfait de mots, d'images, de sons... Kant, avec sa critique de la façon de juger, est en avance sur les conceptions neuropsychologiques. Il invite, avant de prendre nos pensées au pied de la lettre, à les vérifier, à les mettre en doute. Et plutôt régulièrement.

Deuxièmement, Jean Piaget (1896-1980), pilier du courant constructiviste, conçoit la pensée comme quelque chose qui se construit en permanence. Rien n'est fixe. À cet instant, notez bien qu'à travers cette lecture, vous êtes en train de mettre à jour votre conception de vos pensées, vous vous reconstruisez une connaissance. Connaissance qui sera elle-même reconstruite par d'autres lectures et conversations. Nos pensées ne peuvent être considérées comme vraies pour ces raisons : elles comportent inévitablement une date de péremption qu'il convient de regarder avant de les consommer. Tourner sept fois sa langue dans sa bouche.

S'accrocher de manière rigide à nos croyances et à nos modes de penser, c'est se créer de la souffrance, alors que tout est en perpétuelle mouvance. Obsolescence programmée. Pour preuve, en tant qu'homme, j'avais une représentation assez claire de mon rôle avant l'affaire Weintsein. Et après ? En quelques mois, cette représentation a dû être réévaluée et testée en fonction du contexte. Le concept d'homme et de femme n'est donc pas immuable. Or, si l'on observe les pensées de Paul, de Julie et d'Albane, force est de constater que ce qui les enferme est bien un accrochage excessif à leurs pensées : « je dois réussir » pour Paul, « je dois être utile à mes enfants pour exister » pour Julie et « si j'ai des émotions, je suis faible » pour Albane.

Lorsque ces conceptions se cristallisent, elles ne bénéficient plus de l'apport de la construction, qui permet de s'adapter au contexte. C'est là que le problème s'enracine. L'approche constructiviste et le nominalisme viennent restaurer et réhabiliter la pensée comme un outil d'adaptation, si cher à Darwin. Des hypothèses à tester et à réévaluer.

Cette incertitude peut devenir angoissante : que penser, si tout ce que nous pensons n'est finalement pas vrai, tangible et invariant ? Comment avancer dans la vie, si tout ce que nous savons, c'est que nous ne savons pas, comme dirait

Socrate ? L'angoisse monte, la peur jaillit, le néant s'étend. La vérité est pourtant là, ferme et foisonnante. La vérité dépend du contexte.

Contexte de vérité

De la même manière que pour le langage, le contextualisme apporte un regard différent sur la pensée. Comme nous venons de le voir, ce qui empêche nos trois amis d'avancer, c'est qu'ils considèrent leurs pensées comme des vérités, alors que ce ne sont que des pré-jugements, des préjugés, des aides au jugement, qui ne reflètent qu'une partie de l'énigme et de la réalité. Mais alors, où se trouve cette vérité, ce graal ? Où se situe la solution ? Pour Kant, la pensée est une association entre réel et idéel (les faits et le symbole), mais il ne prend pas en considération la situation. C'est exactement ce qui coince chez Julie qui, avant même de sortir, se dit qu'elle va faire une crise alors que, concrètement, il ne se passe rien. Lorsqu'on se dit « je suis nul », on ne peut pas dire si cette pensée est vraie ou fausse sans prendre en compte le contexte de l'énoncé ! Oui, parfois je suis réellement nul, et parfois ce n'est qu'une pensée. Les critères de vérité ne sont pas contenus dans la pensée seule, mais aussi dans le contexte. La pensée constitue une représentation d'une situation donnée, une « synthèse » dirait Kant, une photographie instantanée. Il convient alors d'examiner dans quel contexte cette pensée a été vraie et si elle l'est encore à l'instant présent.

Cette philosophie prend le contrepied de ce que l'on appelle la fusion cognitive (qui consiste à prendre ses pensées pour des faits, rappelons-le), elle apporte plus de souplesse et de liberté. En outre, en permettant cette critique de nos pensées, ces approches philosophiques nous donnent une possibilité de nous rendre acteurs, ce qui ouvre sur d'autres questions : que fait-on de ce pouvoir, que fait-on de ces pensées ?

Penser, réfléchir, ruminer

Si parler est un comportement, il est logique de concevoir également le fait de penser comme un comportement, une action.

Revenons ainsi à la conception idéaliste de Platon. Pour lui, *«la pensée est le discours intérieur que l'âme tient en silence avec elle-même»* (Chambry, 1969, p. 263). C'est exactement ce qui se produit chez nos trois patients: ils ruminent et passent un temps fou à discourir en silence avec eux-mêmes. Ils se perdent à chercher dans leur tête une solution à leur problème, sans lien ni avec le réel, ni avec l'action. Et ils s'égarent, comme dans un labyrinthe. René Descartes, dans ses *Méditations,* tire un fil d'Ariane lorsqu'il appelle à pratiquer le doute méthodique vis-à-vis des choses et des pensées: *«cogito ergo sum»*, «je pense donc je suis»... Dans cette recherche de vérité, le philosophe invite à la pratique du doute. Cette cogitation représente la conscience de soi, de soi en train de penser. En doutant, nous observons nos pensées. Une prise de distance se crée, une critique de ce que l'on pense émerge. Pour lui, le doute est une activité de remise en question perpétuelle de ce que nous pensons.

Descartes sort l'être humain de l'esclavage de sa pensée toute puissante: il n'existe qu'en doutant, en réfléchissant. Penser est cette activité qui peut nous arracher, nous libérer des contraintes de l'animalité. Le doute servirait alors à prendre en compte un contexte qui peut faire la différence: si l'on aperçoit au loin un animal qui ressemble à un gros chat, mais qui pourrait aussi être un lynx, mieux vaut s'arrêter un instant et douter avant de s'engager.

Une fois posé le fait que penser est une activité, une prise de distance, reste à se demander: à quoi cela sert-il de penser? Cela peut-il aider à trouver le bonheur?

Pour Kant, penser est une forme de jugement des choses. Le sujet juge, pèse, organise sa vision du monde. La pensée ne vient plus d'en haut, elle n'est plus prescrite par l'environnement (l'éducation, la religion…). Elle nous installe dans une position active.

Aider nos trois amis, c'est leur permettre de comprendre que leurs pensées ne sont qu'une série d'hypothèses, et qu'ils ont le pouvoir, pour ne pas dire le devoir, de ne pas se laisser bercer par ces simulacres. Ils doivent se libérer des filtres de leur pensée et se construire leur rapport aux choses, en fonction du contexte.

Penser devient alors une activité destinée à nous donner une représentation du monde, des autres et de nous-même, une carte routière sur laquelle s'appuyer. Mais il faut que cette carte routière soit adaptée à ce que l'on attend d'elle : si vous prenez une carte IGN-Rando pour aller de Lyon à Barcelone par l'autoroute, vous n'irez pas loin. De la même manière, si votre activité s'égare, qu'elle perd le nord, elle oublie de servir l'action et conduit à la rumination intellectuelle.

Que se passe-t-il quand l'activité de penser nous empêche d'agir et de remplir notre vie ? Lorsque l'on juge des pensées vraies et négatives, on tente naturellement de les faire fuir avec d'autres pensées tout aussi vraies, mais cette fois positives. La fonction, l'objectif, est de faire fuir des pensées en pensant. C'est précisément ce que l'on appelle la rumination : lorsque la pensée boucle, brasse et embrasse ces arabesques, elle s'épuise tel un poisson qui passe et repasse, persuadé qu'il va trouver la sortie du bocal.

Chez Albane, Julie et Paul, penser remplit bien une fonction d'évitement, de lutte. S'ils ruminent, c'est qu'ils cherchent des solutions à une représentation problématique, qu'ils veulent supprimer cette idée négative plus vraie que vraie. Ils cherchent à penser pour ne plus penser. Retour de l'évitement expérientiel. Albane, Julie et Paul se retrouvent dans leur canapé, dans leur lit, à tenter de panser leurs pensées au lieu d'aller cueillir, sans attendre demain, les roses de la vie, quitte à s'y piquer les doigts.

Biologie de la pensée

Pour commencer, nous pourrions dire que Platon avait tort et que Kant avait raison. Non, nos pensées ne peuvent pas être un reflet fidèle de la réalité, et oui, elles constituent des représentations du réel au moment où nous le percevons, au moment où nous le mémorisons. Prenons l'exemple d'un paysage de nature devant lequel nous nous disons : « Que c'est beau ! » Cette phrase, exprimée en langue française, cette pensée, est une combinaison de perceptions issues de nos cinq sens : nous avons vu, entendu, touché, senti et goûté ce paysage, et cela nous procure une sensation agréable à laquelle sont associés ces mots.

Pour penser, notre cerveau active exactement les mêmes zones que pour parler. Lorsque l'on rumine et que l'on se dit que l'on est nul par exemple, il se passe la même chose que lorsqu'un enfant apprend à lire, « dans sa tête », silencieusement. Si l'on mesure leur activité, les zones corticales s'activent de la même manière. Le sens s'élabore dans l'aire de Wernicke et la motricité émerge dans celle de Broca, comme si nous discutions avec nous-même en quelque sorte. La pensée prend donc sa source au même endroit que le langage.

De quoi sont constituées nos pensées ?

Tout commence par un signal physique extérieur capté par notre corps à l'aide de ses récepteurs sensoriels. Ces éléments sont ensuite accueillis par notre cerceau, au niveau de ce que l'on appelle le cortex sensoriel primaire (car il assure le premier traitement de l'information). Chacun de nos cinq sens possède ainsi une zone spécifique où est collecté l'influx nerveux qui lui correspond.

L'information physique se transforme en signal électrique (au niveau de nos organes sensoriels), puis chaque zone cérébrale sensorielle mixe les différentes caractéristiques du signal perceptif pour en faire une sorte de résumé. Par exemple, le cortex visuel combine les formes, les couleurs, le volume, la surface… Cette association se produit au niveau des aires somato-sensorielles secondaires.

Notons que le signal encodé est différent de celui de départ. En effet, nous partons d'une donnée physique pour arriver à un influx électrique. En d'autres termes, une donnée brute est synthétisée (et heureusement, car il serait impossible de tout garder en mémoire). Ensuite, une nouvelle combinaison s'établit, entre chacun des sens (par exemple, ce que nous voyons est complété par ce que nous entendons, sentons, touchons, goûtons). Cette combinaison située dans ce que l'on appelle les aires somato-sensorielles tertiaires (le troisième niveau de traitement cérébral) nous amène enfin à la représentation finale qui, elle, sera stockée. Or, à chaque traitement, le cerveau combine et altère l'information. Il semble donc déjà difficile de tenir pour vrai ce l'on se dit et ce que l'on pense, tant le signal a été résumé, modifié. Se présenter, c'est faire preuve d'authenticité, se représenter, beaucoup moins. En effet, traduire l'information, c'est aussi trahir la réalité, la travestir… mais toujours pour une bonne raison.

Traduire, c'est trahir

Trois autres raisons pourraient être invoquées pour affirmer qu'il est impossible de penser vrai. Premièrement, nous n'avons pas tous le même degré de sensibilité au monde, ni les mêmes récepteurs (les daltoniens en sont la preuve). Deuxièmement, des études ont montré que l'état émotionnel et biologique dans lequel nous sommes à un instant donné modifie nos perceptions (si nous avons faim, si nous sommes stressés, nous ne mémoriserons pas un paysage de la même manière). Troisièmement, nos sens sont, tels des couteaux, aiguisés ou non par le fil des années et de l'éducation. Si un bûcheron, un promeneur et un chercheur en botanique se promènent dans une forêt, nul doute qu'ils n'en auront pas tous la même représentation. Leur cerveau prendra en considération, de manière prioritaire, ce qu'ils ont l'habitude de percevoir, et ce qu'ils ne connaissent pas passera au second plan.

Oublions la jolie photo fidèle au modèle original : nos sens estompent et trompent l'essence du réel.

Le plus marquant, lorsque l'on parle de la pensée et de sa relation au réel, c'est que notre cerveau effectue une combinaison de ces facteurs mais que, contrairement à ce que l'on imagine parfois, il ne stocke pas toutes les images, mots et sensations tels quels. Prenons un exemple. Observez un objet situé en face de vous, un stylo, un verre, un agenda... Fermez les yeux et essayez de le visualiser de manière précise. Vous remarquerez certainement que votre souvenir vous paraît à priori fidèle mais qu'en cherchant les détails, il vous est impossible de décrire précisément la forme, la couleur, les caractères de l'objet. Votre représentation est floue, mais vous avez la sensation d'avoir imaginé cet objet.

Pour se remémorer ou se représenter des objets, seuls quelques détails suffisent à notre cerveau. C'est un peu comme dans le jeu « qui est-ce ? » : nul besoin de détailler tous les personnages pour trouver Donald, ou comme dans un blind-test, où quelques notes suffisent à rappeler la chanson.

Nos représentations sont donc une extraction des éléments les plus saillants de la réalité, et la pensée est une association de détails assemblés. D'un point de vue anatomique, cette combinaison est portée par une structure que l'on appelle le cortex associatif, que nous venons d'évoquer à travers la présentation des trois niveaux de traitement (primaire, secondaire et tertiaire).

Penser et réfléchir

D'un point de vue cérébral, penser consiste à juger et à jauger en permanence les choses. Penser, c'est surtout associer et connecter différents éléments. C'est une activité de synthèse, mise en action par les fonctions exécutives, qui représentent un ensemble de processus de haut niveau que le cerveau met en œuvre pour créer et gérer des représentations et agir en conséquence (Taconnat & Lemaire, 2013). Elles permettent à l'être humain de planifier une tâche (penser ou agir par exemple), selon l'espace, le temps et l'expérience. Elles lui permettent aussi de réfléchir et de mettre à jour ses connaissances afin d'agir au mieux. Ce sont elles qui lui donnent cet avantage, en termes d'adaptation, par rapport aux autres mammifères.

Le grand organisateur de ces fonctions exécutives est représenté – entre autres – par le cortex orbito-frontal, qui reçoit toutes les informations, les combine et donne des ordres.

Le neuropsychologue Akira Miyake et ses collègues scindent cette formidable compétence en trois grandes fonctions :

1. **La capacité de flexibilité mentale** revient à savoir manipuler les informations pour les utiliser. Cette fonction permet de passer de la pensée à l'action, de réfléchir en fonction des expériences passées, d'agir en direction du but, ou encore d'anticiper (Collette, Hogge et Van der Linden, 2006).
2. **La mise à jour** est la capacité à alimenter notre mémoire en informations. Elle révise, d'une façon appropriée, les éléments conservés en mémoire en remplaçant

l'information qui n'est plus pertinente par l'information la plus récente et la plus adaptée.
3. **L'inhibition** est la capacité à bloquer les comportements et les idées inutiles (Bjorklund et Harnishfeger, 1995). Elle permet de faire quelque chose sans se laisser déconcentrer.

Les fonctions exécutives participent à un processus général qui met en route le corps selon des programmes présents à priori – en mémoire – et mis à jour en fonction du contexte. Elles correspondent, d'après le psychologue américain Jay Friedenberg et ses collègues, à une mise en route du corps selon des schémas, des programmes. Penser ne constitue donc pas un processus unique, mais plutôt le résultat de plusieurs compétences qui aboutissent à une action, qu'elle soit intérieure (réfléchir) ou extérieure (se mouvoir).

Considérons l'exemple suivant: prenez un stylo et observez-le. Observez sa forme, sa couleur, touchez sa matière... Posez-le et imaginez-le maintenant en fermant les yeux. Observez déjà qu'il n'est plus aussi précis que quand vous l'aviez sous les yeux. Souvenez-vous du moment où vous l'avez acheté, où vous l'avez vu pour la première fois. Dans quel état émotionnel étiez-vous? Quelles sensations avez-vous ressenties? Avec qui étiez-vous ? Maintenant, imaginez-vous le reprendre et écrire un mot doux pour un de vos proches. Ouvrez les yeux et activez ce programme.

Au cours de cet exercice, il vous a fallu associer diverses représentations: des sensations, des images, des formes, ainsi que des comportements appris (schèmes). Il vous a fallu aussi anticiper, dans le futur, une situation que vous n'avez pas encore vécue. Enfin, avant d'ouvrir les yeux, vous avez pu prendre conscience des actions à réaliser avant de mettre en route ce que vous avez pensé. Vous avez ainsi navigué entre la représentation du stylo et le stylo lui-même.

Entre réel et pensée. Vous avez pu constater à quel point nos pensées sont des combinaisons et des raccourcis, avec des possibles erreurs qu'il faut traquer en fonction du contexte. Ces processus sont bien altérés chez Paul, Julie et Albane, pour qui le fait de penser ne remplit plus son rôle d'adaptation au contexte.

Que se passe-t-il dans le cerveau de Paul, Julie et Albane ?

Paul continue de forcer sur son dos en dépit de ses signaux intérieurs, sans prise en compte du contexte. Il ne tient absolument pas compte de sa fatigue. Son cortex cérébral privilégie la représentation plutôt que les faits corporels. Dans sa famille, où l'on pense depuis des générations que « ça va toujours », pas de remise en question possible de la règle. Son cortex l'a bien compris.

Julie, qui se trouve engluée dans la pensée « je vais faire une crise », sans pouvoir s'en détacher, est également en déficit de cette flexibilité, puisqu'elle ne parvient pas à mettre cette fausse représentation au second plan pour agir et se rendre compte qu'elle peut sortir sans faire de crise d'angoisse. Elle rumine et se juge : « c'est débile de penser cela », « bien sûr que je ne vais pas faire de crise », « il n'y a pas de raison ». Puis vient un « oui, mais... » qui l'empêche d'agir.

Quant à Albane, elle engage bien l'action en allant sauter, mais elle le fait en ayant en tête l'image de sa blessure (elle a encore à l'esprit le bruit de craquement de son genou et la sensation de chute), de telle sorte qu'elle ne perçoit pas le sautoir, mais plutôt une sorte de projection de son cinéma intérieur.

Dans ces trois histoires, le cortex agit sans prendre la distance nécessaire, sans remise en question ni actualisation des informations ; il perd alors sa capacité à s'adapter. Les représentations ne sont plus fiables et le fait de penser ne sert plus l'action.

Observons maintenant de quelle manière la thérapie ACT peut leur permettre de retrouver un rapport plus souple vis-à-vis de leurs pensées et de restaurer cette capacité d'action. Ou comment intégrer les pensées de Kant et de Descartes dans leur cortex cérébral.

Panser ses pensées avec l'ACT

Le cortex cérébral, c'est comme une machine qui n'aurait pas besoin d'un psy pour mieux fonctionner. D'ailleurs, y avait-il des psys à l'époque de Cro-Magnon ? La raison pour laquelle notre cerveau bloque parfois vient (encore une fois) de nos capacités langagières, sans cesse développées au fil du temps.

La théorie des cadres relationnels (TCR) peut aider à comprendre comment une pensée nous paraît parfois plus vraie que vraie, et comment remédier à cela. Pour résumer, nous avons vu que le langage mettait en relation divers éléments (par exemple, le mot « lion », l'image du lion et le fait de penser à un lion). Revenons maintenant à ce que nous avons appelé la dérivation de fonction, c'est-à-dire la valeur affective que l'on confère, par apprentissage, à un de ces éléments. Si nous faisons l'expérience qu'un lion est dangereux (ou que nous l'apprenons par le langage : « ne t'approche pas du lion, il va te manger »), nul doute que cette peur peut s'étendre aux chiens, et à tout mammifère à quatre pattes. Oui, mais tout le monde ne considère pas ces relations au même degré : cela dépend de l'éducation, de la culture et des compétences cérébrales de chacun. Tous les habitants de cette planète ne sont pas égaux en ce sens : certains sont plus imaginatifs que d'autres.

Selon la TCR, c'est de cette façon que la pensée acquiert la même fonction que l'objet. Il est donc normal que notre cerveau réagisse de manière identique par rapport à une pensée ou à un fait. Pourtant, la pensée de fromage ne sent pas le fromage, et il est important de restaurer la différence entre la représentation et le fait, en jouant sur les liens (le contexte), afin d'éviter la prise de pouvoir de la pensée (la fusion cognitive).

En thérapie d'acceptation et d'engagement, le thérapeute travaille à redonner à la pensée son statut arbitraire, son statut d'hypothèse à confirmer selon le contexte. L'ACT permet d'apprendre à créer une distance avec nos pensées autant qu'à utiliser le fait de penser pour agir, et non pour éviter de penser (la rumination). En cela, elle restaure les idées de Descartes et de Kant autant qu'elle les incarne dans le corps. Avec Julie, Albane et Paul, deux axes vont être travaillés : premièrement, les amener à observer leurs pensées dans un autre contexte que celui de vérité ; deuxièmement, en restaurer la fonction, celle de produire de l'action, d'avancer.

La thérapie constitue ainsi un moyen de redonner un mode d'emploi plus fonctionnel, plus souple, au cerveau. En effet, la fusion cognitive n'est pas mauvaise en soi, car elle est l'extension de l'imagination et de la rêverie, qui sont d'extraordinaires supports du développement de l'être humain. Le problème survient lorsqu'elle devient rigide, fréquente et inadaptée au contexte… Lorsque l'on passe plus de temps dans sa tête que dans sa vie. Comme le précisent Monestès et Villatte (2011), le thérapeute ne modifie pas le contenu des pensées du patient, mais la relation que celui-ci entretient avec elles. De cette manière, nous retrouvons la possibilité d'agir parce que nous le choisissons plutôt que parce que notre pensée le commande.

En outre, l'ACT, par le processus de défusion, va nous permettre d'observer nos pensées comme des informations, sans chercher à les transformer en pensées positives ni à les occulter. Agir indépendamment de ses pensées, savoir s'en détourner, c'est affaiblir le lien symbolique entre les éléments.

Paul, Julie et Albane, perdus dans leurs pensées

Dès la fin de leur première séance, Albane, Julie et Paul, sans s'en rendre compte, avaient déjà, par cette action engagée, résumé tout le travail qui allait être entrepris par la suite. En effet, la démarche de prendre rendez-vous et de s'y présenter le jour J inclut tous les processus de la thérapie d'acceptation et d'engagement. Il leur a fallu admettre l'inefficacité de leurs comportements à leur assurer une vie épanouie et accepter le face-à-face avec ce qui dysfonctionne en eux (acceptation), malgré les pensées « je n'y arriverai pas » ou encore « cela ne sert à rien ». Ils se sont ensuite engagés dans cette courageuse action de « se faire suivre » et se sont ainsi donné l'espoir de retrouver une présence auprès de ce qui compte pour eux (valeurs et actions engagées). Tout ceci sans fuite du moment présent et en acceptant de se rendre observateurs de leur souffrance (soi comme contexte).

Nos trois amis ont donc réalisé cette avancée capable de les sortir du trou noir dans lequel ils étaient tombés. Reste pour eux à comprendre et à maîtriser les rouages, les leviers de l'avancée, afin de reproduire cela de manière plus régulière.

Ainsi, Paul est sorti plein d'espoir de sa première séance, lui qui, finalement, n'attendait que cela, qu'on lui permette d'exprimer ses émotions et qu'on lui donne une « bonne » raison de se poser. Quant à Albane, c'est surtout vis-à-vis de son corps que l'acceptation a pu lui être bénéfique. Ce corps, transformé par la puberté, a regagné son estime. Plus encore, elle a pu s'avouer que les émotions étaient son principal moteur en saut : la peur d'échouer lui procure l'adrénaline nécessaire au dépassement de soi. En changeant le contexte, ses émotions, jusqu'à présent entrevues de manière négative, ont pu être accueillies sous de meilleurs auspices. En revanche, les choses ont été beaucoup plus difficiles pour Julie. Ses angoisses la paralysent tellement que l'acceptation, la distanciation, lui sont apparues comme une impossible ascension, une indicible déraison. L'idée même de faire de la place à l'angoisse est perçue, pour elle, comme une hérésie, tant elle voue une croyance absolue en ses pensées. L'acceptation apparaît comme le diable, car elle a été élevée pour penser et faire le bien en fuyant le mal, les pensées infamantes et malsaines. Vous l'aurez compris, Julie adhère à ses pensées. Chez cette femme de devoir, la pensée a pris le pouvoir. Bien qu'elle se rende compte du piège dans lequel elle est tombée, elle se sert encore de pensées jugeantes, comme on saisirait une bouée, pour sortir de ce siphon. Le « je n'y arriverai jamais » s'enflamme au contact du « il ne faut pas penser à ça ». À Julie, plus qu'aux autres, il devient urgent de donner un autre texte, un autre contexte, pour interpréter le rôle de sa vie. Reprenons : même lieu, mêmes personnages, même heure, troisième acte de cette représentation, de ce théâtre des représentations.

– THÉRAPEUTE : Bonjour à tous. Tout d'abord, je vous remercie d'être revenus, car je sais qu'il n'est jamais aisé de faire face à ses problèmes, de surcroît avec un psy qui vous dit qu'il ne peut pas satisfaire votre demande, à savoir ne plus ressentir.

Rires et sourires aperçus sur les visages, qui confirment l'assentiment.

– THÉRAPEUTE : Alors, comment cela s'est passé pour vous depuis la dernière séance ?

Paul commence, pressé de partager ses découvertes.

– PAUL : J'ai beaucoup aimé nos deux premières séances, car j'ai enfin pu trouver une cohérence à mon problème : la tête et le corps, même combat. Cette prise de conscience, même si elle n'a pas tout réglé, me permet déjà de ne plus me rendre malade d'être malade. Après, pour les émotions, j'ai bien réussi avec la colère, mais j'ai plus de mal avec la peur.

– THÉRAPEUTE : Merci, Paul, pour votre partage. Vous observerez que prendre une distance permet déjà d'envisager d'autres solutions et, en cela, aide à l'acceptation.

– ALBANE : Je partage l'avis de Paul. J'ai compris que je n'étais pas malade, que mon genou et mon eczéma sont un peu liés, et qu'il va falloir que j'apprenne. Beaucoup d'amis sportifs m'ont aussi aidée à accepter la blessure et mes difficultés comme faisant partie du sport. Ce n'est pas forcément une faiblesse. Du coup, je retourne au sautoir, mais j'y vais plus doucement. Ma mère n'en revient pas que je puisse me tempérer !

Ces partages donnent à voir l'importance du désir de cohérence, du lien entre corps et esprit jusque-là rompu, entraînant l'incompréhension et la non-acceptation du problème.

– THÉRAPEUTE : Et vous, Julie ?
– JULIE : Je suis désolée, je n'y arrive pas.
– THÉRAPEUTE : C'est-à-dire ?
– JULIE : Lorsque l'émotion vient, il m'est impossible de faire autre chose que demi-tour. Je sais, cela ne m'avance pas, mais je n'y peux rien, ça ne marche pas.
– THÉRAPEUTE : Je remarque que votre tête vous vend un bien mauvais film dont le scénario est « je n'y arriverai jamais », c'est cela ?
– JULIE : Oui.
– THÉRAPEUTE : Et lorsque cette pensée vient, que se passe-t-il pour vous ?
– JULIE : L'angoisse monte aussitôt, et je panique.
– THEÉRAPEUTE : En vous disant de nouveau : « je n'y arriverai jamais » ?
– JULIE : Oui, comme une idiote.

– THÉRAPEUTE : Est-ce le cas, là, maintenant ? Cette pensée apparaît-elle à cet instant dans votre tête ?
– JULIE : Oui, et l'angoisse aussi, j'ai peur que vous et les autres me jugiez.
– THÉRAPEUTE : Ah ! une autre phrase tirée de ce bon film. Chouette, une angoisse, là, devant nous ! Seriez-vous d'accord pour que nous pratiquions ensemble le même exercice d'acceptation que la dernière fois et que nous fassions mentir votre tête ? Je ne pense pas me tromper en disant que Paul et Albane ont le même film que vous dans la tête. Observons cela un instant.

Après les quelques interrogations destinées à décrire son émotion (où se situe la sensation, sa couleur…) sans réagir ni se juger, Julie a pu laisser filer son angoisse et montrer, avec courage, le chemin à ses deux compères de cordée.

– THÉRAPEUTE : Quelle belle entrée en matière ! Je ne pouvais rêver mieux pour introduire le thème de cette séance. Que se passe-t-il lorsque la pensée « je n'y arriverai jamais » survient dans votre tête ?
– JULIE : Je fais demi-tour.
– PAUL : Je force encore plus ou je rumine.
– ALBANE : Je fais demi-tour moi aussi.
– THÉRAPEUTE : Pourquoi ?
– JULIE : Pour ne plus penser à tout ça ! Les crises, l'angoisse, les pensées obsessionnelles !
– ALBANE : Moi, en fait, étant donné que quand je pense à des trucs négatifs, je ressens de l'angoisse, je fais les mêmes choses pour ne plus penser ou pour bloquer mes émotions. Je me tais, je me réfugie dans ma chambre, je ne saute plus et je rumine.
– PAUL : C'est marrant, ce que tu dis, Albane, je viens de me rendre compte que je travaillais beaucoup pour fuir la peur de ne pas y arriver, mais qu'en même temps cela m'arrangeait car, pendant ce temps-là, je ne pensais plus à ça.

– THÉRAPEUTE : Très juste, Paul. Et comment pourrait-on vous le reprocher ? À partir du moment où nous avons été entraînés à contrôler le monde, pourquoi se priver faire disparaître ce qui nous dérange vis-à-vis de nos ressentis intérieurs ? En résumé, lorsqu'une pensée négative arrive, vous cherchez à lutter pour ne pas y penser, c'est cela ?
Albane et Paul acquiescent.
– JULIE : Ne me dites pas que ces pensées aussi, il va falloir les accepter ?
– THÉRAPEUTE : Au son de votre voix, mot « acceptation » sonne comme une résignation, mais plutôt que d'entendre une réponse verbale, seriez-vous d'accord pour faire un petit exercice afin de démêler tout cela ?

Inutile de tergiverser et de se perdre dans un débat « pour ou contre » les pensées : on retient beaucoup mieux ce que l'on fait (même si parler, c'est aussi faire) que ce que l'on entend. Privilégier les faits plutôt que les idées, c'est déjà une façon d'entraîner la distanciation vis-à-vis de ses pensées.

– THÉRAPEUTE : Fermez les yeux et, durant une minute, je vous ordonne de ne pas penser à un éléphant rose en string de cuir noir (décidément, le psy aime vraiment le cuir noir) et chapeau de père Noël.

Un ange passe durant cette minute ponctuée de rires. Poursuivons.

– THÉRAPEUTE : Deuxième défi. Maintenant, je vous ordonne de penser à cet éléphant durant une minute.

Un nouvel ange passe.

– THÉRAPEUTE : Alors, que s'est-il passé ?
– JULIE : L'éléphant est resté dans ma tête lorsque je ne voulais plus y penser, c'était lourd sur ma poitrine ! C'est

bizarre, c'est à peu près la même chose que lorsque je commence à paniquer.

– PAUL : Idem pour moi. Et pour ce qui est de se concentrer sur l'éléphant, ça été l'enfer. Ma concentration partait dans tous les sens.

– ALBANE : Moi, c'est bon, j'y suis arrivée les deux fois, j'ai pensé à un chat.

– THÉRAPEUTE : Pourquoi penser à un chat ?

– ALBANE : Pour ne pas penser à l'éléphant rose ! Ah, je comprends, en fait, ça revient au même car là, en me disant ça, le chat revient dans ma tête avec l'éléphant. C'est un truc de dingue, ça !

– THÉRAPEUTE : Pas du tout, c'est tout à fait normal. Notre cerveau est ainsi fait, et c'est un peu la même mauvaise nouvelle que pour les émotions : plus on lutte, plus on y pense. Si nous arrivions à ne plus penser, nous ressemblerions à ce ficus situé derrière vous. Cela vous tente ? En revanche, j'ai aussi la même bonne nouvelle que pour vos émotions : nous pouvons peut-être changer notre rapport à nos pensées. Pour cela, poursuivons avec un autre exercice. Si vous en êtes d'accord, tendez les bras et mettez vos mains là, devant vous, à hauteur de vos yeux. Imaginez que je place la pensée désagréable « je n'y arriverai jamais » au creux de vos mains, là. Elle est inscrite en rouge, en bleu, en vert, en cursives ou en capitales, peu importe. Cette pensée désagréable est là, sur vos mains. Maintenant, repliez vos bras et mettez vos mains sur vos yeux. Comme si cette pensée prenait toute la place, exactement de la même manière que lorsque vous êtes dans vos pensées. Vos mains sont sur vos yeux. Est-ce que vous me voyez, là, maintenant ?

– TOUS : Non !

– THÉRAPEUTE : Si j'amenais ici des personnes importantes pour vous, est-ce que vous les verriez ?

– TOUS : Non plus !

– THÉRAPEUTE : Et si je vous emmène aux Bahamas, dans un paysage magnifique, une eau d'un bleu cristallin, est-ce que vous les verriez ?
– JULIE : Encore moins.
– ALBANE : Si, je vois les Bahamas.
– PAUL : Albane, je suis comme toi, je les imagine bien mais je ne les vois pas !
– THÉRAPEUTE : Paul, vous avez flairé le piège, effectivement. Et là, si je vous demande de sortir pour aller rejoindre des amis pour une soirée, est-ce que vous êtes en mesure de sortir de cette pièce ?

Triple négation. Ils restent aveuglés, perdus dans cet épais nuage de mots : leurs mains représentent la parfaite métaphore de cet obscurantisme.

– THÉRAPEUTE : Maintenant, si vous êtes d'accord, tendez les bras. Est-ce que vous me voyez ?

Oui. Et la lumière fut.

– THÉRAPEUTE : Est-ce que, si je vous présentais ici des êtres qui vous sont chers, vous les verriez maintenant ?
– TOUS : Oui !
– THÉRAPEUTE : Les Bahamas ?
– PAUL : Dire que c'est exactement ce qui s'est passé lorsque je suis allé aux Maldives : il m'a fallu une semaine pour sortir du brouillard et enfin avoir les yeux en face des trous !
– THÉRAPEUTE : Et si je vous demande de sortir ?
– ALBANE : Je comprends comment la pensée m'empêche de sauter, je ne vois pas le sautoir, je suis dans ma tête.
– THÉRAPEUTE : Exact.

Il paraît évident à nos trois amis qu'en s'éloignant de leurs mains, il est plus facile de percevoir le contexte et de profiter des choses. Reste à retirer le voile de la métaphore afin de revenir sur ces pensées désagréables.

– THÉRAPEUTE : Quelle différence avez-vous observée entre le moment où vous êtes dans vos pensées, les mains sur les yeux, et celui où vous prenez de la distance en tendant les mains ?
– JULIE : Les mains sur les yeux, je me sentais étouffer, et en les tendant, j'ai pu respirer et voir plus de choses. Je comprends un peu mieux ce que vous entendez par accepter ses pensées : elles sont toujours là, mais je vois ce qu'il y a autour.
– THÉRAPEUTE : Je suis content que vous ayez pu percevoir cela. Ainsi, quelle différence cela ferait-il pour vous si vous appreniez à pratiquer cet exercice dans la vie quotidienne ?
– PAUL : Peut-être que je pourrais me reposer un peu plus, car moi cette pensée ne m'empêche pas autant qu'elle me pousse à bosser comme un dingue.
– ALBANE : Peut-être que j'arrêterais de me prendre la tête avec mon eczéma et que je pourrais retourner sauter.

À ce moment de la séance, l'ambiance est beaucoup plus calme car, sans avoir entraîné cette prise de distance, nous avons pu déminer les croyances ancestrales au sujet de notre mode de penser. Nous sommes plus que ce que nous pensons.
– THÉRAPEUTE : Si vous êtes d'accord, pratiquons un petit exercice qui peut vous apprendre à prendre ce recul. J'écris la pensée « je n'y arriverai jamais » sur cette feuille et, juste avant, j'ajoute : « Ma tête me dit ».

Ma tête me dit
Je n'y arriverai jamais

Fermez les yeux et répétez une pensée désagréable dans votre tête. Ensuite, reformulez-la de cette manière : « Ma tête me dit... je suis nulle», «Ma tête me dit... je ne suis pas compétent», ou encore «Ma tête me dit... je n'y arriverai jamais». Que se passe-t-il maintenant ?

– JULIE : C'est tout de suite plus léger, un peu comme avec les mains, ça soulage.
– PAUL : Pareil, j'ai l'impression que ce n'est plus moi, c'est ma tête.
– ALBANE : J'ai un peu l'impression d'être schizophrène, mais c'est comme un petit personnage maléfique qui me dit ça.
– THÉRAPEUTE : Si j'ai bien compris, cette pensée fait moins d'effet. Poursuivons. Et si j'ajoute «Je remarque que...», que se passe-t-il pour vous ?

Je remarque que
ma tête me dit
Je n'y arriverai jamais

– JULIE : La phrase ne me fait plus d'effet dans le corps. Je comprends d'un coup pourquoi je n'arrive pas à faire l'exercice d'acceptation que vous nous avez conseillé. J'avais toujours cette pensée «je n'y arriverai jamais» dans la tête, qui m'angoissait encore plus.
– THÉRAPEUTE : Comme au début de cette séance ?
– JULIE : Exactement !
– THÉRAPEUTE : Maintenant, peut-être pourrions-nous pratiquer un deuxième exercice du même type, mais avec un peu de rock'n'roll, d'humour et de dérision...
– ALBANE : Rock'n'roll, humour et dérision ?
– THÉRAPEUTE : Oui, nous pouvons prendre de la distance grâce à l'humour ! Donc, cette pensée, est-elle récente ou est-ce quelque chose de plus vieux ?
– PAUL : C'est vieux, c'est très vieux
– ALBANE : Pour moi, ça ne fait pas si longtemps, je ne suis pas vieille comme eux.

– THÉRAPEUTE : OK, et que diriez-vous ? Est-ce que c'est une pensée qui arrive rarement, de temps en temps ? Est-elle fréquente ?
– JULIE : Ça radote, ça je peux vous l'assurer.
– THÉRAPEUTE : Donc, si j'ai bien compris, c'est vieux et ça radote. Intéressant, ça me rappelle mon vieil oncle Robert ! Lui qui me dit toujours que ça ne marchera jamais, que je n'y arriverai jamais… Tout un tas de choses qui empêchent d'avancer. Que diriez-vous de donner un surnom « à l'ancienne » à cette pensée ? Un surnom qui puisse représenter toutes ces pensées pénibles que votre tête vous raconte. Huguette ? Henriette ? Cunégonde ? Fernand ? Qu'est-ce que cela changerait, pour vous, si on essayait un surnom un peu rock'n'roll, un peu second degré ?

Paul choisit Alberto, Julie Cunégonde et Albane Pépito (parce qu'elle mange des Pépitos lorsqu'elle est en colère, ça ne s'invente pas). Le second degré représente ici une prise de distance, un autre contexte dans lequel percevoir ses pensées. D'ailleurs, nous n'inventons rien, puisque Pinocchio conversait avec Gimini Cricket, tandis que Tex Avery dessinait un diable et un ange sur les épaules de ses personnages.

– THÉRAPEUTE : De cette manière, il est possible d'apprendre à observer nos pensées en s'y accrochant un peu moins. Cela permet de remettre une certaine distance et de les considérer comme des hypothèses. D'ailleurs, si vous observez bien, on se fiche totalement du fait que ce soit vrai ou pas. La pensée « je n'y arriverai jamais » est-elle vraie en soi ?
– JULIE : Non, cela dépend du contexte, parfois c'est vrai, parfois non.
– PAUL : C'est juste, ce que vous dites, Julie. Moi, j'ai un patron qui a la pensée « je suis compétent » collée devant

les yeux. Quoi qu'il fasse, il trouve ça bien, alors qu'en fait c'est moi qui récupère ses erreurs.

– JULIE : J'ai la même chose avec ma belle-mère, ne m'en parlez pas.

L'ambiance est à présent détendue ; la défusion a aussi cette faculté de relativiser les choses au point d'en rire.

– THÉRAPEUTE : Ainsi, à chaque fois que vous chercherez à débattre avec votre pensée, cela se passera un peu comme avec mon oncle Robert : à chaque fois que je cherche à le faire changer d'avis ou à le faire taire, il renchérit. Déminer des pensées, c'est comme si on les observait de manière neutre, comme si elles circulaient au-dessus de notre tête. C'est apprendre à désobéir et à agir malgré elles. Exactement ce que l'on fait lorsque notre tête nous raconte que nous allons tuer notre chien. C'est redonner la capacité à la pensée de servir l'action.
– PAUL : Ça tombe bien, mon médecin me trouvait bien raide... Apparemment, mon dos n'était pas le seul à être coincé !
– JULIE : À qui le dites-vous ! Mon mari dit que je suis psychorigide...
– ALBANE : On va faire quelques assouplissements mentaux, alors !
– THÉRAPEUTE : Exactement. Lorsqu'une pensée désagréable arrive, entraînez-vous à la reformuler comme nous venons de le faire, afin de la rendre moins bloquante. Et passez le bonjour à Alberto, Cunégonde et Pepito de ma part !

La séance se termine sur cette note d'humour, et nos trois amis quittent la pièce avec le cœur un peu plus léger qu'en arrivant. Leur tête n'est plus dans ce noir nuage des idées sombres et paralysantes.

Et si l'on se rapporte à notre question de départ – comment trouver son bonheur ? –, que retenir de ce mécanisme de défusion ?

Tout d'abord, comme le langage, la pensée est bien un processus où corps et esprit se mêlent dans un même courant. Impossible de les séparer, sous peine de tomber dans d'interminables débats entre ce qui peut être vrai et ce qui peut être faux. Ensuite, cette faculté de penser, par son aspect fonctionnel, est « bonheur orientée » : rien n'est ni vrai ni faux en dehors des conséquences produites. En effet, nous l'avons vu au cours de ce chapitre, penser est un comportement, et tout comportement n'existe que par ce qu'il produit. Telle est la loi de l'évolution. Ainsi, notre mode penser est renforcé, attiré, par ce qui est bon et ce qui fait du bien. Mais quand cette mécanique se prend les pieds dans le tapis, quand la pensée ne sert plus l'action, qu'elle se retourne sur elle-même, qu'elle pense pour ne plus penser, on reste embourbé dans la rumination. Seule la distance de l'homme par rapport à lui-même peut le sortir de ce péril ruminatoire. Et c'est là que la thérapie, avec cet entraînement à la défusion, opère pour corriger les écarts de conduites évolutives. Elle permet ainsi à la philosophie de s'incarner dans le corps et de redonner au cortex cérébral ses droits et ses fonctions. Exercice de souplesse entre la rêverie de l'imaginaire d'un côté et le pragmatisme de l'action de l'autre. S'ouvrir à ses émotions, à ses pensées, c'est faire la place pour autre chose. Libérés de cette lutte, Julie, Paul et Albane vont pouvoir débarquer sur une autre plage, celle de l'instant présent.

Chapitre III

L'instant présent

Je n'ai pas le temps, je cours tout le temps, le temps me manque. S'il est une chose contre laquelle Paul, Albane et Julie se battent sans cesse, c'est bien le chronomètre. «*Citius, altius, fortius*»: «Plus vite, plus haut, plus fort.» Pour eux, les Jeux olympiques, c'est tous les jours. 24 h chrono.

Dans la notion d'instant présent, il est question non seulement de temps, mais aussi d'espace. Être ici et maintenant. Repensons à Julie, Albane et Paul: ils sont bien là, sur leur fauteuil, devant leur thérapeute, mais leur esprit est ailleurs. Perdu entre passé et futur. Pendant ce temps qui ne se conjugue plus au présent, la caravane passe et leur vie aussi.

Force est de constater que notre rapport au temps est complexe. Nous manquons de temps et nous nous en plaignons, mais lorsque nous avons la possibilité d'en avoir, nous le remplissons immédiatement. Par peur du vide? Toujours est-il que les plages de temps libre se muent en une sorte de garage, un espace où nous stockons des choses inutiles, qui finissent par nous encombrer et nous faire dire: je n'ai plus de place. Si nous avions du temps, que ferions-nous? Nos trois amis voudraient avoir du temps pour eux, mais à la première occasion, la rumination prend possession de leur raison. Le temps libre devient angoissant.

Temps mort.

Angoissant parce qu'étranger, différent. Il n'est pas rare pour nous, psychologues, de recevoir en consultation de nouveaux retraités, angoissés par ce temps disponible, eux qui rêvaient pourtant d'en avoir, ou encore des mères de famille paniquées, après que leurs enfants ont quitté le nid, de retrouver le temps après lequel elles avaient (toujours) couru. C'est précisément le cas de Julie, perdue dans ce que l'on appelle le syndrome du nid vide. Son temps, elle l'a consacré à ses enfants. Mais ils sont devenus grands et autonomes, et Julie digère mal ce trop-plein. Pour Albane, le temps représente l'avenir qui se construit et dont elle prend conscience. Alors si elle se laisse vivre dans l'instant présent, elle se confronte à la question existentielle « que vais-je devenir ? ». On pourrait qualifier cette réaction de « phobie du temps libre », peur de l'instant présent, pourtant tant espéré. Nous sommes effrayés de ce dont nous avons le plus besoin.

Et si ne pas avoir de temps nous rassurait ? Et si cela nous donnait une illusion d'activité, de plein (rassurant), mais un plein qui, finalement, une fois la poussière retombée, ne serait que du vent ?

Autant en emporte le vent.

Ce plein – cette hyperactivité – nous rassure, car il nous procure le sentiment d'être actifs (la mode de notre temps) et parce que nous y sommes addicts. L'histoire de Paul illustre parfaitement cette dépendance : pour lui, la pensée « je n'ai pas le temps » est une marque d'estime de soi, un sceau d'identité.

Notre cerveau étant (sur)stimulé en permanence – par les actualités, le travail, les enfants, les tablettes et autres smartphones –, nous ne savons plus « ne rien faire », car même lorsque nous n'avons qu'à attendre (chez le médecin par exemple), ô magie ! Notre smartphone nous sort de l'embarras du vide.

Nous avons perdu cette capacité à être seul, ou du moins à être avec nous-même, à prendre soin de nous. Ainsi, lorsqu'un temps de moindre activité se présente, il fait l'effet d'un signal négatif, angoissant puisque nouveau (également dévalorisé socialement).

Le temps au temps d'avant.

En philosophie, le temps renvoie à l'idée que nous sommes mortels (le temps qui passe), mais aussi vivants ; c'est une succession de « maintenant », comme dirait Aristote. Or, bien souvent, dans cet hyper activisme, nous oublions de nous concentrer sur nos instants de temps libre, ce qui crée cette sensation de ne pas avoir de temps. Alors nous portons notre attention sur ce qui s'est passé avant et sur ce qui se produira plus tard. Et nous passons à côté du temps, de ces instants qui se succèdent sous nos yeux. Le principal coupable ? La rumination, ennemi numéro un de l'instant présent et ami préféré de la perte de temps.

Hors du temps.

Peut-être avez-vous déjà vécu ces moments où nous perdons réellement notre temps. Petits exemples (universels ?) : parfois, lorsque je joue avec mes enfants, je pense à mon travail, à ce que je n'ai pas fait, à ce qu'il faudrait que je fasse. Dans ces moments précis, quand le jeu se termine, j'éprouve la sensation de ne pas avoir été là, de ne pas avoir profité : j'ai perdu mon temps à ruminer. Cet exemple est aussi valable lorsque je manque une sortie d'autoroute, toujours en ruminant. Ou encore quand, au cours d'une conversation, j'entends un ami me dire « T'es là ? ». Et deux jours plus tard, je me lamente : « J'ai toujours l'impression que le temps me manque ! » Lorsque l'être rumine, l'âme déclare forfait, le temps se suspend autant qu'il disparaît.

Pourquoi partir à la recherche du temps alors qu'il est palpable, là, sous nos yeux ? Pourquoi ne parvenons-nous pas à nous « poser » un instant, un temps ? Autant de questions que la jeune Lucie pourrait nous adresser, à nous adultes, perdus dans la recherche de notre Salut. Encore des « pourquoi ? ».

Ce n'est pas le temps qui pose un problème, mais la façon dont nous le percevons. Et force est de constater qu'une nouvelle fois, notre rapport aux choses nous a été prescrit plus que nous ne l'avons construit. Observons maintenant de quelle manière nous sommes assis sur des années de réflexions qui ont façonné notre rapport à l'instant.

L'instant présent en philosophie

Dans notre société, en dépit des magazines qui sans cesse nous exhortent à « prendre du temps pour nous », le temps est fuyant, et nous le fuyons. En Occident, nous percevons le temps comme une flèche allant de la gauche vers la droite, sans retour en arrière possible, ce qui forge notre croyance selon laquelle le temps se perd et l'inactivité est du temps perdu. Si la flèche n'avance pas, si nous ne produisons pas, le temps est perdu. Les religions occidentales accentuent encore la fuite de l'instant en portant leur regard non pas sur la vie sur Terre, mais sur l'au-delà.

Nos projections dans un hypothétique futur se reflètent également en miroir par cet attachement au passé, car notre civilisation est très ancrée dans le devoir de mémoire. Il existe dans notre culture une véritable vénération pour le passé, une peur de perdre ses racines, un attachement à ce qui est mort. Le repentir finit alors par l'emporter sur l'agir, et la culpabilité sur la rédemption. Ces préoccupations morbides tuent le présent.

« Prépare-toi au pire, tu connaîtras le meilleur. » Vraiment ?

Les jeunes adultes se trouvent ainsi pris entre un futur angoissant et un passé trop lourd. Entre l'euphémisme d'un avenir incertain et un passé glorieux, truffé d'ancêtres tous aussi castrateurs les uns que les autres. Ces deux mouvements, ces adorations contraires, entre ce qui n'est plus et ce que nous espérons, nous plongent dans une haine du présent, une mortification du corps. Il existe pourtant tout un pan de la philosophie qui invite à « cueillir dès aujourd'hui les roses de la vie», comme l'écrivait Ronsard dans son *Sonnet pour Hélène* (1998).

Carpe diem

Cette formule, probablement la plus célèbre de la philosophie grecque et la plus lucrative pour les tatoueurs, invite chacun d'entre nous à cueillir le jour présent. Elle est tirée des *Odes* (I,II,8) du poète latin Horace, grand admirateur d'Épicure et des stoïciens, pour qui les deux grands maux qui pesaient sur le monde étaient le passé et le futur. À la lecture du chapitre précédent et au constat de notre tendance à anticiper autant qu'à regretter, force est de constater que nous sommes très malades !

Pour ces philosophes grecs, le seul moment qui vaille est celui qui se présente à nous. Il serait vain de craindre la mort car, lorsque nous serons six pieds sous terre, nous ne serons plus là pour constater la souffrance. À quoi bon se soucier du passé, puisqu'il n'est plus là ? À quoi bon se soucier de l'avenir, puisqu'il ne l'est pas encore ? Savoir profiter du seul temps présent, se défaire de ses attentes irréalistes, laisser advenir le futur, c'est donc se laisser toucher par la lumière, la chaleur de la vie. L'écrivain brésilien Paulo Coelho transcrit ainsi cette attitude : «Tout est écrit dans les sons. Le passé, le présent et le futur des hommes. Un homme qui ne sait pas entendre ne peut écouter les conseils que la vie prodigue à chaque instant. Seul celui qui écoute le bruit du présent peut prendre la décision juste.» (*Le pèlerin de Compostelle*, 1994) Le philosophe allemand Friedrich Nietzsche (1844-1900) nous invite lui aussi à oublier le passé, à s'asseoir «au seuil de l'instant présent». «*Amor Fati*», «Aimons notre destin», écrivait-il dans le *Gai Savoir*. La personne qui saura vivre dans cet instant, sans le juger, connaîtra le bonheur de prendre les choses comme elles viennent et agira au mieux.

En théorie, c'est très beau ! Mais est-il possible d'appliquer cela dans la vie quotidienne ? Cette philosophie du bonheur présent ne pourrait-elle pas se muer en une contreproductive tyrannie, et ses belles intentions virer à la fiction ? Passer sa vie à cueillir cet instant évanescent, ne serait-ce pas comme attendre la mort ? Dans cette conception statique du temps, il manque en effet le mouvement qui invite à tendre vers la lumière, ce souverain bien, cette terre promise. Nous voilà de nouveau pris entre deux feux philosophiques immobiles.

Et si l'instant présent n'était pas seulement un temps de calme que l'on opposerait à un temps d'hyperactivité ? On l'oublie souvent, mais la formule *Carpe diem* n'est qu'une partie de ce que dit Horace : « *Carpe diem quam minimum credula postero* » signifie « Cueille le jour et sois un minimum préoccupée par le lendemain » (ce poème est adressé à une femme, Leuconoe). Il s'agirait donc de parvenir à réconcilier deux attitudes contraires, à savoir buller d'une part, à s'activer d'autre part.

Le temps cyclique

À l'opposé de cette flèche qui avance sans cesse vers la droite, il existe en philosophie une autre perception du temps, une conception cyclique, sinusoïdale, qui peut aider à prendre place dans l'instant. Dans cette conception, il n'y a pas de temps mort ni de temps fort, mais deux acceptions, deux pleins : un plein d'activité et un plein d'inactivité. Ce temps circulaire est assez semblable à celui de la nature, des saisons, du jour et de la nuit. Personne ne dirait que l'hiver est moins utile que l'été. Nous nous situons ici dans une forme de complémentarité, dont la pensée asiatique fait sa force, et où il devient impossible de ne rien faire : quand on ne fait rien, on fait du rien. Le vide n'existe pas.

Cette conception orientale nous pose une question très pragmatique : il ne s'agit plus de se demander si nous avons du temps ou non, mais ce que l'on fait de notre temps. Profiter de l'instant présent, c'est littéralement mettre ce temps à profit pour agir au mieux, trouver le moment propice, savoir détecter, tel un aigle qui fond sur sa proie, le moment où l'on sera le plus efficace. Savoir s'installer dans l'instant présent, c'est se donner le maximum de possibilités de saisir sa chance et d'agir pour le mieux en fonction du contexte donné. Dans une époque où tout change à la vitesse de la lumière et où tout exige une réactivité digne d'un ordinateur, cette approche permet d'ancrer l'instant présent dans un pragmatisme à toute épreuve.

Dès lors que notre temps libre n'est plus un temps mort mais un temps fort, il se pose comme autant d'occasions de passives contemplations et d'une réflexion sur l'efficacité de nos actions.

Cette conception serait utile à Paul, pour qui « le temps, c'est de l'argent », et « l'argent, c'est la vie ». Elle l'aiderait à comprendre que le repos est aussi une condition de la performance, comme le conçoivent maintenant les sportifs de haut niveau. Ceci est valable aussi pour Albane, sportive de tous les instants, et pour Julie, qui pense qu'être une bonne mère, une bonne épouse, une bonne salariée ne se conçoit pas sans repos.

Pourtant, en acceptant de prendre du temps de moindre activité (sans culpabiliser), en acceptant même de s'ennuyer un instant, nous pourrions observer la vie telle qu'elle se présente sous nos yeux : percevoir le sourire de notre enfant, caresser le pelage d'un animal, humer le parfum d'une madeleine... et pas celle de Proust, non, une vraie, celle du temps retrouvé.

Mais alors, pour profiter du temps présent, devons-nous réellement laisser le passé sur le bas-côté et le futur à ses conjectures ? Nous avons réuni le vide et le plein, pourquoi ne pas envisager maintenant de réunir les temps ?

Être là, la pleine présence

Penser au passé, au futur ou à ce qui se passe en ce moment est une forme d'attention à quelque chose. Si c'est utile et adapté au contexte, tout va pour le mieux. Pour les bouddhistes, le fait de prêter attention à quelque chose est un comportement actif qu'ils qualifient de pleine conscience. En étant attentif à ce que l'on fait, on se déjoue des pièges du mental et du langage, que nous avons évoqués plus haut, qui font passer l'idée pour le réel. La pleine conscience est une question d'harmonie entre ce qui a été, ce qui est et ce qui sera. On n'oublie personne, on emmène tout le monde. En portant notre priorité sur ce que nous percevons avec nos cinq sens, en apprenant à être attentifs à ce que nous faisons, il est possible d'être conscients du passé, en tant qu'expérience, et du futur, en tant que but.

La pleine conscience, plus qu'un état, est une pratique, un processus. En sanskrit, le mot *smirtit* (« pleine conscience ») signifie littéralement « se souvenir ». Se souvenir de revenir à l'instant présent. Il y a là une question de choix : je choisis d'accorder ma présence à mes pensées, à mon corps ou à ce que je vois.

La pleine conscience est une sorte de molécule à trois atomes où le présent surpasse et inclut les deux autres temps. Un peu comme lorsque nous randonnons : nous sommes là, à observer la nature, les signes indiquant la voie, tout en sachant où nous allons et d'où nous sommes partis. Faire preuve de pleine présence, c'est aussi se comporter comme le zoom d'un objectif d'appareil photo, qui perçoit tout mais qui, sans exclure, priorise, focalise sur une zone qui nous intéresse. C'est être présent à ce que l'on fait, ce que l'on pense, ce que l'on ressent, sans le cortège de jugements issus du mental. C'est cette attitude grâce à laquelle nous avons le sentiment de pleinement prendre la mesure de ce qui se passe, un intense moment de concentration, tel un chat qui guette le trou d'une souris. Il n'y a plus d'opposition entre le plein et le vide, car il y a toujours quelque chose dont on peut se rendre conscients. Plus d'opposition non plus entre passé, présent et futur, puisque cette présence les intègre tous dans un même mouvement.

Cette philosophie permet d'obtenir une vision pratique du temps, une attitude propre à nous aider à avancer. Nous nous mouvons alors, tel un surfeur qui ne juge pas les vagues mais qui les guette pour se mettre debout au moment opportun. Tel est l'apport de la pleine conscience : passer du concept à la pratique. De surcroît, la pleine conscience prolonge ce que nous avons appris dans les chapitres précédents : faire avec nos ressentis plutôt que contre (l'acceptation), et nous libérer des jugements mentaux qui obscurcissent la réalité. La vision qu'apporte la pleine conscience n'est ni belle ni laide, mais elle est juste. C'est ce qui manque à nos trois amis, bloqués par leur conception du temps, partagés entre Chronos, dieu du temps qui menace de les dévorer, et *Carpe diem*. Grâce à la pleine présence, ils pourront enfin réconcilier ces deux culpabilités extrêmes.

Le corps présent

Après deux millénaires d'oubli et de déni, le corps persiste dans son existence, il est toujours là. Les philosophies se succèdent, le cortex les regarde passer. La seule qui soit permanente (tout est relatif, car on vieillit) est bien notre carcasse : si l'esprit peut vagabonder à droite, à gauche, le corps, lui, est là, il répond présent. L'esprit peut raconter ce qu'il veut, ce qu'il a envie d'entendre, le corps, lui, sait bien ce qu'il en est. On ne la lui fait pas. Alors, qu'est-ce que l'instant présent pour lui, pour notre biologie ? La question n'est pas simple, car force est de constater que ce n'est pas parce que nous avons entendu un demi-million de fois « fais attention » que cela a développé notre conscience du moment présent. Bien au contraire. Pour le corps, être présent, c'est être attentif, faire preuve de pleine présence, prêter attention aux choses. Ainsi, si l'instant présent est une pratique, l'attention est bien une compétence, une mécanique que seul le corps peut mettre en œuvre. Pour comprendre cette attitude, commençons par décrire ces processus attentionnels.

Qu'est-ce que l'attention ?

L'attention n'est pas un concept mais plutôt une attitude, un comportement. En 1890 déjà, le grand psychologue William James écrivait, dans son ouvrage *The principles of psychology* : « Tout le monde sait ce qu'est l'attention. C'est la prise de possession par l'esprit sous une forme claire et vive, d'un objet ou d'une suite de pensées parmi plusieurs autres objets ou pensées possibles. La focalisation, la concentration et la conscience en sont l'essence. L'attention implique de négliger certains objets afin de traiter plus efficacement ceux qui ont été sélectionnés. Elle s'oppose à un état confus hébété et étourdi. »

Force est de constater qu'on n'a pas fait mieux depuis, en termes de définition. Tout est là. L'attention est une sorte de projecteur que l'être humain oriente pour éclairer tel ou tel endroit. Le corps perçoit et filtre alors, en permanence, des millions d'informations sans les traiter avec la même importance. Imaginez l'inverse : si nous n'arrivions pas à trier ? L'enfer.

Afin d'illustrer ce mécanisme attentionnel, décrivons ce que l'on appelle l'effet « cocktail party » (Cherry, 1953). Vous êtes dans une soirée assez bruyante et vous entretenez une conversation avec un ami. Votre cerveau doit inhiber une multitude d'informations pour privilégier ce que cet ami a à vous dire. Nous observons que, bien que cette tâche soit complexe, vous y parvenez sans problème, pour peu que la conversation vous intéresse. Sans quoi, justement, votre attention divague. D'un point de vue technique, cette compétence consiste non seulement à sélectionner (consciemment ou non) ce que nous voulons percevoir, mais aussi – choisir étant renoncer – à inhiber le reste. Ceci représente alors un double travail, une double contrainte. Un autre exemple : vous demandez à votre enfant d'aller vous chercher la télécommande à l'autre bout de la pièce. Tel Scrat, l'écureuil de *L'Âge de glace*, l'enfant parcourt un mètre puis s'arrête devant la télé, avance à nouveau, se trouve pris d'intérêt pour un catalogue de jouets ; il tombe ensuite sur un jouet perdu pour, finalement, arriver effectivement au bout de la pièce mais ne plus savoir ce qu'il était venu chercher. Combien de fois cela nous arrive-t-il ? Nous n'imaginons pas à quel point notre cerveau doit, des milliers de fois, faire l'effort de garder son objectif en vue et résister aux tentations d'aller voir ailleurs. Alors, pourquoi manquons-nous d'attention ?

Tout d'abord, porter attention suppose une énergie, des ressources attentionnelles alimentant le moteur qui oriente le projecteur. Nous n'avons pas tous les mêmes ressources : elles dépendent de facteurs purement biologiques tels que le sommeil, la faim et la soif. Le second facteur de modulation de l'attention est la motivation. Rappelez-vous la discussion avec votre ami : s'il vous explique comment il peut vous faire gagner des millions d'euros ou s'il vous raconte les soucis personnels de sa collègue de travail, votre motivation à être attentif ne sera pas la même. L'attention est donc une ressource limitée et – quoi que les femmes puissent en dire, non, ce n'est pas une vengeance personnelle (en fait si) – il est difficile de porter son attention sur deux choses à la fois. Ceci a pu être illustré par une expérience que l'on appelle la « tâche de division de l'attention » (Bonnel et Prinzmetal, 1998) : on fait écouter à un individu deux conversations simultanées, une dans chacune de ses oreilles, et on observe ce qu'il retient. Les résultats montrent que l'oreille sur laquelle la personne a porté son attention a bien mémorisé des informations précises là où dans l'autre oreille elle n'a pu retenir que quelques éléments très généraux. Être attentif, c'est bien engager des ressources limitées en direction d'un but fixé.

Afin d'expliquer nos déconcentrations fréquentes, nous pouvons aussi analyser le mode de déclenchement de l'attention, interne ou externe.

L'attention peut en effet s'engager de deux manières différentes. La première est dite endogène : nous décidons de ce que nous voulons sélectionner, par une voie dite descendante (le cortex, situé en haut, commande les sens et le corps, situés en bas). Par exemple, nous choisissons de lire un panneau de signalisation routière indiquant une limitation de vitesse. La seconde est dite exogène : notre concentration est ici prise, captée, par un élément extérieur. Dans ce cas, c'est le panneau de signalisation, conçu pour être bien visible, qui attire notre attention sur cette limitation. Ce mécanisme est très avantageux au regard de notre évolution, puisqu'il permet d'être vigilant face au danger qui surgit. Mais lorsque notre attention est captée malgré nous, à l'insu de notre plein gré, elle prend le pas sur ce qui compte pour nous. L'attention est donc une sélection de l'information qu'il faut traiter en fonction de ce qui nous motive. Lorsqu'elle ne peut se fixer durablement, lorsqu'elle part dans tous les sens, cela donne lieu à une fatigue intense ainsi qu'à une baisse importante de l'efficacité. C'est ce que l'on appelle la charge mentale, élément central du burnout. Pour information, notre cerveau consomme près de 20 % de l'énergie totale de notre corps, ce qui explique que l'on peut être fatigué même si l'on n'a fourni aucun effort physique.

Nous consommons une énergie folle à ruminer. Autrement dit, sans maîtrise, la puissance de l'attention ne nous sert à rien. Elle peut même nous desservir.

Un avantage sélectif à double tranchant

Le processus attentionnel, issu de la sélection naturelle, a apporté à l'être humain un avantage conséquent. Vivre le moment présent consiste en effet, pour notre biologie, à capter les informations qui permettent d'agir de la manière la mieux adaptée à notre survie. Notre capacité à orienter nos ressources cognitives et nos réponses comportementales vers les éléments les plus importants de notre environnement, à un moment donné (bruit, odeur de fumée, forme suspecte évoquant un prédateur), en excluant les informations superflues, nous a permis de traverser les âges. Or notre cerveau a surtout été entraîné à percevoir les menaces pour mieux se protéger, ce qui explique pourquoi les informations jugées négatives sont traitées en priorité, celles que l'on juge positives étant reléguées au second plan, ce que confirment de nombreuses études (Bar-Haim, Lamy, Pergamin, Bakermans-Kranenburg et Van IJzendoorn, 2007 ; MacLeod, Mathews et Tata, 1986). Ainsi, si nous laissons notre attention fonctionner selon son inclination naturelle, nous percevons surtout ce qui ne fonctionne pas, ce qui nous menace. En psychologie cognitive, ce processus est appelé un biais attentionnel : notre cerveau traite les informations de manière partielle, le filtre n'est plus flexible. À force de regarder des chaînes d'informations en continu et des séries toutes aussi macabres les unes que les autres, notre boîte noire, préparée au pire, se trouve submergée de signaux terrifiants. Notre biologie vit dans une époque où le danger est redouté de toutes parts. Même sur les sites de rencontres, on a plus peur de se faire avoir qu'envie de trouver l'amour. Pourtant, dans les pays occidentaux, notre cerveau fait face à des menaces moins réelles qu'hypothétiques et symboliques, qui désorientent notre attention. Par exemple, j'entre un jour d'été dans un hôpital, j'aperçois le journal du jour, dont le titre « Vous allez souffrir » est illustré par la photographie d'une personne buvant de l'eau. Souffrir de quoi ? De la chaleur, oui, certes, mais cette phrase, aussi impersonnelle qu'impressive, nous pétrifie. Cela crée une sorte d'effet cocktail Molotov party, où l'on se concentre exclusivement sur le problème et pas sur les solutions. Notre cerveau reste bloqué sur ce qui peut arriver, sur ce qui est arrivé, mais pas sur ce qui est là, car l'attention est un moteur, au départ neutre, qui, entraîné au fil des siècles à percevoir les choses négativement, ne fonctionne plus de manière à nous adapter au moment présent. La culture, et surtout les réseaux sociaux, ont contribué à « abîmer » cette compétence à force de déconcentration perpétuelle, de tâches multiples, conduisant à une surcharge mentale, au détriment de l'instant présent. Ouvrons donc nos fenêtres, le matin au réveil, et observons le paysage : y a-t-il une menace ? Bien souvent non, aucune. Seul notre poste de radio nous assène cette idée. Cette désorientation attentionnelle perturbe notre quête du souverain bien. En effet, comment trouver son bonheur lorsque notre cerveau ne peut se fixer plus d'un instant sur ce qui compte pour lui ? Comment avancer lorsque notre perception du monde est partielle ?

Observons les histoires de nos trois amis. Paul est sans cesse poussé à faire mieux, car il est persuadé que le monde va s'effondrer s'il ne gagne pas suffisamment d'argent. Il prête attention à ce qui lui manque, mais pas à ce qu'il a. Le modèle capitaliste, adopté par son entreprise cotée en bourse, le pousse chaque jour dans l'après. Julie, elle, est pétrifiée par la menace de faire une crise, certes. Mais en restant chez elle, elle écoute plus souvent la radio et la télé, qui prennent de plus en plus de place dans sa vie ; leurs messages collapsionistes la plongent dans le désespoir. Elle n'a pas supporté la lecture du rapport du GIEC. Son cerveau se trouve à une cinquantaine d'années plus loin que l'instant qui se présente à elle. Quant à Albane, elle est fortement invitée à anticiper sa vie d'adulte sans pouvoir vivre celle qu'elle a maintenant, sans prendre le temps de découvrir son corps d'adolescente. Imaginez le cerveau de cette jeune fille qui doit prévoir les vingt prochaines années de sa vie avec tant d'incertitudes. Pas étonnant que son corps réagisse par de l'eczéma.

La biologie de nos trois amis tourne à l'envers... Et si nous ouvrions le capot afin de comprendre comment fonctionne le moteur attentionnel ?

Mécanique attentionnelle

Nous pouvons étudier l'attention d'un point de vue temporel d'une part, et d'un point de vue spatial d'autre part. Commençons par un voyage dans le temps...

Attention, y es-tu ?

L'étude du traitement de l'information est un des piliers des neurosciences cognitives, qui étudient notamment la façon dont on réagit face à un stimulus. Or, comme nous venons de le voir, porter attention, c'est avant tout traiter l'information, ce qui prend du temps.

On pourrait dire qu'une personne est attentive lorsqu'elle est capable de réagir de manière adaptée face à une stimulation, ce qui nécessite une mécanique. Voyons, grâce à quelques notions de neuro-anatomie, comment et pourquoi l'instant présent n'existe tout simplement pas pour l'être humain ! Commençons par cette expérience de Simon J. Thorpe et Michèle Fabre-Thorpe (2001) : on demande à un participant se trouvant face à un écran et deux touches de clavier de réaliser un choix simple entre deux alternatives (vrai/faux en réponse à une question, par exemple). Il doit appuyer sur une des deux touches, relativement à la réponse choisie. On mesure le temps de réponse. Entre le moment où la question s'affiche et celui où le participant appuie, les signaux visuels sont transmis de la rétine au cortex visuel primaire (encodage d'un signal lumineux en signal électrique) à travers ce que l'on appelle le corps genouillé latéral. Se déclenche alors un circuit de reconnaissance de l'objet impliquant le lobe temporal (situé sur le côté du crâne) puis le cortex préfrontal (le cortex associatif que nous avons évoqué plus haut). L'information est ensuite transmise au cortex moteur, afin de préparer le réponse motrice qui sera transmise aux nerfs et aux muscles, qui permettront au participant d'appuyer sur la touche sélectionnée. Cette description est un peu simplifiée, mais elle explique comment nous traitons l'information et elle montre que percevoir les choses prend du temps. Dans ce cas précis, entre le moment où l'information apparaît sur l'écran et le moment où la personne appuie, il se passe entre 300 et 350 millisecondes. Dire que ce traitement est réalisé en permanence par notre cerveau! Alors, quid de l'instant présent? Je suis au regret de vous annoncer que, d'un point de vue biologique, il n'existe pas. Il est impossible de capter ce qui se passe dans le moment présent. Nous aurons, de toute façon, toujours un (petit) train de retard par rapport au réel. Alors les philosophes qui pensent que nos sens sont trompeurs ont raison: à chaque étape du traitement de l'information, il y a un temps qui passe et une traduction qui trahit le réel. Finalement, on agit alors que l'information de départ est caduque depuis quelques centaines de millisecondes. Admettons-le: ces quelques millisecondes de décalage ne nous empêchent pas d'agir de manière adaptée. Mais quand nous pensons à plusieurs choses en même temps? Le temps de réponse est encore plus long, et l'action ne concorde plus avec le réel. Le concept de pleine présence, ou comment donner le maximum de ressources à notre esprit afin de capter cet instant fugace, prend ici tout son sens. On tente alors d'améliorer notre perception du monde en se libérant du mental et en redirigeant notre attention vers nos cinq sens afin de capter au mieux ce que le moment présent nous invite à faire. L'instant présent est mort, vive l'instant présent.

Attention, où es-tu ?

La seconde façon d'étudier l'attention est de l'envisager d'un point de vue spatial et d'apprendre à localiser les parties du cerveau concernées par ce processus attentionnel. Il s'agit d'un mécanisme extrêmement complexe, que nous ne décrirons pas précisément ici. Arrêtons-nous simplement sur deux éléments anatomiques intéressants, deux zones qui constituent la gare de triage attentionnelle entre attention consciente et attention inconsciente : le tronc cérébral et la substance réticulée.

Tout d'abord, notons que la plupart de nos fonctions cérébrales sont automatiques et qu'une grande partie de notre système attentionnel n'est pas conscient. On pourrait comparer l'étude spatiale de l'attention à une maison. Au rez-de-chaussée se situerait la conscience de base, autrement dit ce que nous sommes à même de décrire consciemment, de retenir et de mémoriser. Au premier étage se localise l'attention soutenue, celle que nous avons évoquée avec la pleine conscience. C'est le cortex frontal qui prend en compte les informations prédominantes et dignes d'intérêt (c'est beaucoup plus complexe bien sûr, mais disons que, de manière générale, c'est dans cette zone que se situent la réflexion et la conscience). Or, le cortex frontal est le lieu du mythe du contrôle chez l'homme. Celui de l'omniscience. Il est l'objet de ce fantasme de vouloir être conscient de tout, tout le temps et pour toujours, d'être un véritable « Big Brother ». Il est aussi le lieu de ce que l'on appelle le libre arbitre. Mais sommes-nous réellement libres si la majeure partie de nos informations est traitée inconsciemment ? D'un point de vue biologique, il existe en effet, au sous-sol de la maison, une structure qui gère une attention permanente, qui n'est pas consciente. Par exemple, lorsque nous conduisons, notre cerveau prête attention aux diverses informations et en tient compte, sans que nous ne nous posions de questions. Sommes-nous libres alors ? Non, et nous le verrons plus en détails dans le chapitre sur la biologie de l'action. Mais revenons à notre rez-de-chaussée, constitué d'une voie courte, sous corticale, où de nombreux de neurones travaillent activement. La partie de notre corps qui correspond à ce rez-de-chaussée est le tronc cérébral. Cette partie du cerveau, située juste au-dessus de notre cou, contrôle la motricité automatique (comme le fait de respirer ou de mastiquer) et la motricité involontaire (comme la digestion ou les réflexes). Elle opère comme une gare de triage et sélectionne (également sous contrôle du cortex) les informations à traiter à l'étage supérieur (comme tout ce qui est nouveau dans un environnement, un bruit, une odeur...). Dans le cas de stimulations non prioritaires, cette gare de triage se débrouille sans l'aide du cortex et de la conscience. Ainsi, on peut dire que l'attention se divise spatialement comme un iceberg : il y a la partie émergée, consciente, qui se dit autonome, libre de choisir, et la partie immergée, qui soutient tout cela et effectue un contrôle automatique. Plus particulièrement, au sein du tronc cérébral, se situe une structure neurologique s'étendant du bulbe à l'hypothalamus postérieur, appelée la substance réticulée, ou « cerveau adaptatif », qui régule l'homéostasie (faim, équilibre...) et contrôle la vigilance ainsi que l'alternance veille-sommeil. Son action s'exerce sur l'ensemble du système nerveux (elle pilote aussi le système nerveux autonome vu précédemment). Elle fait donc partie de ce que l'on appelle la voie non spécifique, représentant la gestion inconsciente. La substance réticulée jouant un rôle fondamental dans le processus de vigilance, voisin du concept d'attention, elle constitue un véritable modérateur du système nerveux, qui ajuste le niveau de vigilance en fonction des besoins.

Ainsi, être attentif se conçoit bien à deux niveaux: d'une part ce que nous percevons consciemment, et d'autre part un traitement automatique qui échappe à la conscience et qui annule notre conception du contrôle. Nous ne pouvons pas tout percevoir, tout contrôler, ni être conscients de tout. L'omniscience en prend un coup. D'un point de vue neuro-anatomique, la pleine conscience est donc une forme d'hérésie. Une nouvelle fois, ce que nous savons, c'est que nous ne savons pas, et nous devons faire preuve d'humilité, mettre le contrôle de côté et laisser faire notre corps. Il faut lui faire confiance, car il contient la mémoire de ce qui compte pour nous, pour s'adapter et survivre. Se libérer du contrôle permet de mémoriser ce qui compte plutôt que de chercher à tout enregistrer, et finalement, ne rien stocker.

Attention et mémorisation

Votre belle-mère débarque chez vous pour trois jours. Surprise. Vous ne l'attendiez pas. Elle vous assène pourtant un « je t'avais dit que je venais ! ». Il faut croire que vous ne l'aviez pas entendue... ou que vous avez eu un déficit de moment présent ayant entraîné une mauvaise mémorisation d'un élément pourtant crucial. Dommage. Vous ne pourrez pas rester tranquille sur le canapé, en pyjama, la vaisselle en vrac dans l'évier et la coupe de cheveux assortie. Je vous avais pourtant prévenus : l'attention est un mécanisme qui prévient des dangers ! En manquer nuit à la mémoire... et à vos week-ends.

En effet, pour avancer au mieux dans la vie, il est nécessaire de mémoriser un certain nombre d'informations (et pas seulement les échecs). La psychologie cognitive a démontré qu'en plus de nous permettre de réagir plus rapidement et d'une manière plus adaptée, l'attention permet de mieux mémoriser les choses. En 1975, les chercheurs Endel Tulving et Fergus Craik ont mesuré le temps de réponse à des informations demandant plus ou moins de traitements cognitifs, c'est-à-dire de profondeur de traitement, ceux-ci allant de simplement voir ou entendre jusqu'à comprendre ce qu'une phrase signifie. D'après les résultats de l'étude, la perception visuelle des choses est traitée très rapidement mais très mal encodée en mémoire. Ce mode de traitement occasionne en effet plus de mauvaises réponses lorsque l'on demande aux individus interrogés de se souvenir de ce qu'ils ont vu. À l'inverse, lorsqu'on leur demande de comprendre, de prêter attention et d'augmenter cette attention, les temps de réponses sont plus longs, mais on augmente considérablement le taux d'exactitude des réponses. La mémorisation est meilleure, ce qui amène à penser que travailler notre compétence attentionnelle peut résoudre nos tracas de mémoire.

Par ailleurs, toujours en ce qui concerne la qualité de la mémorisation, il existe une différence, en termes d'efficacité, entre l'attention endogène (choisie) et l'attention exogène (distraite). L'attention endogène traite l'information plus lentement, mais elle est plus efficace que l'attention exogène.

Voilà qui vient résolument tailler des croupières aux prétendues vertus des open-spaces, où le travail s'effectue certes de manière plus rapide, mais moins efficace en termes de mémorisation.

En résumé : faire preuve d'attention, donc de présence, à ce qui est plutôt qu'à ce qui sera ou ce qui n'est plus, c'est remettre son cerveau en ordre de marche. C'est se permettre, à nouveau, de l'utiliser à bon escient, de restaurer nos capacités attentionnelles abîmées par la culture et un pan de la philosophie. Rêvasser est une capacité intéressante, pour peu qu'on la maîtrise et qu'elle soit adaptée au contexte (pas en conduisant donc). Lorsque cette attention est engagée au détriment de l'action, au détriment du but, elle n'est plus au service de ce souverain bien vers lequel le corps ne cesse jamais de tendre. Or, cette capacité à maintenir son attention, à engager l'énergie psychique dans l'instant tout en gardant en tête l'expérience passée et la direction future est une compétence. Une compétence qui nous manque parfois, et que la thérapie d'acceptation et d'engagement peut entraîner, en redonnant de la souplesse à notre attention. Prenons maintenant quelques cours de conduite... attentionnelle.

Se réconcilier avec l'instant présent

Comme nous venons de le voir, l'instant présent n'existe pas. Ni dans le monde, ni dans le corps. Pourtant, si nous ne pouvons pas le percevoir, nous pouvons le pratiquer. Et lorsque l'on parle de pratique, la psychothérapie entre en jeu. La thérapie d'acceptation et d'engagement étant basée sur la pleine conscience, c'est véritablement dans ce chapitre qu'elle est au plus près de cette pratique millénaire. Et comme le remarquent justement Monestès et Villatte dans leur ouvrage sur l'ACT (2011), alors même que cette thérapie s'appuie largement sur les leviers du langage, il est ici question de s'en passer. *Tais-toi et observe...* L'observation des choses telles qu'elles se présentent constitue une suite logique des deux chapitres précédents. Observer quelque chose, c'est mettre une distance entre soi et l'objet, sans utiliser le langage. C'est aussi savoir rester en présence de l'objet, sans l'analyser. Ce qui, finalement, amène à l'acceptation des choses comme elles sont, et non comme nous aimerions qu'elles soient.

C'est sur cette pratique phare du bouddhisme que se basent les thérapies dites de la troisième vague, que nous avons évoquées plus haut. On doit son importation à John Kabat-Zinn (1990) qui, le premier, a introduit la méditation au sein de la psychothérapie. En ACT, savoir porter son attention sur l'instant présent nous intéresse au plus haut point, car cela permet d'atténuer les effets problématiques du langage (Monestès et Villatte, 2011). Il s'agit même de la clé de voûte de l'édifice. En effet, savoir observer les choses, c'est se distancier de ses pensées, de ses émotions et de ses sensations. C'est leur faire une place, mieux savoir les reconnaître et les utiliser, pour ensuite agir et se diriger en direction d'un but – l'action et le but se situant dans d'autres temps que celui qui se présente à nous. La capacité à s'installer au seuil de l'instant permet de transformer la théorie philosophique en pratique, de passer des intentions aux actes, sonnants et trébuchants.

Nous retrouvons donc Albane, Paul et Julie devant la porte du cabinet de psychothérapie. Le hasard a bien fait les choses aujourd'hui : ils arrivent en même temps, au même instant. La psychothérapie ne s'arrête jamais au seul espace du cabinet du psy... À l'extérieur, elle se mue en pratique de vie.

– PAUL : Bonjour à toutes les deux !
– JULIE : Bonjour Paul, ça va ?
– PAUL : Oui, bien, mon dos me laisse tranquille, ou plutôt... je le laisse tranquille ! J'arrive un peu mieux à me poser.
– ALBANE : Alberto te laisse respirer un peu ?

Éclat de rire général.

– PAUL : Oui, je lui passe régulièrement le bonjour et le remercie. Cela n'a pas été facile, car jusqu'à présent, j'étais d'accord avec lui ! Là, j'essaie de poser le fouet et d'arrêter de me flageller.
– JULIE : Pareil pour moi ! Cunégonde me laisse un peu de répit, c'est fou comme elle pouvait m'angoisser.
– ALBANE : C'est marrant parce que quand tu disais « je ne vais pas y arriver », j'avais l'impression d'entendre parler

mon Pépito à moi. Ton blocage de la dernière fois, eh bien je vivais la même chose. C'est dingue de voir à quel point ma tête bloque quand il surgit.

– JULIE : Moi, je n'y suis pas arrivée toute seule...
– PAUL : C'est Cunégonde qui parle, ou Julie ?
– JULIE : Non non, c'est bien moi. J'ai partagé la dernière séance avec mon mari et mes enfants. Je leur ai parlé de Cunégonde et de ses pensées infernales. Ça les a beaucoup fait rire, moi aussi d'ailleurs. Ils n'étaient pas surpris, eux qui m'observent depuis des années, ils me connaissent et me voient arriver lorsque je commence à angoisser. Ça a été super dur au début, mais mon mari m'a bien aidée à remarquer lorsque mes pensées me bloquaient. Au moins, ça nous a rapprochés. J'avais vraiment l'impression que Cunégonde était entre lui et moi !
– PAUL : Ouah ! Bravo, car moi je n'en suis même pas encore au point de dire que je vais chez le psy. Alors, de là à partager Alberto... J'en ai encore un peu honte.
– ALBANE : Eh, Alberto, sors de ce corps, on t'a vu !
– PAUL : Oui, bien vu, c'est lui qui parle. Mais cela n'empêche pas mon malaise là-dessus, j'ai peur de la réaction des autres.

Nos trois amis ont retrouvé le sourire, une petite éclaircie au milieu de la tourmente. Cette respiration collective montre que la solution se trouve également dans le lien avec les autres. Or, pour entrer en relation, il faut être là. Entendre, voir, sentir, toucher l'autre, être présent. Le rire est une façon de lutter contre la tyrannie du temps. Il est l'heure, il est temps, de commencer notre quatrième rendez-vous. La porte de la salle d'attente s'ouvre, avec quelques minutes de retard. Quelques minutes dont on aurait pu croire qu'elles étaient perdues. Bien au contraire. Au regard de l'échange qu'ils viennent d'avoir, sans smartphone, sans magazine, nos trois amis ont déjà compris que le seul moment qui compte, c'est celui que l'on vit, que l'on pratique. Observons maintenant comment l'ACT peut amplifier la perception de ce moment.

– THÉRAPEUTE : Bonjour à tous !

Les bonjours se succèdent et s'accordent dans une même énergie, une même tonalité. Le partage d'une souffrance relie, accorde, synchronise les êtres.

– THÉRAPEUTE : Aujourd'hui, j'aimerais, si vous en êtes d'accord, que nous abordions une façon de profiter de l'instant présent. Car, pour avancer, il sera nécessaire de s'y installer.
– PAUL : Le *Carpe diem* de baba cool ? Profiter du moment présent, buller, rien foutre, quoi !
– THÉRAPEUTE : J'entends Alberto !

Rire, sourire et distanciation de Paul.

– THÉRAPEUTE : Être dans le moment présent, c'est savoir percevoir les choses telles qu'elles sont, sans les juger. Ce n'est pas « ne rien faire », bien au contraire, être présent aux choses, aux personnes, c'est compliqué, non ?
– JULIE : Oh oui, j'arrive à aller au cinéma désormais, mais je vois bien que j'ai du mal à suivre le film, je perds souvent le fil !
– THÉRAPEUTE : Peut-être pourrions-nous entraîner notre tête à mieux profiter des choses, avec nos cinq sens. C'est un peu comme au temps des photos argentiques, un temps de pose, un temps qui révèle les choses et les imprime en nous.
– PAUL : Je vois ce que vous voulez dire, c'est un peu comme quand je pars en vacances et que je ne profite pas des paysages car je suis en discussion avec Alberto.
– THÉRAPEUTE : Oui, c'est cela. Savoir s'installer dans le moment présent, c'est profiter de ce qui est. C'est se

donner les meilleures informations pour agir. Ainsi, ce que nous allons apprendre aujourd'hui, ce n'est pas se contenter du moment présent en niant le passé et le futur. Nous allons tout intégrer. Imaginez-vous au volant de votre voiture. Être attentif au moment présent, cela permet d'être conscient de l'endroit où l'on se rend. Nous sommes attentifs à la route. Nous avons aussi toujours un œil sur le rétroviseur, et un sur le tableau de bord. Vous ne pourriez pas rouler une heure sans regarder votre compteur ?

– PAUL : Ah ça non, je l'ai déjà fait, et mes points de permis ont fondu comme neige au soleil.
– THÉRAPEUTE : Eh bien votre compteur, c'est un peu comme vos signaux corporels. Le niveau d'essence, la température du moteur et l'allure à laquelle vous roulez représentent votre énergie, vos douleurs et votre niveau d'activité corporelle. Que se passe-t-il si vous oubliez cela ?
– ALBANE : La blessure, à coup sûr.
– PAUL : Ok, j'y suis. Ce que vous voulez nous apprendre, c'est qu'il faut prendre en compte tout cela pour mieux conduire.
– THÉRAPEUTE : Parfaitement ! Et cela vous intéresse ?
– PAUL : Vu l'état de mon corps, oui !
– JULIE : Personnellement, si je reprends ce que vous dites, je dois dire que je me suis toujours plus occupée de la voiture des autres que de la mienne. Je suis un peu le garagiste de la famille, je m'assure que le niveau d'essence est bon pour mes enfants, pour mon mari, mais j'admets que je ne le fais pas pour moi.
– ALBANE : C'est drôle, c'est exactement ce que m'ont dit mes amis à l'athlé : qu'il fallait, pour sauter plus haut et surtout pour tenir toute la saison, que j'apprenne à mieux écouter mon corps et à respecter ses signaux. Ils m'ont expliqué que parfois, il faut savoir s'échauffer plus longtemps pour être prêt.
– THÉRAPEUTE : Comme attendre que le moteur soit chaud pour accélérer à fond.

– PAUL : Ah, je vois le problème : moi, je commence à fond le matin, puis j'accélère encore l'après-midi.

Le discours de Paul illustre une partie des préjugés qui nous empêchent d'accéder à l'instant présent : ne rien faire est vécu comme une perte de temps. Julie, elle, montre que nous sommes entraînés à prendre soin de la santé des autres et pas de la nôtre. Enfin, comme si la vérité sortait de la bouche des plus jeunes, Albane indique la voie du milieu. Pleine présence pour une plénitude d'action. Savoir prendre le temps d'observer pour en gagner ensuite, et sauter plus haut. L'instant présent apparaît ainsi comme un détour nécessaire dans notre voyage, dans notre quête du souverain bien.

– PAUL : Mais alors, comment on fait ?
– THÉRAPEUTE : Nous allons entraîner notre capacité à être pleinement conscients de ce qui se passe. Mais avant cela, il est nécessaire de prendre conscience des moments où nous ne sommes pas dans cet instant. Chez les bouddhistes, il s'agit de savoir revenir constamment au moment présent. Plus que de s'y installer, je vous propose donc de commencer par remarquer tous les moments où vous n'y êtes pas.
– JULIE : Ça va être frustrant de remarquer chaque moment où je me trompe !
– THÉRAPEUTE : Et lorsque vous remarquerez que vous êtes partie ailleurs, où serez-vous ?
– JULIE : Ok, je vois, remarquer, c'est déjà être dans l'instant présent, comme avec Cunégonde !
– THÉRAPEUTE : Oui, c'est exactement cela. La première chose que vous pourrez faire dans votre vie quotidienne, c'est vous féliciter à chaque fois que vous remarquerez que vous étiez partie ailleurs.
– PAUL : Maigre consolation.
– ALBANE : Eh, Alberto, laisse Paul tranquille !

– PAUL : Merci Albane, je ne l'avais pas vu arriver dans mon dos !
– THÉRAPEUTE : Je vous propose trois voies à explorer, selon vos goûts, afin de gravir la montagne du moment présent. Premièrement, à chaque fois que vous remarquerez que vous n'êtes plus dans le moment présent, faites une croix sur un carnet ou achetez un cliquet dont on se sert pour compter les entrées d'une manifestation et comptez ces écarts d'attention. Le soir, contemplez vos réussites.
– ALBANE : Cool, je sais ce que je vais faire en cours !
– JULIE : Si tu passes ton temps à faire des croix, tu ne pourras pas suivre le cours !
– PAUL : Justement, toutes les croix marqueront le moment où elle sera revenue écouter le prof !
– THÉRAPEUTE : Merci Paul, je n'aurais pas dit mieux ! Deuxièmement, vous pouvez imaginer deux cadrans de vitesse. Par moment, dans la journée, arrêtez-vous un instant, écoutez votre corps, ce que vous ressentez, votre respiration, votre rythme cardiaque, vos tensions musculaires... Mixez le tout et faites une moyenne. Demandez-vous : à combien je roule ? 30, 50, 80, 130... 180 km/h ? Et à combien la situation nécessite que je roule ? Ceci vous aidera à conjuguer au présent votre corps et le contexte.
– PAUL : Cet exercice est pour moi ! Je suis en excès de vitesse en permanence ! On devrait me retirer mon permis de vivre !
– THÉRAPEUTE : Effectivement, on a très peu appris à considérer notre corps et ses réserves. Mon passé de kinésithérapeute me l'a bien montré, pour mes patients et pour moi-même !
– ALBANE : On est tous dans le même bateau, alors ?
– THÉRAPEUTE : Tous dans la même culture, en effet.
– PAUL : C'est tout, juste observer ? Et après, on fait quoi ?

– THÉRAPEUTE : Apprendre à observer, sans juger, et s'installer dans l'instant présent est une compétence à entraîner. Après, faites ce que vous voulez ! Mais vous serez présent à ce que vous faites.
– JULIE : En fait, ça paraît dérisoire de faire cela, vu le niveau de notre souffrance !
– THÉRAPEUTE : Les choses les plus simples paraissent parfois les plus compliquées à mettre en œuvre. C'est un peu comme si vous tourniez une pelle en bois dans un tonneau d'eau depuis des années. Si vous cherchez à tourner dans l'autre sens, ce ne sera sans doute pas simple, à cause du courant. Mais si vous prenez conscience que vous tournez dans le mauvais sens, vous serez moins enclin à continuer. Que se passera-t-il ensuite, si vous arrêtez d'aller dans le même sens ?
– JULIE : Il n'y aura plus de courant, donc je pourrai inverser le sens. Je comprends, on ne peut pas changer du jour au lendemain. C'est comme avec les habitudes, elles se perdent plus qu'on ne peut les supprimer.
– THÉRAPEUTE : Très juste. La fréquence ici est plus importante que la réussite.
– ALBANE : Comme dans un entraînement en sport : finalement, plus on rate, plus on apprend !
– THÉRAPEUTE : Tout à fait. Ainsi, si vous êtes d'accord, vous pourrez tester ces deux invitations pour la prochaine séance. Observez le monde et observez les moments où vous n'observez plus ! Ces actions représentent ce que l'on appelle la méditation informelle, la pleine conscience de tous les jours. Comptez les écarts, observez votre vitesse de conduite. J'aimerais maintenant que nous terminions cette séance par une approche plus formelle, plus directe, de la pleine conscience. Une forme d'entraînement plus intensif. Seriez-vous prêts à vous transformer en chat ? Ce chat roi de l'observation, ce chat qui, des heures durant, est capable de guetter le trou d'une souris ?

– PAUL : Je ne sais pas si je vais y arriver, rester des heures à ne rien faire, ça va être dur.
– THÉRAPEUTE : On va faire du rien si vous êtes d'accord, faire du rien pour faire tout court !
– PAUL : D'accord, on n'a rien à perdre de toute façon.
– THÉRAPEUTE : Commençons. Installez-vous confortablement dans ce fauteuil. Posez les pieds au sol, redressez-vous, adoptez une position ni trop avachie ni trop raide, une position digne. Posez les mains où bon vous semble. Maintenant, installez-vous dans l'instant présent et prenez simplement conscience que vos pieds sont posés sur le sol… juste posés… Sentez votre pied droit… Sentez votre pied gauche. Puis, sentez votre bassin, posé sur le fauteuil… Votre fesse droite, votre fesse gauche. Percevez simplement que vous êtes là, dans cette pièce, installés dans ce fauteuil, et portez ensuite votre attention sur votre respiration, sur vos narines et sur l'air qui y entre et qui en sort, juste là. Essayez ensuite d'imaginer que vous êtes un chat, un chat qui guette, qui surveille, qui observe les choses qui viennent à lui. Il est attentif, comme si quelque chose d'extraordinaire, un événement inattendu, ou bien attendu, pouvait se présenter à lui. Exactement comme un chat qui guette un trou de souris. À la manière d'un chat, portez votre attention sur ce que vous écoutez, dirigez toute votre concentration en direction de ce qu'il vous est possible d'écouter, là, maintenant, dans cette pièce. Et peut-être pourriez-vous déjà prendre conscience que votre tête vous raconte tout un tas de choses… Des pensées, des jugements. Juste remarquer qu'il vous est possible de détourner votre concentration de ce mental et de revenir là, à écouter et à guetter ce qui se présente à vous. Si votre tête produit des jugements sur ces bruits, observez simplement ces pensées, remerciez au besoin Cunégonde, Pépito ou Alberto pour ces remarques, puis redirigez votre attention vers ce moment présent, vers ce qu'il vous est possible d'écouter, ce qui se présente en

dehors de cette pièce... Peut-être pourriez-vous faire la même chose avec les bruits que vous entendez en dehors de ce bâtiment, de cette maison. Observez que vous êtes là, les pieds posés au sol, dans cette pièce, à prêter attention à ce monde, à cet instant présent, à ces bruits, comme un chat. Enfin, après avoir pris le temps d'observer le monde tel qu'il est, observez la possibilité qui vous est offerte de déjouer l'emprise de votre mental et intégrez, au plus profond de vous-même, cette façon d'observer tel un chat attentif. Intégrez au plus profond de vous-même la façon dont il vous sera possible, une fois sortis de cette pièce, une fois sortis de cette séance, d'observer les choses, de les écouter, de les sentir, de les toucher et de les goûter, comme un chat expert de l'instant présent. Revenez désormais dans cette pièce, là, les pieds posés au sol, le corps installé dans ce fauteuil. Prenez le temps nécessaire et lorsque vous serez prêts, ouvrez les yeux...

– PAUL : Ouah, c'était dur, ma tête partait sans cesse, je n'ai fait que la ramener.
– THÉRAPEUTE : QUE la ramener ?
– PAUL : Ah oui, j'oubliais déjà que la ramener faisait partie de l'exercice !
– THÉRAPEUTE : Alberto vous a peut-être convaincu que vous deviez parvenir à rester présent.

Albane et Julie acquiescent, conscientes que Pépito et Cunégonde avaient bien tenté, d'innombrables fois, de capter leur attention.

Cette séance se termine donc sur l'idée que le moment présent est bien une compétence, un comportement à entraîner car il ne leur a pas été inculqué à la naissance et qu'il ne fait pas partie de leur culture. Un peu comme un Américain qui se mettrait à la cuisine française. Cela prendrait du temps. Nous avons observé dans ce chapitre que cette tendance à se concentrer sur l'esprit, sur le passé et sur le futur est un héritage culturel, ancré dans un contexte non seulement historique, mais aussi situationnel. Un contexte où l'époque commande le temps, où notre époque ne se donne plus le temps.

Prendre le temps, pour les Homo temporis que nous sommes, ne peut se faire du jour au lendemain. Nous avons besoin d'une période d'habituation, comme lorsque nous essayons d'arrêter de mettre du sucre dans notre café, et d'acceptation que cette sensation de «vide» ne soit en fait qu'une sensation différente, mais pas dangereuse pour nous.

Sevrage temporel.

Ainsi, comme lorsque notre vue s'habitue peu à peu à la pénombre, en acceptant ces moments de moindre activité, nous pourrions découvrir de belles étoiles. C'est ce qu'enseignent les pratiques méditatives de pleine conscience.

Que nous apprend ce chapitre au sujet de notre quête du le bonheur? Une nouvelle fois, la vérité du temps se niche dans l'entre-deux, dans cette synthèse du tout. Le *Carpe diem* des Épicuriens n'exclut en rien la considération du passé et du futur. Bien au contraire, savoir profiter du temps présent, c'est aussi mémoriser les choses au mieux. Or, qu'est-ce que la mémoire si ce n'est du présent stocké en boîte? Conscients du présent et du passé, il nous est plus aisé d'anticiper et de faire preuve d'intuition quant à l'avenir. Être attentif, c'est savoir déceler au plus tôt ce que l'avenir nous réserve. Cette synthèse philosophique serait dès lors plus fonctionnelle, puisqu'elle nous aiderait à avancer, à éviter d'envisager notre rapport au temps de manière exclusive: soit l'instant, soit le futur, soit le passé. Soit faire, soit ne rien faire. Cette impossible conjugaison nous éloignerait assurément du souverain bien tant convoité. Au contraire, lorsque nos trois temps sont réunis, chacun participe à l'avancée.

Dans ce chapitre, nous avons également pu observer que l'instant présent, bien que philosophique, voire spirituel, ne quitte jamais le corps auquel il est chevillé. À travers le langage, la philosophie se mêle à la biologie. Si nous entretenions un rapport plus attractif à l'instant présent, il nous serait plus facile d'entraîner cette compétence. En retour, une meilleure capacité à prêter attention au monde permet de développer d'autres capacités de réflexion. Le corps et l'esprit s'en trouvent une nouvelle fois liés. Aussi, lorsque la compétence attentionnelle dysfonctionne, il convient de la travailler, comme on travaillerait la souplesse d'un muscle. C'est bien dans cet espace entre esprit et corps que la thérapie est venue prendre sa place chez nos trois amis. Avec méthode, régularité et persévérance, elle offre une occasion de plus de cheminer vers le bonheur escompté.

Apportons un élément de réponse à Lucie, soulageons ses parents, qui n'ont pas encore pu commencer à découper leur poulet dominical : pour trouver son bonheur, il conviendrait d'apprendre à prêter attention aux choses afin de mieux en profiter, mais aussi de savoir se guider vers ce qui nous fait du bien. Pour atteindre cet objectif, il nous aura fallu réfléchir à une conception du temps qui soit plus juste, plus souple, et entraîner notre cerveau à devenir, comme un chat, attentif et curieux du monde.

Pour avancer plus vite, plus loin, plus haut, il faudra apprendre à aller plus lentement, ici et maintenant. Ceci sans pour autant renier ni le passé, ni le présent.

Chapitre IV

Parce que je le vaux bien : valeurs et autres directions de vie

Il peut sembler difficile aujourd'hui, dans un monde qui change si rapidement, de savoir où l'on va, de déterminer ce qui est important pour soi, de connaître ses propres valeurs.

Or, l'être humain déteste ne pas avoir d'horizon à contempler, cela le déprime. Sans but, il ne reste que la souffrance. Une expérience menée par Martin Seligman et Steve Maier (1967) a permis de mettre cette observation en évidence : des chiens ont été placés dans un box, avec un léger courant électrique sous les pattes. Tant qu'ils avaient la possibilité de sauter dans un autre box (sans courant électrique), situé juste à côté, tout allait bien, ils avaient le pouvoir et l'espoir de s'en sortir. Mais lorsque l'on branchait ce courant électrique dans les deux box, il n'y avait plus de sortie de secours, plus d'échappatoire. Les chercheurs ont alors observé, chez ces chiens soumis à de légères douleurs, l'apparition de symptômes dépressifs. C'est en partie grâce à cette expérience que l'on a pu comprendre que l'impuissance pouvait être un facteur déterminant de la dépression. Plus encore, on a pu modéliser la dépression comme la conséquence d'un possible manque de renforcement positif. Sans sollicitations positives, l'esprit s'effondre, comme un château gonflable sans air.

Oui, le problème des valeurs a bien à voir avec la dépression, cette perte d'espoir et d'énergie. On observe aujourd'hui une sorte de déshérence dans ce nouvel ordre du monde. Et il y a de quoi être perdu au milieu des injonctions paradoxales ! Par exemple, nous sommes souvent partagés entre des valeurs collectives et des valeurs individuelles (le fameux « prends soin de toi »). Mais nous sommes aussi écartelés entre des valeurs de performance, tant au travail que dans notre rôle parental. Nous sommes égarés dans les méandres de la culpabilité, entre des valeurs consuméristes et des valeurs écologistes. Les supermarchés ont bien compris qu'il fallait placer des articles séduisants (jeux vidéo, téléphonie mobile...) en début de trajet pour finir par des produits plus écolos, afin que nous puissions solder nos péchés. Tels des navires en perdition, nous voilà coincés entre des vents contraires, voire sans vent du tout. Un triangle des Bermudes.

Ce profond désarroi nécessite un éclaircissement des directions de vie, à deux niveaux : redéfinir ses valeurs d'une part, et solutionner les conflits entre valeurs inconciliables d'autre part. Tel est le but de ce chapitre.

Mais qu'est-ce qu'une valeur, au juste ? Il s'agit d'une catégorie de renforçateur que l'on qualifie de « symbolique », par opposition aux renforçateurs « concrets », comme un éclair au chocolat ou un bisou. C'est ce vers quoi nous aimerions tendre...

Valeurs et sens en philosophie

En philosophie, l'étude des valeurs, définies comme des symboles faisant l'objet d'une préférence, ici morale, est appelée axiologie. Une valeur est un axe symbolique qui partitionne le monde en deux parties : le « bon » et le « mauvais », ou le « bien » et le « mal », selon ce à quoi on fait référence.

Les valeurs, support existentiel d'une civilisation, d'une époque

Les valeurs définissent, à l'échelle d'une société, ce qui est bien et ce qui ne l'est pas. Elles s'imposent à chacun d'entre nous, mais elles varient au fil des siècles. Afin de mieux comprendre comment notre société a construit ses règles définissant le bien et le mal, revenons sur les grands mouvements axiologiques qui impactent encore notre société et qui se répercutent sur notre épanouissement personnel.

L'idéal, l'ordre

Tout pourrait débuter avec Aristote, qui considère «le bon», «le plaisant», «l'utile», comme le fondement de toutes choses. Dans l'organisation des valeurs que propose ce philosophe grec antique, la norme est imposée, elle vient de l'extérieur. Ce qui est bon est décidé pour nous, préalablement. Chez les Grecs, le but de tout individu est de s'accorder au monde, au cosmos. Ici, ce qui est «bien», par-dessus tout, est ce qui est ordonné, ce qui est dans l'ordre des choses. Chaque habitant d'une cité grecque doit donc correspondre à une norme extérieure et supérieure: l'ordre. Le perfectionnisme prend sa racine au sein de cette époque, où il est nécessaire que tout soit parfait et harmonieux, comme une statue grecque. Pour combien d'entre nous la perfection constitue-t-elle un objectif de vie? Combien d'entre nous définissent leur être selon cet axe binaire qui vous tranche la tête à la moindre imperfection? Ce qui compte ici, c'est donc de correspondre à une harmonie, à un ordre, extérieur à nous. Ce système dans lequel les normes sociales et individuelles sont prescrites est appelé l'hétéronomie (nous nous définissons à partir d'une norme extérieure à soi). Autrement dit, les valeurs n'ont pas à être discutées ni personnalisées: c'est comme ça.

Cette conception d'une valeur suprême est celle qui infuse dans l'esprit de Paul, de Julie et d'Albane. À chacune de leurs actions, ils jouent leur existence: être ou ne pas être parfait, tel est l'enjeu. Or, la perfection, nous le savons tous, n'existe pas. Prendre ce cadre de valeur c'est, à coup sûr, se conduire à l'épuisement. L'être humain n'est pas invité au bal de l'infini de la perfection grecque.

L'idéal, ce Dieu

La religion chrétienne emboîte le pas de la société hellénistique dans cette conception de l'idéal à atteindre, en l'élargissant toutefois légèrement. Pour notre société judéo-chrétienne, le but de toute vie, le seul jalon dont tout découle, c'est Dieu. Tout ce que nous faisons dans l'ici-bas ne compte qu'en regard de ce que Dieu décidera quant à notre sort, le jour du Jugement dernier. Enfer ou paradis. Cette conception des valeurs amplifie encore l'hétéronomie, puisqu'il ne s'agit plus de s'accorder uniquement au cosmos, mais de satisfaire les exigences d'un Dieu de l'au-delà. Quoi de plus vaste, de plus imperceptible et impénétrable ! Notez que cette vision transcendantale est toujours présente dans nos sociétés occidentales : elle se manifeste dans la quête du « toujours plus » et dans l'insatisfaction de ce qui est.

En outre, c'est avec la naissance du christianisme que se diffuse la notion de libre arbitre (pas encore de liberté). En effet, jusque-là, la fatalité, le destin et l'ordre du monde régissaient les actions des hommes. Avec le christianisme, ces derniers deviennent responsables de leurs actes, vis-à-vis de Dieu. Dans cette conception transcendantale de la vie, le bien et le mal prennent la place du bon et du mauvais. Les valeurs suprêmes ne sont plus la vie et l'instant présent, mais la mort et l'au-delà. Dans la civilisation judéo-chrétienne, seul un acte accompli librement peut être dit bon ou mauvais ; tout repose sur nos simples épaules de pécheurs. Il s'agit donc bien d'une morale de la liberté qui, ici, ne libère en rien puisque ces valeurs et cette liberté ne servent pas l'être humain, mais la foi divine. Une fois encore, que l'on soit croyant ou non, nous héritons des valeurs de cette société judéo-chrétienne : le concept de bien et de mal perfuse encore toutes nos conceptions de la vie, sans que nous en soyons forcément conscients. Ce livre n'a pas à juger (une norme de plus) si les précédentes conceptions sont bonnes ou mauvaises : lorsque la religion est choisie, elle libère, mais vouloir suivre une norme extérieure imposée n'aide pas toujours à vivre.

L'humanisme

Les XVIIe et XVIIIe siècles marquent une véritable révolution en termes de conception des valeurs, dont la Révolution française signe l'apogée, avec une sécularisation de la morale, une laïcisation. Non pas que l'idée de Dieu disparaisse, mais, désormais, la finalité de toute action est bien l'être humain. Ce qui est bon est ce qui est bon pour l'être humain, ce qui opère un énorme changement par rapport aux quelques centaines d'années d'adoration du divin au détriment de l'Homme.

Cette partie sur l'humanisme pourrait commencer par une référence à René Descartes qui, dans ses *Méditations*, explicite la notion du « je ». Auparavant, pour juger ce qui était bien ou mal, on s'appuyait sur les textes sacrés. Désormais, il y a un « je », un « moi » qui est à même de penser par lui-même (pas encore pour lui-même). Je pense donc je suis. Ce point est fondamental, car il place l'être humain au centre de son monde. Jean-Jacques Rousseau (1712-1778), dans son *Discours sur l'origine et les fondements de l'inégalité entre les hommes*, développe cette idée de replacer l'être humain au centre, non pas face à Dieu mais plutôt face à l'animal. Selon lui, le but de chaque être est de s'arracher à la condition animale de ses débuts infantiles. Il est alors question d'échapper à toute détermination et de choisir sa vie. À première vue, on est tenté de se dire que l'humanisme vient enfin libérer l'homme de ses chaînes... Que nenni ! Le voilà qui se retrouve avec encore un peu plus de poids sur les épaules ! Il doit désormais non seulement satisfaire Dieu, qui n'est jamais loin, mais il doit en outre se différencier de l'animal. Ainsi, bien que centrée sur l'être humain, cette conception des valeurs n'en est pas moins extérieure et prescrite.

Néanmoins, à la fin du XVIIIe siècle, émergent deux points de vue susceptibles d'aider l'homme à mieux se mouvoir avec ce fardeau. Premier point de vue : ce qui est moral est l'action libre et désintéressée. Autrement dit, une bonne action est une action que l'on choisit et dont on n'attend rien en retour. Second point de vue : ce qui est moral est ce qui est universel. Pour Emmanuel Kant, dans sa *Critique de la raison pratique*, ce qui est bien est ce qui est bon et partagé pour et par tout le monde. Ainsi, quelle que soit l'action accomplie, si elle crée le bien, elle sera morale. On observe ici un basculement majeur : ces valeurs reposent désormais sur l'être humain et non plus seulement sur un Dieu. Cette conception de l'ici et maintenant est propre à produire ses effets immédiatement, et non dans une vie future.

« Agis toujours de telle sorte que la maxime de ton action puisse être érigée en loi universelle de la nature. »
Emmanuel Kant, *Critique de la raison pratique*, 1788

Le poids des valeurs est toujours aussi lourd, mais nous progressons vers une conception pragmatique qui pousse l'homme à avancer dans sa vie. L'homme ou, plus encore, la société, et l'humanité tout entière.

En effet, lorsque l'on parle d'humanisme, il est intéressant de préciser que cela ne concerne pas tant l'humain en tant qu'individu que le fait que l'homme devienne porteur d'une liberté réelle, d'un devoir de quitter son animale condition. *Man versus Wild*. Il est question de prendre congé de la loi du plus fort pour embrasser celle de la société et du vivre-ensemble. Le collectif prime sur Dieu (sans l'exclure), il prime aussi sur l'individu. C'est, par exemple, à cette période que le mariage et la famille s'imposent comme des entités fondamentales : comme l'écrit Maupassant, « si la société est une chaîne, chaque famille est un anneau ». Le « travail, famille, patrie » pétainiste vient en droite ligne de cette conception. Plus encore qu'à toute autre époque, ce que l'on fait importe plus que ce que l'on est. Ce que l'on fait définit qui l'on est, et c'est ce qui donne de la valeur à l'Homme, puisque sans cela, il ne serait pas très différent de l'animal.

L'impératif catégorique est : « élève-toi ». La communauté et l'intérêt général priment alors sur l'individu, sans toutefois remettre en cause les valeurs judéo-chrétiennes. On change simplement de point de fixation.

Cette conception des valeurs se retrouve chez celles et ceux pour qui l'autre prime sur sa propre personne. Chez ceux qui se sacrifient pour l'autre, pour le groupe. Le collectif prime sur l'individu et les valeurs collectives sont plus importantes que celles de l'individu. Mais que se passe-t-il lorsque certains décident de troquer le sport collectif contre un sport individuel ? Lorsque vous devenez la ou le seul à penser aux autres ? Pour Julie, tout le monde doit être heureux, peu importe ce que cela lui coûte. Mais qui prend soin de Julie ? Personne. Prendre une once d'énergie pour soi est taxé d'égoïsme chez cette femme de devoir dont les valeurs cumulent pensée grecque du perfectionnisme, idéologie judéo-chrétienne et humanisme moderne. Pour Paul, tel Atlas qui porte le monde sur ses épaules, l'homme doit protéger, porter, nourrir sa famille. C'est leur raison d'être, mais ce contexte de valeurs n'est plus partagé par leurs proches : les enfants de Julie n'ont plus autant besoin qu'on se sacrifie pour eux, la femme de Paul aimerait un partage plus équitable des tâches. Pensons aussi à Albane qui, bien que prise dans le culte du corps parfait, refuse ces valeurs surannées.

Observons ici qu'une sorte de millefeuille se constitue, que différents axes de valeurs s'accumulent. Un millefeuille qui commence à devenir indigeste, alors même qu'une véritable crise des valeurs pointe le bout de son nez, avec un nouveau courant que l'on appelle le nihilisme… Le cosmos, Dieu, l'Homme, la liberté : KO.

Tout fout le camp

Le nihilisme, mot dont la racine, « nihil », signifie « rien », nie toute existence de valeur morale. Le nihiliste est celui qui ne croit en rien, c'est le *« no future »* des punks des années 1980. Deux guerres mondiales et une poignée de guerres de décolonisation ont eu raison de l'humanisme et de la foi chrétienne dans la majeure partie de notre société : le XXe siècle est le temps de la déconstruction progressive du modèle antique. Tout se vaut, rien ne vaut.

Quel lien existe-t-il entre le nihilisme et la philosophie ? Pour Friedrich Nietzsche, « Dieu est mort », perdu, il ne reste que le néant. Loin de vouloir passer la société au fil de l'épée, Nietzsche révolutionne la conception de l'être humain. Pour lui, les religions, les idéaux, les idoles ne constituent que des voiles d'illusions qui nient le réel. Si l'on invente des arrière-mondes, ce n'est que pour mieux nier le réel, si l'on invente le communautarisme, ce n'est que pour mieux étouffer l'être humain dans sa singularité. Il qualifie de nihilistes ces conceptions qui oublient la vie au profit des arrière-mondes idéologiques. Sa philosophie opère alors ce que l'on appelle une transvaluation (un renversement) des valeurs. Le discours passe de la dualité entre le bien et le mal en relation à une idole au bon ou mauvais jaugé en regard de la vie, du réel de l'ici et du maintenant. Pour Nietzsche, être autonome, c'est prendre pour référence la vie, sa vie. Il existe chez lui une véritable réconciliation avec ce qui est, et non plus une attente de ce qui n'est pas. Son système de valeurs n'a d'autre but que de servir la vie, le blasphème n'a plus à voir avec Dieu ou le collectif, mais bien avec la vie. En décrétant la mort d'un système de valeurs extérieur à l'homme, il implante ce dernier en son cœur même : l'homme fait partie de la vie. Nietzsche prépare la pensée de 1968, celle de l'individualisme et de la réelle autonomie, ébauchée au siècle des Lumières.

Comme nous le verrons plus en détails dans la partie suivante, ce temps nietzschéen est fondamental, car il marque une véritable intériorisation des valeurs, une immanence au détriment d'une transcendance. Il donne du sens à la citation antique « L'homme est la mesure de toute chose » (Platon, *Théétè*), qui porte un humanisme de seconde génération.

L'humanisme connaît en effet un second souffle en cette fin de XXe siècle ; peu à peu, l'être humain prend en main son destin et incarne, plus qu'à d'autres époques, l'exégèse de Platon. Ce quatrième mouvement de la conception des valeurs voit apparaître une atomisation de la famille et de la communauté. L'être humain se pense désormais en relation à l'autre, mais aussi et surtout en relation à lui-même. La question du « qui suis-je ? », que nous aborderons dans un prochain chapitre, devient fondamentale et supplante le « pour qui suis-je ? » collectif. Comme le décrit si bien Luc Ferry dans son *Dictionnaire amoureux de la philosophie* (2018), cet humanisme prend une nouvelle tournure avec le salariat (l'argent donne la possibilité de s'autonomiser), et surtout avec une nouvelle conception du couple. Le mariage était auparavant une affaire de société : on ne se mariait pas par amour, mais pour faire perdurer un équilibre social. Puis il s'est mué en un acte d'amour. Ainsi débarrassé des nuages, des idéaux prescripteurs de normes et de valeurs, l'être humain en rencontre d'autres, pas forcément plus clairs. Car l'individualisme apporte avec lui des nuages existentiels, dont l'impératif est tout aussi angoissant : le « fais ce que Dieu veut » est remplacé par « deviens ce que tu es » ou encore « juste fais-le » (pour reprendre le slogan d'un équipementier de sport). Ce n'est plus Dieu, ni même la collectivité, qui portent le destin de la vie, non, il repose désormais sur nos épaules. Ce qui se gagne en autonomie se perd en sécurité. On observe également une nouvelle transvaluation : outre l'amour, ce qui compte par-dessus tout, c'est le destin de nos enfants ; alors même qu'ils n'occupaient qu'une place secondaire auparavant (surtout en regard de la mortalité infantile), ces derniers sont aujourd'hui devenus l'alpha et l'oméga de nos existences.

Comme arrêtés à un carrefour, Paul, Julie et Albane sont arrivés à un stade où leurs valeurs nécessitent d'être choisies (pour Albane) et reconstruites (pour Paul et Julie).

Notre époque reprend ainsi de manière magistrale la conception de l'autonomie de Kant, qui parle d'« être à soi-même sa propre norme », ce qui correspond, en grec, à la formule « *auto nomos* » (se donner sa loi), qui est la racine de l'autonomie. À ceci près que c'est l'être humain, l'individu, et non plus la société, qui deviennent la finalité de toute action.

Cet humanisme de dernière génération donne à l'être humain la liberté de choisir sa vie, en dehors des idéaux qui ont traversé les époques. On peut choisir sa religion, tout comme on peut « choisir », assumer, sa sexualité et son genre sexuel. Sans aller sur le terrain du transhumanisme, on voit bien que de nouveaux problèmes se posent à propos de nos valeurs humaines...

La question des valeurs traverse donc les époques. En plus de guider nos actions, elle guide notre être et sa définition. Mais cet individualisme poussé à l'extrême débouche sur une sorte de chaos, sur un « no man's land » où tout peut être choisi autant que tout doit être choisi. On ne peut rester sans rien être, sous peine d'être exclu, comme autrefois... Après la théonomie (Dieu nous définit), l'hétéronomie (on nous définit), puis l'autonomie (se donner sa loi), vient un dernier concept, porté par Émile Durkheim dans son ouvrage *Le suicide* (1897) : l'anomie.

Selon cet auteur, l'anomie correspond à l'absence de cadre de valeurs : on peut tout devenir, il n'y a plus de loi. La chute des idoles, du maire, du prêtre et de l'instituteur, chers à l'époque pétainiste ouvre la voie à une sorte de chaos dans lequel il est difficile de se situer et d'avancer. On se retrouve alors dans le brouillard, un brouillard dépressif pour une société en manque d'idéal, de repères. Un vide dans lequel la psychologie existentielle, et l'ACT en particulier, pourra intervenir.

Voyons maintenant comment les valeurs évoluent non plus au niveau de l'histoire de notre société, mais au fil du développement de l'être humain, à l'échelle d'une vie.

Les valeurs à l'échelle d'un être, d'une vie

La philosophie a pensé et disserté sur ce qui a de la valeur ou non au niveau d'une société, mais elle s'est également penchée sur ce qui vaut à l'échelle d'un seul être humain.

Commençons logiquement avec l'enfant, ce petit être que l'on choie et qui présente, au départ, de nombreux comportements dits « animaux », par exemple cette pulsion du tout tout de suite et tout maintenant, que Freud appelle le principe de plaisir. Les valeurs de l'enfant tendent bien vers le souverain bien purement physique et biologique, comme celles de l'animal.

Puis entre en scène, toujours selon Freud, le principe de réalité, qui correspond à l'imposition de l'autorité parentale : les valeurs des parents s'imposent et entrent en conflit avec celles de l'enfant. Les créatures de moins de 10 kg écoutent celles qui en font plus de 50. Dans cette opposition, l'enfant s'élèverait alors de son animalité pour acquérir des comportements dits pro-sociaux, à savoir communiquer ses désirs plutôt que de les hurler, ou encore s'exprimer comme un petit homme plutôt que de crier comme un petit animal. Jean-Jacques Rousseau s'en trouve ravi. L'enfant, lui, rencontre un contexte de valeurs totalement hétéronomes, mais il fait ce qu'on lui dit de faire, car ce qui est important pour lui, c'est de satisfaire son Dieu parental.

En philosophie, cette observation pourrait se rapprocher du premier temps de la problématique du maître et du serviteur, décrit par le philosophe Georg W. F. Hegel (1770-1831) dans sa *Phénoménologie de l'esprit*. Dans cette métaphore, le maître se doit d'exercer son pouvoir sur son serviteur afin de lui permettre de se confronter au cadre et de dominer ses pulsions animales. C'est la raison pour laquelle on pourrait parler d'élever un enfant plutôt que de le dresser, rapprochant ainsi l'éducation de cette métaphore hégélienne. La contrainte des valeurs imposées jouerait ainsi un rôle de canalisateur. C'est un peu ce que décrit Rousseau, dans son *Discours sur l'origine et les fondements de l'inégalité entre les hommes*, pour qui la liberté de l'être humain commence par le fait de s'écarter de sa condition animale. On pourrait ainsi parler d'autonomisation chez l'enfant, qui apprend à dominer ses pulsions. Peu à peu, ses valeurs s'intérioriseront pour devenir partie constituante de lui-même, sans qu'il s'en rende compte : la politesse, le respect de l'autre lui paraîtront naturels. Les valeurs au départ extérieures, prescrites et contraintes font peu à peu partie de la vie de ce petit enfant.

À l'adolescence, un second temps d'autonomisation apparaît : l'adolescent prend peu à peu son autonomie vis-à-vis de ses parents, son unique axe de valeurs jusque-là, il édifie progressivement son propre axe de référence, en choisissant ses amis par exemple. Mais cette autonomie reste partielle, puisque surviennent d'autres contraintes. En effet, l'adolescence est aussi le moment de l'apprentissage des relations sociales, et le rapport aux autres constitue une contrainte qui était jusqu'alors médiatisée par les parents. À l'autonomisation vis-à-vis du modèle familial répond un moment d'hétéronomie sociétale, dans le sens où l'adolescent adopte des codes plus qu'il ne les crée lui-même. Au moment où l'être pouvait espérer se libérer de ses chaînes familiales, la nécessité de trouver sa place dans la société, voire de trouver un partenaire sexuel, douche ces espoirs de totale liberté. On troque des chaînes pour d'autres. En dépit de ces contraintes, l'adolescence marque bien l'âge du second « je » (le premier apparaissant vers 2 ans, lors des premiers apprentissages des valeurs). Un « je » qui se veut et qui a, cette fois-ci, des moyens d'autonomie plus importants.

Ensuite, comme le dirait en substance Jean-Paul Sartre, dans *Saint Genet : comédien et martyr* (1952), on fait de nous ce que les autres ont voulu faire de nous, on part avec ce bagage, emporté et appris depuis petit. On ne prend pas exactement les valeurs que l'on nous a transmises mais, quoi que l'on fasse, c'est à partir de cette référence familiale que l'on chemine. Si l'on devient altermondialiste, ce peut être un choix personnel bien sûr, mais ce choix n'est jamais exempt des influences parentales (surtout si notre père travaille à la bourse de Paris !).

Si l'on reprend la problématique du maître et du serviteur de Hegel, on peut dire que l'adolescence en constitue le second temps : le serviteur, lassé de servir, ayant bien appris du maître, se prend à vouloir le surpasser. Un conflit naît. Ce conflit est des plus sains car, lors de l'affrontement, l'élève doit grandir et le dépasser. L'être humain est appelé à dépasser le modèle familial en remettant en question les valeurs qu'on lui a transmises. Remettre en question, au sens littéral : il lui faut questionner (« est-ce que cela me convient ? », « est-ce adapté à l'époque actuelle ? »). C'est l'époque du « non », ce non grâce auquel nous nous affirmons comme êtres singuliers. Le conflit naissant entre le serviteur et le maître semble donc nécessaire pour dépasser le statut d'esclave et se donner l'autonomie, cette capacité à décider de ses actions et de ses valeurs. C'est un tremplin de l'identité. Le « non » de l'enfant de 2 ans et celui de l'ado de 15 ans sont, selon ce point de vue, similaires. Ce moment de conflit est le moment de l'autonomie. Le moment où l'être humain se pose les questions existentielles « qui suis-je ? » et « où vais-je ? ».

Pour illustrer cela, revenons sur une magnifique métaphore décrite par Nietzsche dans *Ainsi parlait Zarathoustra* : l'allégorie des « trois métamorphoses ».

Au départ, l'homme est un chameau, il est celui qui porte le poids sur ses épaules (ou sur sa bosse). « L'esprit robuste charge sur lui ces pesants fardeaux. » Le chameau, sitôt bâté, se hâte vers le désert, le monde, sa vie. Puis le chameau est las de porter, il dit non, il veut devenir lion. Devenir roi de soi :

« Mais au fond du désert le plus solitaire s'accomplit la seconde métamorphose : ici l'esprit devient lion, il veut conquérir la liberté et être maître de son propre désert.

Il cherche ici son dernier maître : il veut être l'ennemi de ce maître, comme il est l'ennemi de son dernier dieu ; il veut lutter pour la victoire avec le grand dragon.

Quel est le grand dragon que l'esprit ne veut plus appeler ni dieu ni maître ? "Tu dois", s'appelle le grand dragon. Mais l'esprit du lion dit : "Je veux."

"Tu dois" le guette au bord du chemin, étincelant d'or sous sa carapace aux mille écailles, et sur chaque écaille brille en lettres dorées : "Tu dois !"

Des valeurs de mille années brillent sur ces écailles et ainsi parle le plus puissant de tous les dragons : "Tout ce qui est valeur – brille sur moi."

Tout ce qui est valeur a déjà été créé, et c'est moi qui représente toutes les valeurs créées. En vérité il ne doit plus y avoir de "Je veux" ! Ainsi parle le dragon.

Mes frères, pourquoi est-il besoin du lion de l'esprit ? La bête robuste qui s'abstient et qui est respectueuse ne suffit-elle pas ?

Créer des valeurs nouvelles – le lion même ne le peut pas encore : mais se rendre libre pour la création nouvelle – c'est ce que peut la puissance du lion.

Se faire libre, opposer une divine négation, même au devoir : telle, mes frères, est la tâche où il est besoin du lion. »

Tel le lion, l'être humain intériorise et trie des valeurs qu'il fait siennes : parce que c'est important pour moi ; parce que « je » le veux. C'est le moment du grand tri dans l'héritage de ses ancêtres. Sans faire table rase du passé, il dresse plutôt une sorte d'inventaire. C'est ce que Hegel appelle l'Aufhebung (dépasser le modèle tout en le conservant) : on prend, on recycle ou on jette. Imaginez que vos parents vous lèguent une maison. Cette demeure, vous avez envie de la remettre en état, de la remettre en question, tel un lion. Vous pouvez choisir de la raser et de la reconstruire exactement comme vous aimeriez qu'elle soit. Mais vous perdriez du temps et vous effaceriez les traces du passé. L'Aufhebung hégélien consiste à conserver ce qui est adapté au moment, par exemple les fondations, les murs porteurs, la charpente, et à choisir de changer ce qui est dépassé, les fenêtres en bois ou l'isolation par exemple. Ce moment constitue une phase d'intégration, lors de laquelle nous nous élevons à partir du passé et pouvons nous projeter vers le futur.

Pour reprendre et terminer la métaphore de Nietzsche, le lion est appelé à devenir enfant. Cet enfant qui joue et qui jouit de la vie, libéré des contraintes, comme la fin du texte du philosophe nous invite à le faire.

« Mais, dites-moi, mes frères, que peut faire l'enfant que le lion ne pouvait faire ? Pourquoi faut-il que le lion ravisseur devienne enfant ?

L'enfant est innocence et oubli, un renouveau et un jeu, une roue qui roule sur elle-même, un premier mouvement, une sainte affirmation.

Oui, pour le jeu divin de la création, ô mes frères, il faut une sainte affirmation : l'esprit veut maintenant sa propre volonté, celui qui a perdu le monde veut gagner son propre monde. »

Lorsque que nous sommes libérés, nous pouvons choisir nos valeurs et jouer avec. Nous avons fait notre vie, nous pouvons bien aller jouer et nous moquer des conventions. Ce grand moment final de l'autonomie est l'apanage des âges avancés. C'est aussi le moment de cette citation du poète grec Pindare : « deviens ce que tu es » (et non plus le « juste fais-le »). Le savoir-être vient prendre la place du savoir-faire.

La mécanique des valeurs oscille donc entre l'hétéronomie du pouvoir parental et celle du pouvoir sociétal pour cheminer vers une autonomie. Après avoir traversé le désert nietzschéen et dépassé le maître, il est possible d'acquérir cette liberté et ce désintéressement chers aux humanistes du XVIIIe siècle.

C'est bien beau, sur le papier, mais nombreux sont les accidents de parcours ! Nous ne ferons pas ici un recensement des problématiques liées aux valeurs, mais nous en nommerons trois.

D'abord, toutes les époques, toutes les familles ne permettent pas de devenir lion, et encore moins enfant. La pression familiale l'emporte parfois sur ces vaines envies de liberté et, à 40 ans, vous tombez en dépression, épuisé d'avoir, tel le chameau, porté trop d'idéaux familiaux.

Ensuite, dans un monde où les valeurs ne sont plus prescrites, où les idoles sont déchues, on a le choix. Or, choisir, c'est renoncer, et c'est aussi se tromper. On emprunte parfois une voie en suivant les autres, ne sachant quoi faire d'autre. Une voie de garage. Et à 40 ans, vous tombez en dépression, épuisé d'avoir porté des idéaux qui n'étaient pas les vôtres.

Enfin, en cette époque où « tout fout le camp », comme dirait notre Robert, où les valeurs changent de camp tous les six mois, il n'est pas toujours facile de s'adapter.

Force est de constater qu'aujourd'hui, les valeurs ne sont plus prescrites, qu'il n'existe plus de rites de passage de l'adolescence à l'âge adulte. « Ahhh, avant, c'était bien, il y avait le mariage, l'armée ou encore le certificat ! », dirait Robert. Le baccalauréat subsiste, mais il ne semble plus remplir son rôle émancipateur. Non qu'il faille appeler, dans un élan réactionnaire, à retrouver ces rituels ancestraux. Constatons simplement qu'une crise des valeurs constitue aussi un moment de métamorphose qui n'est plus accompagné par la société. La crise devient une invitation à mettre à jour son système, son axe, son barycentre existentiel. Comme le font nos trois amis.

Paul d'abord. Paul est un chameau. Fils d'immigré, il porte le destin familial : « aller plus haut ». Faillir, c'est décevoir, c'est déshonorer. Paul est empêtré dans un contexte de valeurs où, tel un chasseur-cueilleur, « il doit ». Il faut porter la famille, sa famille, et la protéger. Paul est coincé dans ce désert qu'il n'arrive pas à traverser. Il ne lui vient même pas à l'esprit de prononcer le « non » libérateur du lion. Il est chameau alors qu'il se croit lion, fier et flamboyant. Ce poids aura raison de son dos, de son être. Il finit par être plongé dans un tout autre désert, noir, obscur. Celui de la dépression physique et morale. Coincé entre les attentes paternelles, celles de son boss et celles de sa femme, Paul ne sait où aller. La maladie est son seul exutoire. Pour ne pas avoir à choisir, restons caché, dans le néant.

Julie est issue d'une famille catholique pratiquante. Elle se dit athée, mais elle n'observe pas les codes de l'athéisme. Comme le dirait sans doute Nietzsche, Julie a laïcisé l'éthique (les règles), mais pas la morale (la pratique). Elle embrasse sans le savoir les codes judéo-chrétiens, ceux de la mère nourricière qui doit être tout à son foyer, à ses enfants, au monde. Elle brûle du feu de la culpabilité, attisée par l'enfer du devoir, qui lui rappelle sans cesse qu'il « faut », qu'elle « doit ». Sinon ? Sinon, elle finira dans cet enfer déshonorant. Être quelqu'un, c'est être au service, sans quoi on n'est personne. Comme si cela ne suffisait pas, la religion chrétienne est une des amies des stoïciens. Ainsi, quoi de plus normal, pour Julie, que de vouloir être parfaite, que tout soit en ordre ? Elle nourrit des attentes dignes de celles d'une déesse grecque. Tout maîtriser, afin que tout soit parfait. Or, comme Paul, Julie, déterminée à incarner cette lionne nourricière, est surtout un chameau porteur d'eau. Elle porte elle aussi un modèle familial qui n'est plus en accord avec la société d'aujourd'hui. Pourtant, elle a bien un pied dans cette époque où la femme n'a plus à se muer en mamelle de vache (pardon pour la métaphore), disponible 24 h/24, sans avoir son mot à dire. Non, l'émancipation de la condition féminine a commencé avant sa naissance, preuve que les choses changent lentement. Au XXIe siècle, la libération de la femme n'est pas encore parvenue jusqu'à elle. Ses valeurs sont encore celles des femmes « Moulinex » des années 1950, celles du « travail, famille, patrie ». Mise en quarantaine, elle doit réaliser son inventaire hégélien pour pouvoir continuer à vivre et en sortir. Il lui faut solutionner ce conflit de valeurs entre ses rôles de fille-maman-épouse-salariée et... de femme. Une transformation l'attend.

Albane enfin. On pourrait penser qu'à son jeune âge, elle est protégée de la problématique des valeurs. Eh bien non, au contraire ! Albane est, elle aussi, un chameau. On lui a toujours fait confiance, donné des responsabilités, dès son plus jeune âge. Le bon Dieu sans confession. Prendre soin de son frère (souffrant d'un léger handicap), aider sa mère. Sans le savoir, Albane porte un peu du poids de la mère nourricière, celle qui doit aider tout le monde. D'ailleurs, c'est quelque chose qu'elle aime faire, elle écoute ses amis, des heures durant. Elle cherche à résoudre d'innombrables problèmes. Certainement pas les siens. Elle joue au docteur, elle joue au psy. Ce qui est bien valorisé chez une femme (en faculté de psychologie, 95 % des étudiants sont des étudiantes). En plus de porter l'héritage de sa mère, Albane incarne les espoirs de son père, ancien athlète de haut niveau. Non qu'il la pousse, non qu'il lui mette la pression. Le simple fait qu'il soit fier de sa fille, lorsqu'elle gagne, suffit à redouter l'échec. Ne pas décevoir les attentes parentales, tel est le fardeau d'Albane. Le poids est bien trop lourd pour ses frêles épaules, son genou a lâché. Elle porte ces attentes, mais force est de constater que ces modèles, pour une jeune adolescente, ne sont plus d'actualité. Albane fait partie de ce que la psychologue Nathalie Duriez (2009) appelle les ados mutants, ces jeunes qui n'ont, finalement, que peu de points communs avec leurs parents. Comment avancer dans la vie, si on suit une carte qui date de 1820 ? En effet, les générations nouvelles, qu'elles soient X, Y ou Z, n'ont plus rien à voir avec les modèles ancestraux, inapplicables car anachroniques. Les codes ont tellement changé, avec le numérique, que la vie pour un ado ne peut plus fonctionner avec les valeurs de ses parents. Rencontrer quelqu'un, chercher un travail, faire ses courses... les assistants personnels ont pris la place. Ils rendent l'être humain soi-disant plus autonome, en l'enchaînant en réalité dans une dépendance plus fourbe, plus sourde. Apprendre à faire par soi-même, le fait même de l'autonomie, ne peut plus se dérouler de la même manière pour nos ados. Il n'y a plus de cadre tangible, tout est possible, tout est réalisable.

Finalement, nos trois amis sont coincés dans d'impossibles transformations, que ce soit à un niveau sociétal ou à un niveau purement individuel. Pris entre des intérêts contraires. Ils ne savent plus où donner de la tête et des épaules. Il existe d'ailleurs une conception des valeurs que nous n'avons pas évoquée : certains pensent qu'il n'y a de valeurs que parce que la biologie le commande ; c'est l'hypothèse de l'éthique darwinienne et de la sociobiologie. Selon ces approches, la politesse, le respect ou l'altruisme n'existent que parce qu'ils apportent à l'être humain une meilleure chance de survie. Mais Darwin n'a pas uniquement théorisé la lutte pour la survie, la loi du plus fort. Il a également expliqué que la collaboration était un trait sélectionné parce qu'elle apportait un avantage aux deux êtres, le plus fort et le plus faible. De la même manière, comme l'a montré Hegel, nous ne sommes jamais aussi libres que lorsque nous sommes en groupe. Il est en effet possible de vaquer à de nombreuses occupations lorsque nous sommes protégés par le groupe. Ainsi, selon ce point de vue, il n'y aurait pas d'action désintéressée, puisqu'au final, comme le disait Montesquieu, « rien ne se fait en dehors de l'intérêt ». L'intérêt étant ici la survie de son patrimoine génétique. Force est de constater qu'avec 550 millions d'années d'évolution, sans langage pour une bonne partie, la puissance de l'élan vital pourrait avoir raison de nos considérations symboliques et éthiques.

Valeurs, entre sélection et besoins biologiques

Qu'est-ce qu'une valeur, sur le plan biologique ? La réponse est simple : pour notre corps, ce qui est important, c'est la survie de l'homme dans son environnement d'une part, et de l'espèce humaine d'autre part.

Parce que ça compte

Comme nous l'avons déjà expliqué plus haut, le fonctionnement biologique de notre cerveau est basé, schématiquement, sur un programme conscient, situé au niveau du cortex frontal, et un système plus automatique, représenté par ce qui est sous-cortical, et qui commande le système nerveux autonome. C'est ce système autonome qui gère tout ce qui a trait à la survie de l'espèce. Au niveau biologique, les valeurs seraient alors représentées par ce qui motive le corps, ce qui l'intéresse. Autrement dit, s'approcher de ce qui est agréable et s'éloigner de ce qui est désagréable. Il n'y aurait donc pas de bien ni de mal en soi, mais du bon et du mauvais selon le contexte : celui des besoins.

Le psychologue américain Abraham Maslow a proposé une conception des besoins humains et des motivations qui peut nous éclairer sur ce qui compte pour notre corps. Ainsi, d'après lui, les besoins humains s'organiseraient selon une hiérarchie appelée la pyramide de Maslow (Simon *et al.*, 1987). À la base de cette pyramide se trouvent les besoins fondamentaux, comme respirer, boire ou manger, et au sommet apparaît le besoin réalisation de soi. Ce qu'il est d'important de souligner ici, ce n'est pas tant la hiérarchie – qui a été critiquée depuis et qui se révèle inexacte – que l'idée que ce qui compte pour notre corps, c'est de satisfaire ses besoins lorsque ceux-ci sont menacés. Par exemple, pour notre corps, le besoin le plus fondamental, c'est de respirer. On peut effectivement tenir une semaine sans manger, mais pas sans respirer. Même chose pour le sommeil : de nombreuses personnes se disent fatiguées, prennent des compléments alimentaires, de la vitamine C... alors qu'elles manquent tout simplement de sommeil. Notre corps ne plaisante pas avec ses besoins, notre cerveau « reptilien » est obsessionnel en termes de comptabilité. Autre exemple : l'axiologie suprême, pour le corps, c'est, entre autres, un taux de glycémie de 1 g/L de sang. En-dessous, il active une alerte et produit notamment une hormone appelée la ghréline, qui déclenche la sensation de faim. Sensation qui, à son tour, déclenche l'action de chercher à manger. La faim justifiant ici tous les moyens, nous avons beau avoir toutes les valeurs d'amabilité du monde, si nous restions pendant un mois en tête-à-tête avec un être cher, sans nourriture, notre virée idyllique se transformerait certainement en une amicale « murder party bouchère ». Dans le même esprit, pour le corps, ce qui compte, c'est un pH sanguin à 7,2 et un taux d'oxygène d'environ 98 % de saturation dans le sang. Tout écart à la règle déclenche une réaction d'accélération de la respiration. Ainsi, la valeur ultime du corps est de s'accorder à l'ordre, à l'équilibre. Toutes nos actions sont jugées selon qu'elles s'écartent ou s'approchent de la satisfaction de nos besoins : si notre corps est en déséquilibre, le cerveau reptilien prend possession de nous pour se diriger vers l'assouvissement des besoins. Le corps, ce funambule obsessionnel.

Pour confirmer cette idée que notre corps est programmé selon une axiologie purement biologique, observons le fonctionnement de trois hormones : l'ocytocine, la sérotonine et la dopamine.

La dopamine : pour le plaisir

Comme nous l'avons vu au début de cet ouvrage, nos comportements sont déterminés en partie par leurs conséquences. Ainsi, la perspective d'une caresse augmente la probabilité d'agir, contrairement à la perspective d'une claque (sauf si vous aimez le cuir). L'hormone de la récompense, c'est la dopamine. De nombreuses études scientifiques (Palmieri, 2008) montrent que le rôle de cette hormone est central dans les phénomènes comportementaux de récompense et de renforcement (Breedlove *et al.*, 2018). La dopamine est produite principalement en sous-cortical, par des noyaux cérébraux situés en profondeur, le noyau accumbens par exemple, qui est impliqué dans toutes les addictions (c'est lui qui envoie le signal de récompense lorsque le produit est consommé). Notons au passage que, chez l'homme, ce circuit est aussi impliqué dans l'apprentissage verbal, ce qui donne aux mots une valeur renforçante ou non. La dopamine est donc l'hormone du plaisir et, en cela, c'est elle qui indique que ce que l'on fait est bien pour nous. Elle déclenche des sensations plaisantes lorsque nos besoins biologiques sont comblés, après une période de faim, de soif ou de manque d'air par exemple. Un irrésistible goût de reviens-y.

Il n'est alors pas totalement saugrenu de se poser la question des fondements des valeurs philosophiques, comme l'on fait les sociobiologistes. En effet, comment soutenir, comme le fait Kant, le désintéressement, alors même que nous savons que notre corps est totalement orienté par essence ? Que dire du sadomasochisme, où l'on s'impose des douleurs similaires à ce que vivent des milliers de femmes battues ? Tout est affaire de contexte et de renforcement. La femme victime de violence ne sécrète sûrement pas de la dopamine, philtre du plaisir, contrairement à son amie vêtue de latex noir dans l'alcôve d'une boîte de nuit BDSM. Cela se résume donc à une affaire de satisfaction des besoins.

Finalement, une des raisons pour lesquelles nous nous attachons à telle ou telle valeur, c'est qu'elle revêt un caractère renforçant : on éprouve du plaisir biologique à agir de telle ou telle manière symbolique. Dopamine un jour, dopamine toujours.

Ocytocine mon amour

Poursuivons avec l'ocytocine, carburant du moteur social. Sans cette hormone, nous nous débarrasserions sans doute bien vite d'un enfant entre zéro et trois mois. Comment résister en effet à la fatigue, aux cris, aux changements de couches au petit matin, aux réveils nocturnes ? L'ocytocine est cette hormone qui nous procure un sentiment agréable lorsque nous agissons en direction de ce qui compte pour notre biologie à ce moment-là. Les liens sociaux. Même si c'est dur, on est heureux de garder son nouveau-né. Il est un autre comportement d'approche qui nous prend aux tripes sans que l'on ne sache pourquoi, un sentiment dont on dit que le cœur a ses raisons que la raison ignore : l'amour, et son exécutif, la sexualité, qui elle aussi est commandée par des hormones, dont l'ocytocine. Ce désir paraît ne pas être absolument nécessaire, mais nos valeurs altruistes ne seraient, selon les sociobiologistes, que la résultante de cette fonction prosociale et hautement importante pour la survie de l'espèce.

Sérotonine, au bonheur des hommes

La sérotonine est surnommée l'hormone du bonheur. C'est elle qui nous permet d'apprécier les choses et qui met notre corps dans un état plus diffus, moins fugace, que celui du plaisir. Sans elle, nous serions comme atteints d'un

Alzheimer du bonheur, allongés sur une plage de sable fin, un cocktail à la main, sans rien éprouver du tout. D'ailleurs, cet état résultant de la baisse de la sécrétion de sérotonine est appelé, en psychologie, la dépression. Lorsque plus rien ne vaut, le corps humain se trouve en panne d'essence et en absence de sens, immobilisé, incapable de réaliser le grand projet de la vie. C'est la situation dans laquelle se trouve Paul, qui a épuisé ses ressources en sérotonine. Il ne parvient plus à prendre du plaisir. Quant à Julie, les valeurs qu'elle suivait et qui lui donnaient de la satisfaction – un plein de sérotonine et de dopamine au travail, et une ration d'ocytocine avec ses enfants – sont ébranlées. Alors il lui manque sa dose. Albane, compétitrice, a trop fonctionné à la dopamine, système qui récompense autant que ses coupes, ses efforts et ses performances. Or, à la longue, gagner finit par la lasser, la compétition perd de son attrait et de son challenge. Surtout lorsque l'on sait d'avance que l'on gagnera la coupe. Point de dopamine dans ces cas-là. Panne d'essence. Ils traversent donc tous les trois une crise des valeurs et ont besoin de redonner un sens à leur vie d'un point de vue philosophique, mais force est de constater que ce brouillard existentiel se retrouve aussi de manière très concrète dans leur corps. On peut alors se demander si leurs valeurs n'étaient pas simplement un moyen, et non une fin, pour accomplir ce que leur élan vital leur commandait : survivre et s'adapter. Situations vis-à-vis desquelles ils sont au plus mal. D'où leur mal-être et leur recherche de solutions pour retrouver l'équilibre, coûte que coûte, ce que leur corps les invite à faire depuis tant de temps. C'est souvent quand le corps lâche que l'on entre dans un cabinet de psy.

Parce que c'est sélectif

Les travaux de Charles Darwin sur l'évolution des espèces vivantes ont révolutionné la biologie. Darwin est à l'origine du concept de sélection naturelle, selon lequel les espèces évoluent et s'adaptent en permanence à leur environnement, ce qui implique que les individus les mieux adaptés survivent mieux que les autres. Il ne s'agit pas de la loi du plus fort, mais d'une question d'interface entre l'organisme et l'environnement. Ainsi, les éléments qui favorisent la survie et la reproduction voient leur fréquence s'accroître d'une génération à l'autre.

Par exemple, le fait de vivre en groupe a constitué un avantage pour chasser en meute et se tenir auprès du feu. Les individus disposant de caractéristiques prosociales, avec des valeurs collectives, auraient donc eu plus de chances de survivre que les ermites. Cet instinct grégaire serait en partie déterminé par notre patrimoine génétique. Ainsi, la philosophie, les valeurs, et donc le langage, qui permet à lui seul de gérer des groupes d'individus nombreux (Harrari, 2015), constitueraient l'avantage sélectif suprême. L'évolution de nos systèmes politiques suivrait aussi cette voie. En effet, la république est cette «chose publique», du latin *«res publica»*, qui donne un but commun aux êtres humains. En y souscrivant, chacun bénéficie d'une égalité de chances contre cette animale et terrible loi du plus fort. Elle découle du besoin de stabilité et de sécurité que Darwin a pu théoriser. La nature recherche du stable.

Une valeur serait alors la conséquence d'une instabilité et n'aurait pas une origine immuable et supérieure. On pourrait représenter cela de cette manière : un déséquilibre apparaît → une valeur émerge comme une piste à suivre pour rétablir l'équilibre au niveau de l'espèce → puis la pression sociale (comme une forme de sélection naturelle) uniformise les comportements pour que tous suivent la même direction. Selon ce point de vue, l'homme est un animal comme les autres, situé sur un même continuum, un même arbre d'évolution.

Les sociobiologistes invitent à commencer par interpréter tout comportement humain à la lueur de sa biologie de mammifère, avant de monter dans les hautes sphères de l'intelligence. C'est ce que dit en substance Laurent Dobuzinskis

(1981) : « L'hypothèse centrale de la sociobiologie consiste en ceci que les comportements animaux (et humains) ont une origine génétique et donc qu'ils résultent des effets de la sélection naturelle. » Sans entrer dans le détail du conflit qui anime les sociétés scientifiques à propos de l'inné et de l'acquis, il serait intéressant de descendre d'un étage, de descendre au sous-sol, aux fondations de l'être : le patrimoine génétique.

Rien ne vaut sans gène

L'ADN des valeurs se trouverait-il dans le génome ? Et si tout ce sur quoi nous dissertons depuis quelques dizaines de pages n'était finalement que la conséquence d'une génétique n'ayant qu'un seul but : se reproduire et se répliquer ? C'est ce que postule Richard Dawkins dans son livre *Le gène égoïste* (2003). Non pas que nos gènes soient doués d'une conscience, mais plutôt que la configuration de notre génétique tende, de fait, à faire perdurer ce qui fonctionne le mieux. Notre génome est un peu comme une boîte à outils servant à travailler du bois. Que le bois soit fraîchement coupé ou qu'il soit tout à fait sec, tel ou tel outil sera choisi pour remplir au mieux le but que l'on s'est fixé. De même, tel ou tel gène sera profitable selon le contexte donné.

Selon cette approche des plus radicales, l'unité de base de la vie serait donc le gène. Plus qu'une population, plus qu'un individu, c'est la survie de notre patrimoine génétique qui devient l'axiologie la plus tristement immanente. Cette cruelle et concrète réalité du biologique ramène tous nos idéaux à quatre polypeptides : guanine, thymine, adénine et cytosine. Les quatre briques de notre ADN.

Selon Dawkins, la nature n'est pas morale, il n'y a pas de bien ni de mal, il n'y a que ce qui augmente ou diminue les chances de survie de notre génome. C'est ce que l'on appelle un néo-darwinisme orthodoxe. Orthodoxe, car c'est une sélection qui porte sur le plus petit dénominateur, le plus bas niveau de l'espèce. Dawkins étend la conception de la sélection naturelle des groupes et des individus à l'échelle du gène. En découlent de surprenantes découvertes.

La première concerne un acte dont Freud pensait qu'il était moral, c'est-à-dire construit par les idées des hommes : l'inceste. En effet, selon l'anthropologue Edvard Westermarck (1895), jusqu'à l'âge de 30 mois, l'enfant rejette, de manière instinctive, les sentiments amoureux et les pulsions sexuelles vis-à-vis des personnes de son entourage. Il n'y a, selon ce point de vue, que du biologique et rien de culturel dans l'interdit de l'inceste. L'enfant, instinctivement, ne sera pas attiré par sa famille, parce que la nature l'incite à diversifier son patrimoine génétique pour éviter les tares génétiques dues à la consanguinité.

Autre déconstruction d'une valeur dont on pourrait penser qu'elle est morale : l'altruisme, un comportement que Darwin ne parvenait pas à comprendre avec sa théorie de la sélection naturelle. Nous avons vu plus haut que prendre soin de l'autre, c'est lui donner un avantage sélectif à son détriment, ce qui ne colle pas avec l'ordre darwinien. L'altruisme protège le groupe, mais il ne protège en rien l'individu seul. Or, si l'on se place au niveau du gène, il a été prouvé que l'altruisme était plus prononcé en direction des personnes avec qui l'on partageait le plus de parenté génétique, ce qui est appelé la sélection de parentèle. Si un troupeau de biches s'enfuit face à un prédateur et qu'une seule d'entre elles reste en arrière, faisant face à ce dernier, ce ne serait que pour protéger sa descendance génétique.

Enfin, qu'est-ce qui vaut la peine d'être vécu si ce n'est l'amour ? Valeur suprême, celle dont on naît, celle pour laquelle on meurt. « Mourir d'aimer », chantait Charles Aznavour.

Avertissement : si vous souhaitez continuer à croire à un peu de féérie, de magie dans vos relations aux autres, dans votre relation à votre conjoint, il vous est vivement conseillé de ne pas lire le paragraphe suivant. *Parental advisory, explicit content.*

Des chercheurs (Chaix, Cao et Donnelly, 2008) ont publié une étude montrant que nos attirances sexuelles n'étaient pas qu'une question de valeurs partagées, d'idéal de vie commun, mais également une question de compatibilité génétique, qui montre que les gènes peuvent, autant que la culture, influencer le choix du conjoint. En effet, il existe un système, appelé le complexe majeur d'histocompatibilité (CMH), qui permet au système immunitaire de distinguer les cellules de l'organisme des autres. Ce système jouerait un rôle important dans le choix des partenaires sexuels chez de nombreuses espèces, dont l'être humain. Effectivement, le brassage génétique est une des clés de la survie. En sachant détecter les patrimoines génétiques trop similaires, le corps humain s'assure de se rapprocher d'un partenaire suffisamment différent pour se protéger au mieux des infections ou toute autre menace. D'autres études ont par ailleurs porté sur le fait que les êtres humains effectuaient inconsciemment une analyse des mensurations des prétendants les plus appropriées à la conception d'un enfant comme facteur d'union des couples (Moller et Thorhill, 1998). Rien ne vous empêche de dire à votre conjoint que si vous l'avez choisi, c'est pour la survie de votre patrimoine génétique. Il ou elle sera ravi.e de l'entendre. Et pour ceux qui hésitaient à préciser leurs mensurations sur les sites de rencontres, allez-y gaiement.

Ainsi, remettons un peu de biologie dans notre conception des valeurs, car nul doute que nos besoins corporels constituent la clé de voûte de tout projet de vie qui se respecte. Or, on sait à quel point ces besoins ont été dévalorisés au fil des siècles. Voyons maintenant comment l'ACT peut aider les individus errants, déboussolés par les changements de sens de notre époque, à retrouver le nord.

L'ACT, essence du sens

Lorsqu'une personne décide de commencer une psychothérapie, ce n'est pas uniquement parce qu'elle souffre d'angoisses, de ruminations, c'est aussi parce qu'au moins une de ses valeurs est bafouée, délaissée (Monestès et Villatte, 2011), parce qu'elle a conscience de ne pas agir en cohérence avec elle-même. Passer son temps à lutter contre ses angoisses et ses pensées désagréables fait perdre son sens à la vie. C'est un peu comme passer son temps à désherber son jardin sans planter de légumes. Comme se dire « je serai heureux lorsque mes problèmes seront résolus ». Nous nous retrouvons, tels des bateaux sans boussole ni quille, abandonnés aux caprices des vents parfois favorables, parfois contraires. Dans l'absolu, quand bien même nous n'aurions plus d'angoisses, plus de pensées désagréables, notre vie serait-elle bonne à vivre si nous ne se savions pas où aller ?

Autrement dit, l'acceptation, c'est bien joli, mais si elle ne se fait pas au bénéfice de ce qui compte pour nous, elle ne sert à rien. D'ailleurs, des phrases telles que « à quoi ça sert ? », « à quoi bon ? », « je ne vaux rien », que Paul, Julie et Albane ont l'habitude de se répéter inlassablement, signent une absence de but de vie, une absence d'horizon qui conduit à l'oraison de la raison. C'est là que l'ACT peut intervenir, afin d'éclaircir ce champ des possibles, de redonner du sens aux choses, de les valoriser.

Les valeurs, en ACT, constituent des directions de vie, que l'on ne peut pas atteindre, dont peut seulement se rapprocher (Monestès et Villatte, 2011). Concrètement, ce sont des qualités relatives aux actions, comme faire preuve d'autonomie, de liberté, de gentillesse, de courage. Le principe de l'ACT n'est pas d'inventer ou de prescrire de nouvelles valeurs, mais d'aider les personnes à mettre des mots sur ce qui compte pour elles. Une valeur est donc une direction librement choisie – en cela, nous nous retrouvons bien dans cette vague humaniste de seconde génération –, et l'ACT amène à choisir sa vie de manière autonome, et non en relation avec ce que d'autres aimeraient que l'on soit. Il s'agit de travailler à éclaircir l'horizon plus qu'à en inventer un nouveau.

Tout est là, au fond de notre cœur. C'est un peu comme si vous vous trouviez face à un grand congélateur rempli de glaces de différents parfums. Tous vos goûts préexistent au fond de vous, et vous ne ferez que les découvrir en goûtant toutes ces saveurs. Éclaircir ses directions de vie, en ACT, se fait dans le même esprit. Pourtant, il faut bien l'admettre, la thérapie ne peut être totalement neutre, et il est difficile de soutenir que la personne choisit librement ses valeurs, car il existe toujours ce que l'on appelle un biais de désirabilité sociale (Lemaine, 1965) : on adopte des valeurs socialement valorisées selon l'environnement, parfois en dépit de ses convictions. Aussi, le thérapeute tente de faire émerger les valeurs de la personne tout en étant attentif à ce biais. En cela, la psychothérapie se détache de la philosophie ou de la spiritualité. Point de prêche. L'ACT pourrait être qualifiée de thérapie nietzschéenne : ni Dieu ni maître, ni suivre ni être suivi. Toujours dans cet esprit fonctionnaliste, ce qui compte, c'est ce qui compte pour la personne. Soyons donc nietzschéens et kantiens, assumons et intériorisons la norme qui nous sied : *auto nomos.*

D'un point de vue technique, en ACT, les valeurs font partie de ce que l'on appelle des catégories de renforçateurs. Nous avons vu, lors de la présentation des TCC, qu'un comportement est conditionné, entre autres, par ses conséquences, avec la notion de renforcement positif ou négatif. Ici, les valeurs sont des mots, des symboles, et elles fonctionnent exactement de la même manière qu'un bonbon ou un câlin : elles sont censées guider nos actions, tels des aimants. En ACT, les valeurs constituent ainsi des sources intarissables de renforcement positif (Plumb, Stewart, Dahl et Lundgrend, 2009). Prenons un exemple : la gentillesse a beau être une valeur pour vous, vous ne pouvez pas dire que vous êtes quelqu'un de toujours gentil, que cette gentillesse est toujours présente. Non, chaque jour, il vous faut agir et faire preuve de gentillesse pour toucher, contacter cette direction de vie et en récolter les fruits. En cela, une valeur se différencie d'un objectif de vie. Un objectif est quelque chose que l'on peut atteindre, que l'on peut cocher sur une feuille. Ainsi, être père ou mère, être directeur de société ou encore être en possession d'une Rolex à 50 ans sont des objectifs de vie, mais ce ne sont pas des valeurs. Les valeurs, elles, nous suivent et nous nourrissent toute la vie : durant toute notre existence, il nous sera possible de profiter des bienfaits de la gentillesse, à chaque fois que nous agirons dans cette direction. Les objectifs, eux, une fois atteints, ne servent plus. Un peu comme des cadeaux de Noël : on les désire, mais une fois qu'on les obtient, le bénéfice s'estompe.

Cela ne signifie pas qu'il ne faut pas avoir d'objectifs, bien au contraire, mais baser sa vie sur ceux-ci conduit à une sorte de course à l'échalote. Plus vite, plus haut et plus fort. C'est précisément ce qui arrive à nos trois amis. Julie avait le rêve américain en tête : un mari, un travail indépendant, deux enfants, un pavillon, un chien, un break, des vacances au ski et à la mer. Mais une fois ces objectifs de vie atteints ? Le néant de l'être. Au moment où Julie a eu l'impression d'être arrivée au but, le vide existentiel a pris possession d'elle. De même, pour Paul, qui court sans cesse après des objectifs consuméristes (le nouvel iPhone 42 pro X lite), l'avoir prime sur l'être. Son bonheur ne se conjugue qu'au futur antérieur, « lorsque j'aurai atteint tel objectif, je serai heureux ». Paul attend encore. Non pas qu'avoir soit un problème en soi, mais cela le devient lorsque cela ne permet plus d'avancer. Quant à Albane, elle souffre d'une orgie de valeurs : à son âge, elle peut tout faire, d'autant qu'elle excelle à l'école et en sport. On lui dit souvent qu'elle a de la chance, qu'elle peut faire tout ce qu'elle veut. Ainsi, ils errent tous les trois dans cet océan de valeurs, entre tourbillons, typhons et angoisses des grandeurs. Ils cherchent quoi faire, quelle montagne gravir, au lieu de se demander : « qu'est ce qui est important pour moi dans la vie ? », « qu'est ce qui compte ? ».

Revenons ici à la théorie des cadres relationnels. Nous avons vu que le langage, par l'apprentissage associatif, pouvait revêtir différentes fonctions, appétitives ou aversives. Par exemple, si, à chaque fois que votre enfant prête son jouet à un petit copain, vous lui dites : « c'est bien mon fils, tu es zorglub », alors le mot « zorglub » fera partie de ses valeurs, et ce qui sera important pour lui, c'est d'être zorglub avec ses amis. Lors de l'apprentissage du langage, l'enfant a associé le mot « zorglub » à un comportement et à un compliment, donc à une conséquence positive pour lui qui est toujours en quête d'attachement et d'attention (ce qui est biologiquement programmé, rappelons-le au passage). Il y a, selon la TCR, une dérivation de fonction entre le mot « zorglub » et le compliment des parents. « Zorglub » devient alors en lui-même renforçant, au même titre que peut l'être la notion de « gentillesse ». Qualité qui, en soi, ne veut rien dire, puisque dire à un enfant chinois « tu es gentil » (en français) ne fera rien d'autre que de produire de l'incompréhension. Un mot peut donc provoquer une action, comme si la conséquence était concrète.

Ce qui est formidable avec le langage, c'est le fait que l'être humain puisse agir non plus en fonction de renforçateurs présents immédiatement devant ses yeux, mais aussi selon des conséquences positives décalées dans le temps. Mieux encore, il peut agir malgré une conséquence négative pour, par la suite, obtenir une source de renforcement positif plus importante. C'est le cas par exemple lorsque l'on est motivé par la valeur de courage : le processus de valorisation opère alors, telle une alchimie moderne de transmutation des métaux, où le plomb se change en or. En effet, si s'atteler à sa comptabilité est une plaie barbante et sans intérêt, le simple fait de poser cette action dans son contexte – « lorsque je fais ma comptabilité, je fais preuve de quoi ? » – suffit à faire apparaître des renforçateurs positifs. Le courage, l'abnégation, l'autonomie deviennent alors ce pôle nord, ce pôle magnétique à même de tirer quelqu'un de son canapé pour entreprendre de gravir cet Everest comptable.

En changeant le contexte, les fonctions se modifient, les renforcements se redistribuent, et chacun s'installe dans cette voie riche et pleine de sens. Prendre le point de vue des valeurs, c'est, comme le dit le philosophe allemand Arthur Schopenhauer (1788-1860), s'élever de sa condition d'animalité, s'extraire de ce seul destin : se reproduire ou mourir. C'est contrecarrer le « à quoi bon ? », le « plus rien ne vaut rien ». Or, comme le dit si bien Raymond Devos, rien n'est jamais rien, car trois fois rien, c'est déjà quelque chose et multiplié par trois, cela fait bien quelque chose de neuf. Le langage est un art. Mais passons maintenant à la pratique avec nos trois amis. Cinquième temps de la thérapie.

Albane, Paul et Julie sont assis dans la salle d'attente, sur les chaises ambiance suédoise, qui sont en elles-mêmes porteuses de valeurs. Le climat est désormais à l'ouverture et à l'envie : après avoir mis une distance entre eux et leurs ressentis et goûté à l'instant présent, ils ont retrouvé l'envie d'avoir envie. Lorsqu'ils entrent dans la salle de consultation, les bénéfices des séances précédentes commencent à se faire sentir : leurs corps se déplacent dans une verticalité retrouvée. Albane n'est plus repliée sur elle-même, au fond de ce fauteuil derrière lequel elle se serait bien cachée au début, mais bien axée, le regard franc, présent. Julie ne croise plus les bras ni les jambes. Elle s'est détendue, la souplesse a pris place en son corps. Elle se love au fond de ce fauteuil, elle épouse le cuir noir comme on épouserait une seconde peau, souple, douce et brillante. Paul, moins tyrannisé par ses problèmes de dos, se tient bien droit, axé, ancré les deux pieds au sol, tout en faisant preuve de détente, les épaules baissées, la respiration basse. Il dégage une force, une sérénité, qu'il pensait ne jamais trouver. Tel est le pouvoir de l'instant présent. Débarrassés d'une lutte contre eux-mêmes, ces trois corps ont pu réinvestir le seul endroit de l'existence, le seul endroit où l'on se sent soi, chez soi, pour soi. Lors de cette nouvelle séance, nous allons nous poser la question du « pour quoi faire ? ». Ils sont bien là, mais pour quoi ?

- THÉRAPEUTE : Bonjour à tous, nous voici réunis pour une cinquième séance. La question que nous allons nous poser aujourd'hui est la suivante : « où allons-nous ? ». Éclaircissons ensemble vos directions de vie, qui, jusqu'alors, semblent un peu floues.
- PAUL : C'est un euphémisme, je ne sais absolument plus où je vais ! Mon travail m'interroge.
- JULIE : Je partage ton point de vue, Paul. Moi, ma vie, ce sont mes enfants, alors maintenant qu'ils se débrouillent seuls, je plonge dans le vide.
- ALBANE : Ne vous plaignez pas trop, vous avez un travail, une maison, des enfants, vous avez de quoi être heureux, moi je n'ai rien ! On me demande ce que je veux faire dans la vie, mais de cette vie je n'en veux pas !
- THÉRAPEUTE : Qu'entendez-vous par là, Albane ?
- ALBANE : Mes parents n'arrêtent pas de parler d'un monde pourri, avec des problèmes, les impôts, leur patron. Que des emmerdes, disent-ils.
- JULIE : Non, Albane, la vie ce n'est pas que ça, tu verras, tu trouveras un bon métier et tu verras, avoir des enfants, c'est génial ! Tu es jeune et tu as toute la vie pour toi !
- PAUL : Oui, tu as la vie devant toi, tu peux choisir ce qui te plaît, à ton âge ! Moi, j'ai fait ce que l'on m'a dit de faire.
- ALBANE : C'est bien cela, le problème, j'ai trente-six mille possibilités, mais il n'y a rien qui me dit. La seule réponse que j'ai, c'est « je ne sais pas ». Moi, vu le monde pourri, je n'ai pas envie de faire des enfants pour qu'ils meurent

asphyxiés sur une planète à l'agonie. Votre vie est faite, moi je n'ai pas envie de la faire. Je ne sais pas comment m'y prendre.

– THÉRAPEUTE : Je comprends, vous êtes un peu dégoûtée du monde que l'on vous propose ?
– ALBANE : Oui, carrément, et je crois que mon eczéma vient aussi de là, j'ai la haine envers mes parents qui se plaignent de leur vie alors que ce sont eux qui ont conduit à ça. Ma mère se plaint de son boulot tout le temps, mais elle ne change rien pour autant. Elle me dit qu'il faut que je bosse, mais pour quoi ? Pour faire comme elle ? Me sacrifier ?

Albane exprime enfin la colère et la tristesse qui sommeillent en son corps depuis quelque temps déjà. Cette haine prend sa source dans un désespoir, une désespérance liée à la perception de ce monde dont elle ne veut pas. Le monde est, pour elle, celui que les chaînes d'infos lui présentent. Ce discours nous laisse pantois, entre la culpabilité de la justesse de ces paroles et l'injustice d'un « je fais aussi ce que je peux ». Conflit de valeurs, conflit de générations. Chacun sa bosse.

– JULIE : Tu sais, Albane, moi, je n'ai pas fait ce que j'ai voulu, j'ai surtout fait ce que ma mère a voulu pour moi. À mon époque, on avait soi-disant la possibilité de choisir de changer de travail, mais en fait, on faisait surtout ce qui plaisait à nos parents. Ce que tu dis me touche profondément et je prends conscience aussi que pour mes enfants, il me faut montrer l'espoir.
– ALBANE : L'espoir fait vivre, c'est ça ? Tu parles, j'ai envie de vomir en voyant ce monde.
– PAUL : Merci, Albane. En fait, tes paroles me donnent envie de pleurer, car ce que tu dis, je le pense aussi. Ça me fait penser à une chanson de « vieux », « Le blues du businessman », où un homme d'entreprise veut devenir

artiste. J'ai beau avoir la trentaine, je partage ton triste point de vue.

– ALBANE : On fait quoi, alors ? Si même vous, les adultes, ne savez pas où aller, comment je fais, moi ?

La réalité d'une adolescente de 14 ans frappe le cœur de nos trois âmes d'adultes. Egos, parfois empreints de certitudes et souvent en plein désarroi.

– THÉRAPEUTE : Merci Albane, pour votre partage. Je comprends beaucoup mieux cette colère qui sommeille en vous. La question du comment, c'est exactement celle que nous allons aborder aujourd'hui. Pour vous présenter le travail que nous allons entreprendre, je vous propose un petit exercice. Regardez ce tableau accroché au mur. Observez cette plage de Bretagne, son rivage, ses vagues, l'écume et le ciel parsemé de nuages. Vous pouvez apercevoir des personnes qui marchent, sur la gauche. Imaginez que ce tableau représente quelque chose d'important pour vous. Des relations, la nature, les vacances... Maintenant, je place ce stylo entre vous et ce tableau. Il représente les peurs, les pensées négatives, les obstacles que nous avons évoqués lors des premières séances. Lorsque je vous demande de focaliser votre concentration sur ce crayon noir, de le décrire dans ses moindres détails (couleur, forme, texte inscrit dessus), comment percevez-vous le tableau qui est derrière ?
– JULIE : On le voit flou.
– ALBANE : On ne le voit même plus !
– PAUL : Le stylo prend toute la place.
– THÉRAPEUTE : Et maintenant, si je vous demande de porter attentivement votre concentration sur ce tableau, d'en observer les couleurs, les coins de ciel bleu (si, il y en a en Bretagne), de vraiment porter attention à ce qui compte, là, pour vous. Comment percevez-vous le stylo, quelle place occupe-t-il ?

– PAUL : On ne le voit presque plus.
– JULIE : Il devient flou à son tour.
– ALBANE : Ça me donne envie d'aller en Bretagne !
– THÉRAPEUTE : Oui, mais il y a le stylo entre vous et le tableau.
– ALBANE : Ben, je passe à côté, car j'aime le surf et ça me donne envie d'y aller coûte que coûte !
– THÉRAPEUTE : Cette métaphore vous montre à quel point, ces derniers temps, vous avez utilisé votre énergie à compter les problèmes plutôt que les nuages bretons. Vouloir évacuer les problèmes nous centre en réalité sur les problèmes. Est-ce que cela signifie que plus rien ne compte ? Albane ?
– ALBANE : Non, si je comprends bien, mes parents regardent un peu trop le verre à moitié vide !
– THÉRAPEUTE : Il y a de cela, c'est vrai. Ainsi, si vous êtes d'accord, portons maintenant notre attention sur ce qui compte. La bonne nouvelle, c'est que, pour une fois, je n'ai pas de mauvaise nouvelle livrée avec…
– PAUL : Vous avez éteint BFM TV dans votre tête…
– THÉRAPEUTE : Oui ! La bonne nouvelle, c'est que vous n'aurez rien à inventer. Vos valeurs, vos directions de vie, sont toutes là, dans votre cœur, nous allons simplement les dépoussiérer, nous allons éclaircir vos directions de vie afin de lui redonner un sens. Autrement dit, nous allons porter votre regard sur le tableau plus que sur le stylo. De cette façon, vous observerez que la souffrance prendra moins de place, et cela vous aidera à agir au mieux. Imaginez un grand carré de jardin avec, à l'intérieur, tout ce qui compte pour vous nourrir.

Je trace un carré sur un tableau blanc.

– THÉRAPEUTE : Ce jardin contient tous les légumes que vous aimez, ceux qui vous nourrissent dans la vie. Ces légumes représentent vos valeurs. Ils représentent des personnes qui comptent, mais aussi des qualités importantes pour vous. Par exemple, la liberté, l'égalité, la fraternité...

– PAUL : Tout ce que l'on veut retrouver en venant ici, quoi.
– JULIE : Et que j'ai l'impression d'avoir perdu en restant dans mon lit.
– ALBANE : Et que moi, je dois trouver.
– THÉRAPEUTE : Exactement. Imaginez maintenant que l'on délimite quatre parcelles dans ce carré de jardin. La première représente le travail, ce que l'on appelle la « production de soi ». Ce peut être le travail salarié, mais aussi la vie civique ou la vie politique, ou simplement les activités de la vie quotidienne, comme laver le linge, passer la tondeuse... On produit.
– ALBANE : Ok, mais moi, je n'ai pas de travail.
– THÉRAPEUTE : En fait, les valeurs sont comme des graines. Ce n'est pas parce qu'on ne les plante pas qu'on ne les possède pas. Ce n'est pas parce que vous n'avez pas d'enfant que vous n'avez pas de valeurs éducatives.
– ALBANE : Ok, je vois, en même temps, travailler à l'école, c'est déjà du travail, mais de là à dire que c'est important pour moi...
– THÉRAPEUTE : Poursuivons. La deuxième parcelle représente les loisirs, soit la façon dont on prend plaisir, la façon dont on se détend.
– PAUL : Le désert chez moi, c'est même interdit, dans ma famille !
– JULIE : Paul, dit à Alberto de se taire car, dans la salle d'attente, tu as raconté que tu adorais aller aux champignons !
– PAUL : Merci Julie, je n'avais pas remarqué qu'il était là. Effectivement, j'adore ça, mais je n'y vais plus.
– THÉRAPEUTE : La troisième parcelle de jardin représente les relations, nos liens avec nos amis, notre famille, nos enfants et notre couple. Le quatrième et dernier espace symbolise la façon dont nous prenons soin de notre corps, par l'alimentation ou le sommeil par exemple, mais aussi

la façon dont nous pourrions prendre soin de notre esprit, par le développement personnel ou encore la spiritualité.
– PAUL : Ouah, c'est le désert, chez moi !

L'ambiance se tend et on sent Alberto, Cunégonde et Pépito prendre possession des esprits de nos amis, avec des « tu es bien loin du compte », ou encore le fameux « je n'y arriverai jamais ».

– THÉRAPEUTE : J'observe vos mines tendues. Pourriez-vous remercier vos Pépito, Cunégonde et Alberto ?
– JULIE : Pourquoi ? C'est bien la vérité, mon jardin est vide.
– THÉRAPEUTE : Ah bon ? Êtes-vous prête à parier mille euros là-dessus ? N'y a-t-il vraiment rien d'important pour vous ?
– ALBANE : C'est vrai, Julie, regarde, on a discuté dans la salle d'attente, et tu m'as dit avoir joué à la coinche avec tes amies. Ce que tu n'avais pas fait depuis la terminale ! Ça fait loisirs et relations en même temps.
– JULIE : Tu as raison, merci Albane, je comprends que Cunégonde fait un peu comme pour l'histoire du stylo et du tableau, je ne vois plus que ce qui coince.
– THÉRAPEUTE : En même temps, qui a été habitué à se demander ce qui était important pour lui dans la vie ?
– PAUL : Ah que non, moi c'était « marche ou crève » !
– THÉRAPEUTE : D'abord, la question qu'il faut que vous vous posiez est « quels légumes je veux planter ? ». En effet, parfois, nous tombons malades parce que nous ne mangeons pas les bons aliments. Ensuite, apprenons à gérer l'arrosage de ce jardin, car on ne peut pas arroser tout en même temps. La science de l'arrosage est nécessaire pour une vie équilibrée. Commençons donc par explorer et remplir ces quatre carrés avec des valeurs. Imaginez que, pour votre prochain anniversaire, une fête soit donnée et que plusieurs personnes viennent faire un discours en votre honneur. Qu'aimeriez-vous qu'ils disent

de votre façon de faire dans le travail, dans les loisirs ? Qu'aimeriez-vous qu'ils retiennent de ce qui est important pour vous dans les relations que vous entretenez avec eux ? Enfin, qu'aimeriez-vous qu'ils retiennent de votre façon de prendre soin de votre corps, de prendre soin de votre esprit ? Fermez les yeux et imaginez que, tour à tour, une personne symbolisant chacun des quatre carrés viennent faire un discours. Qu'aimeriez-vous qu'ils disent ?

– JULIE : Impossible pour moi, ça m'angoisse rien que de penser que les gens viennent faire un discours sur moi ! Et je déteste les anniversaires !
– ALBANE : Moi aussi, j'ai envie de me cacher !
– THÉRAPEUTE : D'accord, alors imaginez votre enterrement. Qu'aimeriez-vous que les gens retiennent de votre façon d'être dans chacun de ces quatre carrés ? Quatre cases, quatre mots.

Chacun ferme les yeux et part à la recherche de ce qui compte pour lui. Chacun explore les racines de son être. Ces racines qui maintiennent l'arbre debout et lui permettent de chercher la lumière.

– THÉRAPEUTE : Alors, ces valeurs ?
– ALBANE : Pour moi, dans le travail, ce serait l'écologie. Dans les loisirs, ce serait le sport. Avec mes amis, ce serait la rigolade, et vis-à-vis de mon corps, ce serait le véganisme.
– THÉRAPEUTE : Chouette programme. Quant à vous, Julie ?
– JULIE : Moi, dans le travail, ce serait aider les gens. Dans les loisirs, ce serait la créativité et, dans les relations, le premier mot qui m'est venu, c'est « câlin ». Ce que j'adore dans les relations avec mes enfants, ce sont les câlins. C'est aussi ce qui me manque avec mon mari. Concernant mon corps, ce dont j'aurais besoin, c'est de la souplesse, mais je crois que mon esprit en veut aussi !

– THÉRAPEUTE : Et vous, Paul ?
– PAUL : Cet exercice a été difficile, parce qu'Alberto me dictait tout un tas de valeurs. Mais je sentais bien que ces valeurs-là étaient celles que mes parents m'ont dictées. Si je devais choisir tout seul... Dans le travail, ce que j'aimerais, c'est l'artisanat. Je rêve depuis tout petit de me servir de mes mains, ce que je ne fais absolument pas dans mon travail actuel. Dans les loisirs, ça ne change pas trop de mes parents. Ce que j'aime bien, c'est faire du sport, courir, et puis m'évader dans la nature. Concernant les relations, pareil, je suis vraiment en phase avec mes valeurs familiales, car c'est le lien, l'échange et surtout le respect. Ceci dit, ce que tu as dit, Julie, m'a un peu fait réfléchir, et je crois que je mettrais bien un peu d'équilibre dans ma relation avec ma femme. Merci à toi.
– JULIE : De rien, mais si tu pouvais en parler à mon mari, ce serait bien !
– PAUL : Si je le croise, sans problème ! Sinon, dans le soin prêté au corps, ça, je n'ai pas le choix. Mon dos m'invite à en prendre soin, à l'assouplir et à dormir.
– THÉRAPEUTE : Effectivement, merci Paul pour votre partage. Le problème, lorsque l'on cherche ses valeurs, c'est que cela réactive la fusion cognitive. Alberto, Cunégonde et les autres se réveillent pour nous raconter tout un tas de choses. Il faut alors faire attention à ce qu'ils disent, afin d'identifier si c'est important ou si c'est quelque chose que l'on suit aveuglément.
– ALBANE : Parfois, j'ai l'impression aussi d'avoir des valeurs de vieux. C'est ce que j'ai compris lorsque l'on a travaillé l'acceptation. Lorsque je voulais « être forte et ne rien ressentir », j'avais l'impression d'être comme les vieux d'avant, qui ne montraient rien. Alors qu'en fait, si je devais choisir, mes émotions, je les montrerais.
– THÉRAPEUTE : Les vieilles habitudes ont la vie dure. Il va donc falloir creuser un peu pour dénicher ces valeurs, chercher pour les faire émerger. Ainsi, pour la prochaine

séance, peut-être pourriez-vous identifier ce que vous avez fait dans la journée. Chaque soir, peut-être pourriez-vous vous poser cette question : de quoi ai-je fait preuve aujourd'hui ? Prenez une action au hasard, une action que vous jugez importante ou une action ennuyeuse, et posez-vous cette question. Essayez ensuite d'observer dans quel carré vous placeriez ce mot, cette valeur.

Après être passés par le désespoir et le vide existentiel, après avoir été traversés par leurs colères respectives contre ce qui n'est pas comme cela devrait être, Julie, Albane et Paul semblent apaisés. Et pour cause : une étude a montré que travailler à explorer ses propres valeurs avait pour conséquences de faire baisser le taux de cortisol, l'hormone liée au stress (Creswell *et al.*, 2005).

En quoi le travail sur les valeurs peut-il nous aider à trouver notre bonheur ? Nous avons vu à quel point l'être humain a pu être balloté entre d'écrasantes et divines morales, le plaçant sous le joug des « tu dois », des « il faut que » et des non moins oppressantes injonctions à gagner sa liberté et à se construire soi-même sa propre règle. Il s'est ainsi « grillé » les ailes, tel un insecte attiré par des lumières promettant le bonheur absolu, avant ou après la mort. À le chercher partout, on ne le trouve nulle part. Les valeurs touchent au concept même de bonheur et de souverain bien, en ce qu'elles définissent ce qu'est la bonne vie. Tâche à l'être humain d'agir en étant conscient des directions qu'il suit. En les éclaircissant, il deviendrait à la fois plus simple de se repérer et plus gratifiant d'agir. Il faudrait alors naviguer dans ce subtil équilibre entre besoins biologiques, valeurs sociétales et valeurs personnelles. Trouver son bonheur est affaire d'équilibre entre corps et esprit, biologie et philosophie, comme deux ingrédients d'une recette que la thérapie tâche d'agrémenter. L'ACT prend cette place d'entremetteuse entre une axiologie philosophique et biologique.

Elle consiste en un moment d'intériorisation de nos propres normes. Nous devons trier, assumer ce que nous sommes, nos goûts et nos couleurs. C'est là que se prépare le temps de l'action : le travail sur les valeurs ne vaut que par ce qu'il permet. Car c'est l'action, l'engagement, le mouvement de la réalisation de soi, qui met en cohérence un corps, un esprit, un être, une société, une époque.

Chapitre V

Le temps de l'action

« Et maintenant, que vais-je faire ? », chantait Gilbert Bécaud. L'heure est à l'action, l'action sonnante et trébuchante, celle qui permet de toucher au but : le bonheur. Sans action, point de satisfaction, point de gloire. Combien de fois nous sommes-nous promis de faire, combien de fois sommes-nous restés sur le quai de l'agir, épris de belles intentions ? Dans notre culture, seule l'action est habilitée à nous permettre de tutoyer nos rêves. À tel point que l'on se demande parfois si l'action n'est pas une fin en soi. Agir à tout prix. Agir ou périr ? Mais l'action est processus complexe. C'est quoi, agir ? Sommes-nous libres d'agir ? Est-ce que ne rien faire, c'est faire quand même quelque chose ?

Philosophie de l'action

Le verbe « agir » vient du latin *agere*, qui signifie « pousser en avant », fournir un effort en direction d'un but. Or, nous le constatons tous les jours, ce n'est pas parce que l'on pousse fort que nos actions atteignent leur but. Loin de là. Pourquoi ? Cela pourrait venir, entre autres, de notre façon d'envisager l'action et nos comportements : ce ne sont pas tant nos actions qui posent un problème, que la façon dont nous les envisageons.

Pour aborder la question de la philosophie de l'action, commençons avec Aristote. Pour lui, l'action humaine se différencie d'un simple mouvement corporel comparable à celui d'un animal ou d'un arbre. Ce qui la rend si spécifique, c'est qu'elle ne vaut que lorsqu'elle s'évalue au regard de la morale. Un chat chasse, comme tout autre chat, sans se demander ce qu'il fait et pourquoi il le fait. Pour l'être humain en revanche, l'action n'est pas un simple mouvement, mais une activité (Natali, 2006), où se mêlent de complexes notions d'intention, de conscience et de but, qu'il convient ici d'éclaircir. Alors, c'est quoi agir ?

« Que reste-t-il du fait que je lève le bras, si on en soustrait le fait que mon bras se lève ? » Cette question de Ludwig Wittgenstein (1889-1951) induit des heures de réflexion. Où situons-nous l'action, dans le simple fait de lever le bras ? Celle-ci comprend tout d'abord le fait de penser à lever le bras. Soit. Pour cela, il faut aussi tenir sa main et ses doigts dans une certaine position. Tout ceci sans oublier le contexte : un majeur tendu n'aura la même signification qu'un pouce levé. L'action ne se limite donc pas au seul mouvement observable, et il est nécessaire pour la décrire précisément de prendre en compte un certain nombre de paramètres. Pour clarifier les choses, Paul Ricœur (1977) propose de décomposer l'action en trois éléments, trois constituants d'une flèche. À son origine, il y aurait l'intention, au milieu, le mouvement réalisé, et à l'extrémité, le but. Trois points de vue, trois chapitres.

O ————————————————→

Intention Action Motivation

L'action en trois points

L'intention d'agir

Ce qui différencie un mouvement d'une action, c'est d'abord l'intention que l'on y met. L'intentionnalité, concept majeur de la philosophie de la connaissance du XXe siècle, est donc définie comme une partie fondamentale de l'action. Mais avons-nous toujours l'intention d'agir ? Pas sûr.

Reprenons l'exemple de nos trois amis, qui accomplissent chaque jour des actions, sans pour autant avoir le sentiment de les avoir toutes décidées. Pour Julie, s'occuper de ses enfants est normal ; elle ne le valide pas comme quelque chose d'intentionnel, mais d'habituel. Un automatisme. Si elle prenait conscience de l'action de s'occuper de ses enfants, non seulement cela validerait l'action, mais cela la valoriserait et la différencierait d'un comportement automatique. On retrouve ici le concept de pleine présence : agir en étant conscients de nos intentions modifie radicalement le concept d'action. Lorsque l'on nous fait des compliments, il n'est pas rare que l'on réponde « je ne l'ai pas fait exprès », formule qui montre l'absence de perception d'une intention pourtant présente. Comme l'écrit le philosophe Edmond Husserl, « toute conscience est conscience de quelque chose » (1947). En ce sens, agir avec intention, c'est faire une grande différence en termes de perception. Une action non consciente rapproche l'être humain de l'animal et de ses comportements automatiques, guidés par le déterminisme, tandis que faire les choses en ayant conscience de ses intentions serait le socle de l'action morale.

Mais les intentions ne suffisent pas, Julie en est témoin. Son mari a l'intention de réduire sa charge de travail pour partager les tâches du quotidien, mais si cette intention n'est pas suivie de faits, elle ne sert à rien. Se réinstaller dans une intentionnalité, une pleine présence, serait également le socle de l'identité. Cela permettrait de s'attribuer ou de se réattribuer ses comportements, afin de sortir du brouillard du train-train quotidien. Se rendre conscient, c'est pouvoir exister dans ce que l'on fait. C'est d'ailleurs ce que représente le premier temps d'une thérapie : créer la première boule de neige. À force de rouler, celle-ci va agréger les flocons et constituer un beau bonhomme. Sans conscience, toute action n'est que ruine de l'âme. Paul et Julie se sont enfermés dans des habitudes vides de sens et ont cessé d'être libres d'agir. Albane peut quant à elle prendre conscience qu'elle a le droit d'avoir ses propres intentions. En cela, elle se différencie de ses parents.

Se rendre conscients de nos intentions reviendrait alors à profiter de la grandeur morale de l'être humain. S'interroger sur l'intention, se poser la question : « pour quoi je ferais cela ? », cela donne un sens à l'action, une signification, une valeur. Ce qui amène à notre second point de vue : les motifs de l'action.

Le motif de l'action

L'action est un concentré d'être qui contient la volonté de changer quelque chose. Nous sommes prêts à tout pour réussir. Mais deux angoisses nous tiraillent parfois, quand il s'agit de faire. La première est liée à la peur de ne pas y arriver, ce qui implique de se poser une première question : « C'est quoi, y arriver ? » La seconde a trait à la peur de ne rien faire, ce qui nécessite d'explorer la question suivante : « C'est quoi, faire et ne rien faire ? »

Les conditions de la réussite

Qu'est-ce qui compte, est-ce l'action elle-même ou est-ce sa réussite ? Le but ou le chemin ? La formule courante « cela ne s'est pas passé comme prévu » signe une frustration, qui peut être très douloureuse pour les adeptes de la perfection. Notons que si nous avons la sensation qu'une action ne s'est pas déroulée « comme prévu », nous nous référons à ce qui a été envisagé dans notre tête ; nos attentes priment sur le contexte, ce qui suppose non seulement que ce que nous pensons doit être faisable, mais aussi que les conditions doivent être réunies pour cela. Au contraire, la formule « on verra bien » montre peu d'attente et, surtout, une confiance en ce qui adviendra et en notre façon de réagir. Anticipation et lâcher-prise. Ces deux points de vue, qui s'opposent, mais dont l'intention – réussir – est identique et louable, font écho à deux écoles philosophiques qu'il convient d'explorer.

Géographiquement, la première approche pourrait être rangée du côté occidental. On la qualifie de « top-down », de haut en bas, en ce que, selon cette approche, le succès de l'action est déterminé par l'adéquation entre ce qui était prévu (l'intention), et ce qui est réalisé. On pense les choses et l'on s'attend à ce que les actions et leur résultat correspondent au plan prévu. « J'aime qu'un plan se déroule sans accroc », dit Hannibal dans la série *Agence tous risques*. Telles sont nos attentes. C'est ici que se niche le perfectionnisme stoïcien : correspondre à l'Idéal. Ainsi, le rapport à l'action de notre société occidentale est un rapport de correspondance à la théorie. On réfléchit longuement, on fait des plans, puis on cherche à faire correspondre nos actions à ce que l'on a imaginé. Le théoricien militaire Carl von Clausewitz, dans son ouvrage *De la guerre* (1959), invite à tout envisager, à penser à toutes les possibilités pour emporter la victoire, l'alpha et l'oméga de l'efficacité. L'action sera réussie si elle correspond au plan imaginé, anticipé. Peu importe ce qu'il en coûte. Ainsi, le succès sera d'autant plus grand que l'homme aura arraché au monde cette victoire, qu'il l'aura gagné contre vents et marées.

Les motifs des actions de nos trois amis correspondent très clairement à ce schéma. Julie est entraînée à prévoir, à anticiper pour réussir sa vie. Elle fait des plans en permanence, et possède même trois agendas : celui de son travail, celui de ses enfants et celui de son mari, afin de les coordonner. Ses attentes sont celles d'Hannibal, elle veut que ses plans se déroulent sans accroc. Mais Julie ne possède pas les mêmes ressources que Clausewitz et Napoléon, qui disposent d'une armée de cent mille hommes pour réaliser leur plan parfait. Alors elle passe son temps à revoir ses projections et se frustre de ne pouvoir y arriver (ce que sa tête lui rappelle bien). Élaborer des plans, c'est faire des probabilités, mais notre tête n'est pas un GPS qui calcule et recalcule en permanence les données pour indiquer le meilleur chemin. Le cerveau possède des compétences limitées. Ainsi, établir cent stratégies alors qu'une seule aboutira, c'est passer 99 % de son temps à penser à des choses qui ne se produiront pas. L'épuisement est assuré. Albane est dans le même bateau : on lui demande de faire des plans sur la comète, de savoir ce qu'elle fera dans dix ans et de tout faire pour y arriver. Mais est-ce prévisible ? D'ailleurs, une étude (Dell, 2017) a montré que 85 % des métiers disponibles en 2030 n'existent pas encore. Albane doit choisir ses études en fonction d'un métier qui ne sera probablement plus le même dans quelques années... Quant à Paul, c'est son business plan qui le travaille. La chose est un peu plus simple pour lui, car la rationalité de son métier est plus régulière et plus prévisible. Il sait, d'expérience, ce que ses clients commandent, combien et quand ils commandent. Il peut ainsi prévoir, sur une année complète, ses déplacements et ses actions. La valorisation de ce qu'il fait est d'autant plus simple et gratifiante que les chiffres évaluent cette efficacité : les primes tombent en conséquence. Mais le plan quitte le domaine du réel lorsqu'il est sans cesse réévalué à la hausse. C'est un peu comme la bourse qui persuade le petit porteur que ses actions vont monter indéfiniment. Il est ainsi facile de faire des plans dans sa tête sans prendre le réel en considération. Épuisement, encore et toujours.

Selon cette conception philosophique, la réussite de nos actions ne prend pas en compte l'énergie fournie ni le contexte. Il faut juste réaliser ce que le cortex-Dieu avait prévu.

Pourtant, si l'on traverse le continent eurasien, on trouve une autre conception de la réussite d'une action, selon laquelle le but est le chemin, la réussite dans l'instant présent.

La vision chinoise, portée entres autres par Sun Zu et Lao Tseu, aborde la performance (donc les conditions de réussite d'une action) sous un autre angle. Elle s'ancre dans l'ici et le maintenant. Il n'y a pas de but prédéterminé, seule l'exploitation de la situation présente compte. Cette conception n'offre que deux choix : soit s'approcher de ses intérêts, soit s'en s'éloigner. Le bon ou le mauvais choix. L'observation attentive de la situation présente permet alors de décider des choix à faire. Ici, l'imprévu faisant partie du jeu, le succès se trouve dans l'art d'exploiter la situation, dans l'instant présent. Cette approche est plus économique, en ce qu'elle nous exempte des anticipations inutiles. La position est plus souple, car elle implique une permanente adaptation à la situation, et donc au meilleur choix disponible, tandis que l'approche précédente, plus rigide et obnubilée par le but à atteindre, néglige d'en appréhender réellement les coûts et le contexte. Pour la pensée chinoise, agir, c'est agir en tenant compte de ce qui se présente à l'intérieur (fatigue, envie) et à l'extérieur de soi (moment de la journée, ressources disponibles). Cette vision est dite « bottom-up » : on part de la situation présente pour agir, et non d'un plan préétabli. Le but ? Fournir un minimum d'efforts pour un maximum d'efficacité. Ce qui n'est résolument pas au goût de la maison occidentale.

L'approche chinoise est attentive aux ressources, ce qui peut être élargi aux autres contextes de la vie, en dehors du travail.

Performants, oui, mais partout ?

La philosophie occidentale, ne prenant en compte que le résultat, exige un surcroît d'activité, qui implique de puiser dans d'autres domaines de vie, comme le font Paul et Julie. Que se passerait-il si l'on élargissait la prise en compte de la performance à la vie personnelle ? Sommes-nous si performants lorsque nos succès au travail impliquent une réduction de nos activités de loisirs, des conséquences sur nos relations familiales ? Peut-être pas… On sait aujourd'hui, en ce qui concerne le stress, que la négligence des activités de repos, de distraction et de relation aux autres conduit à une baisse de la performance au travail. Or, la performance au travail, pour être efficace, nécessite d'être durable. L'approche chinoise implique donc de considérer la performance d'une manière globale. L'efficacité au travail ne prend de sens qu'à partir du moment où elle n'implique pas l'engagement des ressources indispensables à la réalisation de domaines de la vie personnelle, ou à leur restriction. Le discours passe alors d'un motif d'efficacité à un motif d'efficience. Le but est de dimensionner ses actions en fonction de ses ressources. Or, celles-ci ne sont pas prédictibles et nécessitent une attention de tous les instants, afin de faire avec ce qui est et non avec ce qui devrait être.

Ces deux approches impliquent deux façons de concevoir la réussite d'une action : dans le premier cas, l'action est réussie lorsqu'elle correspond au plan prévu, peu importe les à-côtés ; dans le second, l'action réussie est celle qui offre le meilleur ratio investissement/résultat et part de la situation plutôt que des prévisions. Bien entendu, comme dans le cas de l'instant présent, il est difficile de se nourrir uniquement de la situation présente pour trouver le meilleur rendement. La planification est également nécessaire. Le problème tenant souvent à la rigidité d'une conception, il conviendrait de mixer ces deux approches. Car à trop anticiper ou à trop attendre que les choses se fassent, on manque souvent la bonne occasion, on manque une occasion de trouver son bonheur. Tout est affaire d'équilibre. « Alors, qu'est-ce qu'on fait ? »

Faire ou ne rien faire, agir et non agir

Dans ce chapitre sur l'action, il serait bien mal vu de ne rien faire. Vraiment ? Oui, sous un certain point de vue, ce serait ne rien foutre, glander, se poser, buller. Pourquoi un vocabulaire si péjoratif ? Parce que l'action nous définit souvent en tant qu'être. Que dites-vous à une personne que vous venez de rencontrer ? Ne lui demandez-vous pas, après les considérations d'usage : « Qu'est-ce que tu fais dans la vie ? » Imaginez que cette personne vous réponde : « Je ne fais rien ! » Cette réponse serait très dévalorisée dans notre société occidentale. Agir, faire quelque chose de sa vie, prend une place essentielle dans nos existences. Pour être bien considéré, il faut « bosser ». Or, bosser revient à « se bosser le dos », posture où le corps plie sous la charge du travail. On retrouve ici le chameau nietzschéen. Ainsi, la reconnaissance de notre identité passe, dans cette conception, par ce qui est fait autant que par ce qui a été fait. J'agis donc j'existe. À l'opposé, on parle de lâcher prise, de laisser les choses se faire. On nous dit qu'il faut savoir ne rien faire, s'ennuyer, que c'est bon pour la santé, pour soi. Pris entre deux feux existentiels, nous plongeons dans une culpabilité de tout vouloir contrôler tout autant que de se laisser aller. Ces deux attitudes signent deux façons d'entrevoir l'agir, que l'on pourrait, une nouvelle fois, situer de part et d'autre du continent eurasien. Conflit est-ouest et guerre froide de l'ego.

L'action, c'est l'ego en mouvement

La conception qui amène chacun à se définir selon ce qu'il aura fait de sa journée, voire de sa vie, pourrait remonter, entre autres, à Aristote, qui écrit, dans *Éthique à Nicomaque* : « Si nous existons, c'est un acte, c'est du fait que nous vivons et agissons. » L'agir serait donc le support, la clé de voûte de l'ego. Sans action, point d'existence. Rappelons-nous, dans le chapitre sur les valeurs, de la problématique du maître et de l'esclave : c'est par ce que l'être humain a fait, en s'élevant face au maître, qu'il est devenu adulte. Il y a ainsi, dans notre société, une valorisation du faire, de ce qui se voit. Les réseaux sociaux finissent d'achever cette tendance : publier, poster, partager, c'est exister. On est ce que l'on montre, on est ce qui se voit. L'action en va donc de notre ego. Cette première définition de l'agir humain dépasse le simple et corporel mouvement. Nous

nous engageons en notre action, tout comme Paul, Julie et Albane.

Paul est valorisé par ce qui se voit. Son ego se mue, telle une plante qui cherche à sortir de l'obscure canopée pour trouver la lumière. À tout prix. Son salaire, nerf de la guerre, nerf de l'ego, tombe en fonction de ce qu'il aura produit. Sa place au sein de sa famille d'immigrés libanais, pour qui le maître-mot est de travailler, de se bosser le dos, repose aussi sur le faire. Peu importe le coût, c'est le prix de l'ego. Ne rien faire, c'est retourner en arrière. Beyrouth, pour lui, ce n'est pas rien. La phrase qui le tyrannise est : « Si je n'agis pas, je n'existe pas. » Au boulot, dans sa famille, avec ses amis, et même dans sa sexualité. Performance, quand tu nous tiens. Or, tel Icare, à trop chercher la lumière, Paul s'est brûlé les ailes. Burnout. Si j'agis trop, je n'existe plus non plus.

Julie souffre justement de cette lumière qui la tient dans l'ombre. Son mari, ce chasseur-cueilleur, fier et valeureux, puisque agissant, faisant, performant, rapporte le steak à la maison. Dans ce contexte de valorisation de ce qui se fait, de ce qui se voit, Julie se sent dévalorisée. Le travail de l'ombre ne nourrit pas son ego. Sa plante à elle est en mal de photosynthèse. Blanche, diaphane et triste. C'est bien ce dont elle souffre, mais c'est aussi ce qu'elle cherche, paradoxalement. En effet, dans son éducation, on existe uniquement par l'être qu'on est pour les autres, et par ce que l'on fait pour eux. Gloire de l'indicible soutien. Julie est la clé de voûte de l'édifice familial, alors que les yeux sont portés vers son clocher. Celui qui donne l'heure, celui qui donne le nord. Elle n'obtient pas la reconnaissance voulue. Or, pour paraphraser un titre de livre de Yasmina Khadra, on oublie souvent « ce que le jour doit à la nuit ». Julie est cette plante dont la lumière est l'amour. « Si je n'agis pas, on ne m'aimera pas. » Cette phrase retentit comme un sortilège et guide ses actions, son être. Elle se tue à chercher la reconnaissance sans jamais l'atteindre. Cours toujours.

Albane, elle, souffre de ne rien faire, car la piste d'athlétisme était, jusqu'à présent, l'alpha et l'oméga de son existence. S'entraîner, sauter, gagner. Que fait-on quand on est blessé ? On disparaît de la piste, comme une étoile qui file et passe, un ego qui s'effile et trépasse. À cet âge où l'ego est en pleine construction, toute déstabilisation de l'édifice comporte des conséquences importantes. D'ailleurs, comme son cercle principal d'amis est son club d'athlétisme, elle ne sait plus quoi publier sur « insta' ». Elle ne se rend pas compte de la tyrannie des réseaux sociaux. Likée or not likée. L'ego d'Albane se mesure au nombre de posts. Ego numérique. Mais pour elle, cette valorisation de ce qui se voit se poursuit aussi à l'école, où l'on ne lui apprend pas à être heureuse, mais à être productive. La tête n'a pas à être bien faite, mais assurément bien pleine. L'action, l'activisme, est censé la libérer, comme au temps de l'humanisme, de sa condition animale. On s'élève en faisant. Sinon ? « Sinon, tu seras comme la dame », lui dit sa mère en montrant la caissière du supermarché. Misère, ô misère.

On ne peut se défaire de sa culture, du terreau au sein duquel on a poussé. Notre société valorise la lumière, le faire au détriment de l'être et de l'ombre. Songez qu'au début de XXe siècle, en plus des fous, des hérétiques et autres marginaux, les « oisifs » étaient envoyés à l'asile ! C'est ce que Michel Foucault, dans *Histoire de la folie à l'âge classique* (1976), a appelé le « grand renfermement ». Les histoires de nos trois amis fonctionnent effectivement de manière dichotomique. On y perçoit la genèse judéo-chrétienne du bien et du mal. *To be or not to be.* Jour, nuit. L'agir joue ainsi le rôle de cet interrupteur, cette interruption de l'ego. Mais qu'en est-il de ce qui ne se voit pas ? Qu'en est-il du socle qui porte le joyau de l'ego, de l'hiver qui prépare l'été ? Faire du rien, est-ce ne rien faire ? Soyons honnête : n'y aurait-il pas une grande injustice dans cette conception de l'action ? Injustice corporelle pour Paul, qui ne prend plus le temps de poser son fardeau pour souffler, pour Julie, privée de lumière existentielle, et pour Albane, pressée avant d'avoir porté son premier fruit ?

Afin d'introduire une autre façon de considérer ce que nous faisons, prenons l'exemple de la fable du *Chat du paysan* :

Un jour, le paysan croise son chat en train de buller, lové au soleil avec ses potes, le ventre en l'air, la queue enroulée de plaisir. « Vraiment tous des fainéants », se dit-il. Ce qu'il ne se prive pas de lui dire en s'approchant de ces criminels, accusés d'oisiveté.

– *Va faire quelque chose, sale chat, tu ne me sers à rien comme ça. Je te nourris et toi, tout ce que tu fais, c'est de ne rien faire.*

Pas de réaction du félin, qui persiste là dans son crime.

– *Regarde mon cheval, il laboure mon champ, il tire ma charrette. C'est grâce à lui que je peux faire pousser mon blé et nourrir ma famille. Regarde ma vache, elle produit du lait tous les jours, mes poules produisent des œufs. Toi, tu ne produis rien, tu ne me sers à rien.*

Et le paysan s'en va rejoindre ses bêtes de production. Celles qui ont son estime parce qu'elles font. Mais, au fil des jours, une chose l'inquiète. Son stock de grain décroît. À voir le résultat de tant d'efforts disparaître, la panique le gagne. C'est alors qu'un matin, il voit le chat arriver, tenant dans sa gueule un gros loir, et tenant ces propos :

– *Tiens, voilà la raison pour laquelle ton tas de grain diminuait.*

Et il posa l'animal mort au pied du paysan, soulagé, mais bien penaud. Le chat poursuivit :

– *Tu vois, paysan, moi, j'ai bien besoin de ne rien faire la journée, de dormir au soleil. J'ai bien besoin de jouer avec mes potes et de prendre du plaisir avec ma minette (si tant est qu'un chat soit monogame). J'ai besoin de ça pour, la nuit, défendre ton tas de grain. Ce tas de grain qui t'importe tant. J'ai besoin de faire du rien pour faire tout court. Alors lâche-moi et lâche-toi.*

Le chat s'en va, laissant le paysan à sa réflexion. Explorons maintenant cette conception du non-agir, qui constitue le socle de la philosophie taoïste. L'action existe-t-elle uniquement que parce qu'elle se voit ?

Le non-agir

Fait-on quelque chose lorsque l'on ne fait rien ? Y-a-t-il de l'agir, lorsque rien ne se fait ? L'action pourrait être définie autrement que par le seul mouvement observé : lorsque je ne lève pas le bras, je fais quelque chose, et cette action, c'est de laisser mon bras immobile. Ainsi, loin des trompettes célébrant les actes héroïques, le taoïsme met en lumière une autre façon de considérer l'action. Plus précisément, cette philosophie chinoise prône ce que l'on appelle le non-agir. On la retrouve notamment dans un texte ancien, écrit entre le Vᵉ et le VIᵉ siècle avant J.-C., le *Tao Te King*, le *Traité de la voie et de la vertu* (2014), dont on ne sait pas si l'auteur, Lao Tseu, a réellement existé. Une formule célèbre et néanmoins énigmatique, tirée de ce texte, concentre toute cette conception de l'action : « Ne rien faire sans que rien ne soit fait. » Cette phrase prône le non-agir, le *wuei*, *wuwei* ou *wou wei*, le pouvoir de l'ombre, du creux, du vide, plus que celui de la lumière et de l'agir concret.

Non agir, c'est se comporter comme l'eau, comme un fleuve qui n'agit pas en tant que tel, mais qui épouse les éléments. Il s'écoule, sans que rien ne puisse l'arrêter, selon la plus simple inclinaison de la vie. Quand, dans la philosophie occidentale, une victoire se mérite et n'est belle que si elle s'obtient à l'arrachée, dans le taoïsme trône l'éloge de la facilité, de la simplicité. Non agir, c'est surfer sans jamais juger les vagues, jamais tenter de les retenir. Le surfeur exploite le potentiel offert par cette force physique pour aller où il veut et faire ce qu'il veut. Plutôt que de forcer les choses et de les arracher au réel, au destin, on ancre son attitude dans le moment présent. On ne fait pas contre les choses, mais avec elles.

Concrètement, il existe beaucoup de situations dans la vie où l'on brasse de l'air, ce qui nous fait perdre beaucoup d'énergie pour rien. Dans d'autres moments, on fait, mais c'est pire qu'avant, et on s'aperçoit qu'on aurait dû laisser les choses se faire. Lâcher prise, exploiter les opportunités qui se présentent à nous, c'est exactement ce que prône cette philosophie de l'instant présent, de la transformation. Nous nous comportons en effet comme un jardinier, qui a bien compris qu'il n'est pas le centre du monde, ni son grand ordonnateur. Il plante la graine qui contient toutes les potentialités, il contribue à sa croissance sans jamais intervenir directement sur elle. Rien ne sert de tirer dessus, de forcer la nature. On arrose, on bine, on apporte du fumier, mais on laisse la nature faire pour récolter, pour lui arracher le fruit de nos efforts. Se comporter ainsi, c'est faire l'éloge de la lenteur et du minimum d'efforts pour un maximum d'efficacité. Non agir, c'est savoir faire juste ce qu'il faut pour obtenir le maximum d'effets. Nous sommes bien loin de l'orgie d'efforts prônée par nos sociétés occidentales.

Mais que faisons-nous, quand nous ne faisons rien ? C'est la question que Lao Tseu nous invite à nous poser. Que se passe-t-il lorsqu'il ne se passe rien ? Lorsque l'eau dort, ne faut-il pas justement s'en méfier ?

En réalité, il est impossible de ne rien faire. On fait toujours quelque chose. Lorsque l'on reste sur notre canapé, on fait du canapé. Ceci peut être du repos autant que du repli. Tout dépend du contexte (encore et encore). Rappelons-nous la conception du temps circulaire évoquée plus haut. Selon cette conception, savoir faire du rien, lorsque cela est nécessaire, c'est savoir exploiter au maximum, savoir détecter l'action propice en fonction des éléments. C'est savoir se reposer quand il le faut, et s'activer lorsque c'est le bon moment. Là se trouve le summum de l'efficacité. L'eau ne fait que ce qui est adapté au contexte, elle épouse le relief pour, finalement, arriver à son but, sans effort.

Nous choisirons donc, une fois encore, la voie du milieu. L'action est l'alpha et l'oméga de nos vies. L'ombre et la lumière se complètent et s'entremêlent dans une danse qui ne prend sens que dans l'accomplissement de soi. Même si leurs moyens diffèrent, le point commun de ces deux philosophies reste leur finalité : l'efficacité en regard du but. En mélangeant ces deux approches en vue de trouver son bonheur, il devient possible de valoriser ce que nous avons fait de notre vie, sans pour autant dévaloriser les moments de moindre activité, les moments qui ont justement préparé, soutenu et porté nos réussites.

L'Occident porte aux nues l'homme d'action, celui qui contrôle ses actes et tient la réussite entre ses mains, là où l'Asie ne le conçoit que comme un humble jardinier qui exploite les potentialités, sans les brusquer. Ce qui nous amène à nous demander, dernier point de notre réflexion philosophique, qui agit. Moi ? Est-ce que je fais ce que je veux ou ce que je peux ?

Sommes-nous libres d'agir ?

Dans notre conception occidentale, l'homme est la mesure de toute chose. Soit. La question qui conditionne alors l'agir est: sommes-nous libres d'agir? Sommes-nous ce chef d'orchestre qui bat la mesure de ses actions?

La question du libre arbitre est certainement celle qui a le plus agité la philosophie depuis la nuit des temps. La justice se base en effet sur le fait que nous agissons librement et en toute conscience. Nul n'est censé ignorer la loi, à chaque citoyen d'en faire bon usage. La liberté est une belle valeur autant que le libre arbitre est un poids. Observons de quelle manière la philosophie a forgé notre conception du libre arbitre, tiraillée entre les deux phrases suivantes: «les hommes naissent libres et égaux» et «on ne fait pas ce que l'on veut, mais ce que l'on peut».

Liberté, liberté chérie

Commençons par l'idée selon laquelle nous sommes responsables de nos actes, et la liberté de nos actions nous appartient. Oui, le chef d'orchestre, c'est bien nous. Pour preuve de cette inclinaison à nous savoir libres de nos actes, en sociologie, il existe une notion appelée l'erreur d'attribution fondamentale (Lee Ross *et al.*, 1977), qui souligne que l'être humain attribue de préférence la responsabilité d'une action à des causes internes plutôt qu'à son contexte. C'est ce que l'on appelle un biais d'attribution. Par exemple, si je tombe dans la rue, une majorité de gens jugera que c'est parce que je n'étais pas attentif, parce que je suis maladroit et non parce que l'on a voulu me faire tomber, ou que le hasard m'a fait tomber. C'est ma faute.

Il est question ici de faire la différence entre ce qui a trait à la liberté et ce qui est lié au déterminisme, c'est-à-dire ce qui est la conséquence de conditions extérieures et précédentes. La liberté, elle, suppose ce que l'on appelle le libre arbitre. La formule « Liberté, ô liberté chérie », qui apparaît dans le sixième couplet de la *Marseillaise*, montre l'attachement que l'on porte au fait d'être libre d'agir. Contrairement à une boule qui, lancée sur un tapis de billard, ne peut, sauf choc contraire, changer de direction, l'homme est censé pouvoir agir sur sa destinée, indépendamment de toutes causes extérieures. Cette façon dont nous nous savons maîtres de notre destin pourrait trouver sa source chez Descartes, pour qui le libre arbitre est une évidence et constitue une des merveilles du monde.

Pour illustrer cette idée de libre arbitre, prenons l'exemple de la *Fable de l'âne*, rapportée par le philosophe français Jean Buridan (1330-1358). Un âne se tient devant un seau d'eau et une botte de foin, et il se trouve qu'il a exactement autant faim que soif. Il ne parvient donc pas à choisir entre l'eau et la nourriture. La pauvre bête va mourir de faim et de soif, car les forces déterminant son choix s'équilibrent. Choisir, c'est renoncer. L'animal, n'étant pas doté d'une âme, ne peut agir indépendamment de toute détermination, c'est-à-dire indépendamment du contexte, contrairement à l'être humain qui, lui, jouit d'une capacité à s'extraire de cette nécessité en choisissant d'agir.

Ainsi, selon des penseurs comme Aristote, Descartes ou encore Rousseau, l'homme est libre d'agir, libre de se déterminer indépendamment de son environnement. Pour eux, le libre arbitre est même un parti pris métaphysique, c'est-à-dire qu'il ne se prouve pas. C'est comme ça et pas autrement. Pour Rousseau, c'est une évidence qui s'impose à tous, un sentiment intérieur dont on ne peut remettre en cause le bien-fondé. Descartes, lui, l'exprime ainsi : « Le libre arbitre consiste à faire une chose ou à ne pas la faire sans qu'aucune force extérieure ne nous y contraigne. » Et Rousseau d'abonder dans ce sens en écrivant : « Un raisonneur a beau me prouver que je ne suis pas libre, le sentiment intérieur, plus fort que tous ses arguments, le dément sans cesse. » Devant tant de certitudes, il semble difficile de faire de la place au hasard !

Selon cette philosophie, l'homme se poserait donc comme cause première de ses actes. Une absolue causalité entre les événements reposerait ainsi sur nos frêles épaules. A donne B, cela ne se discute pas. Or, qui dit liberté dit responsabilité. On comprend mieux pourquoi nombre d'entre nous se considèrent comme coupables de ce qui leur arrive.

En effet, un des premiers effets secondaires de cette liberté d'action, c'est qu'elle nous rend redevables de nos actes, en bien et en mal. C'est d'ailleurs sur ce libre arbitre que se base le fonctionnement juridique de notre société : on ne juge quelqu'un que s'il est conscient de ses actes. La clause d'irresponsabilité ne s'applique que pour les personnes qui ont perdu la raison. C'est sur ce point également que se fonde la religion : si l'homme est libre d'agir, il pourra être jugé selon les lois de Dieu. S'en suit alors un culte de la culpabilité éternelle. Un carnage. Le libre arbitre serait comme un beau cheval de Troie, que l'on ferait entrer en fanfare pour se rendre compte, le lendemain, que le piège s'est refermé sur nous. Culpabilité, ô culpabilité chérie. En effet, dommage pour vous Mesdames, c'est Ève qui a choisi de croquer la pomme de l'arbre de la connaissance en toute conscience. En cela, l'être humain a été rendu coupable d'avoir voulu emprunter à Dieu cette capacité à disposer de lui-même. Tout a un prix, mais n'est-ce pas un peu disproportionné ? La liberté, c'est beau, c'est sexy, cela pose l'être humain comme le détenteur de son avenir et lui offre ainsi la possibilité de cheminer vers des jours meilleurs. Mais est-ce un si beau véhicule pour trouver son bonheur ? Ce libre arbitre semble être un cadeau inestimable, mais porter sur ses épaules cette qualité réservée aux dieux nous pose comme responsables de tout ce qui advient. Tout ? Oui, tout, et n'importe quoi. Cette conception du « quand on veut, on peut» nous amène à la culpabilité excessive et nous empêche d'agir. Trop de liberté tue la liberté.

Inutile de préciser que Julie, Albane et Paul se sentent ultra coupables de leurs actes. La liberté constitue, pour eux, autant un espoir de jours meilleurs qu'un fardeau à porter. Mais Paul est-il le seul coupable de son état ? N'y a-t-il pas des causes extérieures à lui ? Est-il si libre que cela de refuser ce destin ? Julie a-t-elle sciemment choisi de tomber en dépression pour avoir voulu s'occuper de tout le monde plutôt que d'elle-même ? Albane est-elle réellement responsable de sa blessure ? A-t-elle toutes les cartes en main pour faire face à ce qui lui arrive ? Comme s'il était possible de tout savoir à l'avance et de maîtriser parfaitement son destin...

La question du libre arbitre, aussi épineuse que la couronne qui trône sur la tête du Christ, mérite donc d'être nuancée. Une autre vision de notre liberté d'action vient alors à notre secours : « Tu fais quoi ? » « Je fais ce que je peux », répondrait Spinoza.

La liberté, cette illusion de l'ego

Pour certains philosophes, la liberté n'est qu'une illusion, et ils y opposent la notion de nécessité : « On fait ce que l'on peut. » L'homme ne serait alors déterminé que par des éléments qu'il ne décide pas. Au premier rang de ces penseurs se trouve Spinoza, qui écrit dans sa lettre à Schuller (1955) : « Une pierre reçoit d'une cause extérieure qui la pousse une certaine quantité de mouvement, par laquelle elle continuera nécessairement de se mouvoir après l'arrêt de l'impulsion externe. [...] Concevez maintenant, si vous le voulez bien, que la pierre, tandis qu'elle continue de se mouvoir, sache et pense qu'elle fait tout l'effort possible pour continuer de se mouvoir. Cette pierre, assurément, puisqu'elle n'est consciente que de son effort, croira être libre et ne persévérera dans son mouvement que par la seule raison qu'elle le désire. Telle est cette liberté humaine que tous les hommes se vantent d'avoir et qui consiste en cela seul que les hommes sont conscients de leurs désirs et ignorants des causes qui les déterminent. »

Les hommes ignorent les causes qui les déterminent... Tout est dit. Pour les philosophes du déterminisme, l'homme n'est pas la cause première de ses actes, puisqu'il est tributaire de la nécessité. Nos actions sont déterminées par ce qui les précède, par des causes qui nous échappent. Paul a-t-il réellement choisi de venir en thérapie ? C'est peut-être devant l'impossibilité d'avancer dans sa vie qu'il a, telle l'eau, fini par s'écouler jusqu'à mon cabinet ? Solution de la dernière chance.

L'Homme suivrait alors sa nature plus qu'il ne la bouleverserait. L'être humain ne serait pas un « empire dans l'empire », il suivrait le même mouvement que le cosmos, le même mouvement que l'eau. Seul le langage lui permettrait de rationaliser *a posteriori* et de se rendre responsable de ses actes, comme nous l'avons entrevu avec la conception biologique des valeurs, où le corps agit et réagit souvent sans conscience, ni volonté. Le libre arbitre ne serait alors qu'une illusion, une invention de l'homme pour faire face à la peur de mourir et se doter de la croyance qu'il peut y remédier. Croyance en un pouvoir divin. L'homme se sent tellement fort qu'il croit pouvoir vaincre la mort.

Cette conception impliquerait de nombreuses conséquences pour notre société et nos modes de vie. Sans libre arbitre, comment condamner quelqu'un qui a commis un crime ? S'il n'y a que de la nécessité, comment imaginer pouvoir influer sur le cours de sa vie ? Bien qu'elle soit en mesure de supprimer toute once de culpabilité, nos trois amis n'apprécieraient certainement pas cette philosophie. Leurs responsabilités s'évanouiraient dans une fatalité de la vie, ils s'en trouveraient livrés à leur propre sort. Mais alors, entre les «je n'ai pas le choix», les «je ne peux pas faire autrement» et les «quand on veut on peut», que fait-on ? Comment s'extraire de ces deux philosophies dont on perçoit qu'elles ont de bonnes raisons toutes les deux ? Nous sommes responsables de nos actes, et nous percevons bien la liberté d'agir au creux de notre cœur, mais nous concevons aussi que nous sommes tributaires de choses qui nous échappent. Coincés entre deux chaises, entre deux mouvements contraires, n'existerait-il pas une troisième voie ? Par ici la sortie !

Liberté et déterminisme : la peste et le choléra ?

Coincés entre la peste de la liberté culpabilisatrice et le choléra du déterminisme animal, nos trois voyageurs vers ce bonheur espéré doivent trouver un autre chemin. C'est là qu'Emmanuel Kant, philosophe de la synthèse, intervient de nouveau en prenant ces deux courants pour n'en faire qu'un. Ainsi, dans sa *Critique de la raison pure*, il traite de ce qu'il appelle la troisième antinomie. Cette opposition entre la liberté et le déterminisme.

Selon lui, l'homme est bien déterminé. Il est sensible aux effets du monde, en ce sens qu'il est ce que l'on appelle un être empirique, ancré dans l'expérience. Il est soumis au déterminisme naturel, comme celui de sa propre survie. Nous avons besoin de respirer, de boire, de dormir, de manger, de ne plus souffrir. Acceptons-le et n'en parlons plus. L'homme est condamné à suivre ses besoins plus qu'à les décider. Mais cette conception ne nous résume pas, elle n'épuise pas notre manière de concevoir la réalité humaine. L'homme est plus que ça. Pour preuve, reprenons un exemple que Kant donne dans sa *Critique de la raison pratique* : si votre roi vous ordonnait de faire un faux témoignage contre un honnête homme qu'il voudrait condamner sous des preuves plausibles, ceci sous peine d'une mort immédiate, que feriez-vous ? Pour ce philosophe, le simple fait que nous soyons conscients qu'il n'est pas moral de faire ce faux témoignage signe la liberté d'agir contre le déterminisme de la lutte pour sa propre survie. Ainsi, indépendamment du fait que nous le fassions ou pas, savoir qu'il est possible de choisir la mort pour préserver la morale et nos idéaux (ce que beaucoup ont fait dans l'histoire) montre que l'homme est aussi un être moral, non contraint par l'unique nécessité. À la lumière de ce dilemme, on peut distinguer le fait naturel du fait moral. La conception du libre arbitre selon Kant part donc de ce constat: «On peut appeler la conscience de cette loi fondamentale un fait de la raison.»

La liberté ne se démontre pas, elle est de l'ordre du postulat: l'homme est porteur d'une raison dont il peut faire usage ou non. Ainsi, il n'y a pas à choisir entre l'exigence des deux, mais plutôt entre la pratique de l'un ou de l'autre. L'homme est libre et déterminé, mais que fait-il de cela? L'expérience de ce que l'on appelle la morale est révélatrice de la liberté humaine, c'est ce qui lui fait dire: «Quand on doit, on peut.» L'expérience du devoir nous installe dans cette possibilité de s'extraire de notre déterminisme. S'élever au rang de l'humanisme, c'est se rendre conscient de la morale, des valeurs qui nous guident. Agir librement en fonction de nos valeurs et non uniquement par nécessité.

Kant conclut ainsi: «Il juge donc qu'il peut faire une chose parce qu'il a conscience qu'il doit la faire et il reconnaît ainsi en lui la liberté qui, sans la loi morale, lui serait restée inconnue.»

Il s'agit alors de faire l'effort de prendre conscience de soi-même, des autres et du monde. Oui, nous sommes déterminés par des causes que nous ignorons. En cela, il est bon de se laisser aller et de se faire confiance. En nous réside ce désir de vivre qui nous amènera à bon port. Mais ceci ne suffit pas, il nous est aussi nécessaire d'avoir toujours conscience de nos valeurs. Ainsi, nos actions n'ont de raison que parce qu'elles nous rapprochent de nos valeurs.

La vie de nos trois amis s'est arrêtée car ils ont perdu le sens de leurs actions et se sont laissé guider par l'unique nécessité. Le seul intérêt de l'urgence du court terme. Agir en conscience va leur permettre alors de mieux faire correspondre l'action au contexte, de se faire confiance dans le contexte de la nécessité (dormir, manger, travailler), et de donner du sens à la vie dans le contexte des valeurs. Cette conception est proche de la voie du milieu des taoïstes.

Paul prend conscience de ce qui l'a amené à la rupture entre idéaux familiaux et pression du travail, et de la possibilité d'agir différemment pour reprendre en main sa destinée. Julie peut s'extraire de sa condition féminine de mère nourricière pour choisir d'aller vers ce qui, moralement, lui importe (l'écologie, par exemple), tout en respectant la nécessité de prendre soin de son corps. Albane accède à l'autodétermination, elle s'autorise le choix de ses valeurs propres, de façon indépendante, tout en respectant celles de ses parents. Elle apprend aussi à faire avec le corps qu'elle a. La liberté et le déterminisme se mélangent alors dans un cocktail dont chacun possède la recette, pour produire ce nectar du souverain bien. Un cocktail d'actions riches et pleines de sens.

Biologie de l'action

Depuis quelques décennies, la science nous a considérablement éclairés sur notre fonctionnement locomoteur. Pour notre corps, que signifie agir ?

Reprenons le développement de Paul Ricœur et l'idée de vecteur, avec un point de départ, un point d'arrivée et un initiateur, l'être humain. L'action commence par une intention. Pour le corps, l'intention est une pensée, une représentation. L'action qui suit consiste à faire correspondre le mouvement à l'idée initiée. Inutile de revenir dessus : la biologie de la pensée, abordée plus haut, suffit pour comprendre ce point de départ de l'action. Le but d'une action, ce que notre corps vise à travers le mouvement, nous l'avons également abordé au chapitre précédent : il se situe à la fois au niveau des besoins fondamentaux, des besoins moraux et du besoin de préserver sa génétique.

Que reste-il alors ? Deux questionnements : d'abord, qu'est-ce qu'un comportement et comment le corps fait-il pour avancer ? ensuite, qu'est-ce que le libre arbitre sur le plan biologique ?

On se bouge ?

Le verbe « agir » désigne le fait de produire un mouvement. On distingue les comportements ouverts – ce qu'il est possible d'observer de l'extérieur : lever le bras, marcher, grimacer... – des comportements fermés – ce qui ne se voit pas : penser, réfléchir, imaginer... –, que nous avons déjà abordés plus haut. Mais où commence l'action ? Lorsque notre bras se lève ou lorsque nous pensons à lever notre bras ?

Le système de contrôle de la motricité comprend plusieurs niveaux hiérarchiques : le système locomoteur (nos os et nos muscles), la moelle épinière (sorte de réseau de câbles électriques), le tronc cérébral (qui régule et relaie l'information), et le cerveau, qui constitue le grand ordinateur central.

Cerveau
Tronc cérébral
Nerfs
Os et muscles

Commençons par le système locomoteur. À la base, notre corps est un tas d'os, le squelette, qui constitue une sorte de charpente dont chacun des éléments remplit une fonction déterminée. Au fil des siècles, notre corps, et donc notre squelette, ont évolué pour s'adapter au contexte. Outre la station debout, qui l'a considérablement modifié, nous conservons au fond de nous une trace de cette évolution. Par exemple, notre coccyx est une relique de la queue que nous avions en commun avec nos compagnons d'évolution !

Observons maintenant les éléments qui assurent la jonction entre nos os : les articulations. Si vous comparez le genou au poignet, vous observerez que le genou possède moins de possibilités de mouvements que le poignet qui, lui, peut bouger dans tous les sens. Pourquoi ? Parce que pour l'homme, la capacité de préhension est essentielle. C'est ce que l'on appelle les degrés de liberté. On remarque donc que, à la fois au niveau de sa forme, de sa résistance et de sa composition, notre squelette offre des possibilités d'action limitées : l'être humain fait ce qu'il peut, pas ce qu'il veut. Avant même d'aborder plus globalement la question de la liberté d'agir, on voit bien que le corps de l'homme est limité par ces degrés de liberté des mouvements. Il fait ce pourquoi il est construit.

Notre squelette est recouvert de muscles, qui ont pour fonction de le mettre en mouvement. Deux catégories de muscles se complètent : d'une part les muscles que l'on dit striés et qui, en se raccourcissant (imaginez deux peignes qui se rapprochent et s'entremêlent), animent le squelette ; d'autre part les muscles lisses qui, eux, gèrent le fonctionnement de nos viscères, et ne sont pas sous notre contrôle conscient. Là encore, notre capacité et notre liberté d'agir sont conditionnées par la masse de muscles. Par exemple, mon cortex cérébral peut imaginer courir 50 km ou grimper un mur d'escalade, mais lorsqu'il prend en considération le poids de mon corps, il réajuste ses ambitions. Peser 60 ou 120 kg n'offre pas les mêmes degrés de liberté... La réalité corporelle ramène ainsi le discours à de basses mais non moins essentielles considérations : quand on veut, on peut ?

Les nerfs sensitifs et moteurs, contenus dans la moelle épinière (c'est schématique, mais voyez cela comme une gaine électrique contenant des milliers de câbles plus fins, comme une fibre optique), constituent une sorte de câblage électrique. Dans cette gaine passent des fibres nerveuses véhiculant l'information venant « d'en haut », la commande motrice, et « d'en bas », l'information sensitive.

Au sommet de cet édifice trône le système nerveux central : le cortex préfrontal, qui planifie le mouvement (le législatif, celui qui donne l'ordre), et le cortex moteur, qui organise les séquences motrices. On pourrait penser que le cerveau initie un à un chacun de nos mouvements, dans une belle action consciente et librement choisie, mais le biologiste américain Karl Lashley (1951) a montré que le cerveau déclenchait en fait des groupes d'actions – un peu comme si vous commandiez un menu gastronomique au restaurant –, afin d'économiser du temps. Le choix de nos actions se réduit alors un peu plus encore. Heureusement, certaines activités, la peinture ou la danse par exemple, nécessitent une motricité plus fine, plus précise, activée par le cortex moteur primaire, ce qui sauve l'Homo sapiens de l'automatisme total.

Tous les acteurs du théâtre de l'action sont nommés et réunis ; la fête peut commencer ! Mais avant de taper les trois coups de cette pièce multimillénaire, il convient de définir ce qu'est un comportement moteur. Il existe différents niveaux de motricité. À la plus petite échelle, on trouve le réflexe. Cette unité de base du comportement est celle que votre médecin teste en tapotant votre tendon rotulien, pour vérifier le bon fonctionnement de vos réactions nerveuses. Notons ici que les réflexes, ces réponses innées, ne montent pas jusqu'au cerveau : l'influx nerveux arrive à la moelle épinière, qui renvoie la réponse immédiatement. C'est ce que l'on appelle un réflexe médullaire. On pourrait dire que nous sommes ici au degré zéro de la liberté. Viennent ensuite les autres réflexes, évoqués plus haut avec le tronc cérébral : fuir, se figer et combattre, des mouvements propres à l'espèce humaine. Puis on trouve le programme moteur, qui intègre les réflexes et les mouvements en une série complexe et rodée de gestes, et que l'on appelle la planification motrice, consciente ou non. C'est sur les comportements volontaires et planifiés que notre attention va ici se porter.

Nous venons en effet de décrire la mécanique d'un mouvement, mais qu'est-ce qui différencie un mouvement d'un acte, dans ce cas précis ? Qu'est-ce qui fait que me rendre sur la place de mon village peut être considéré comme un simple mouvement, ou comme un acte orienté vers un but précis ? Réponse : le langage et le contexte ! Nous revenons une nouvelle fois sur le langage et sa capacité à créer un contexte qui donne du sens (appétitif ou aversif) à nos actions. C'est ici que l'être humain se distingue des autres animaux. C'est ici que se différencie un acte de bravoure d'un acte de lâcheté. Décider plutôt que divaguer...

La forme de l'action qui nous intéresse, dans cet ouvrage, est celle qui donne richesse et sens à notre vie. Ce mouvement qui va étreindre l'être aimé, ou saisir ce gâteau au chocolat repéré depuis 50 m dans la vitrine du pâtissier (ceux qui aiment le chocolat ont de bons yeux). Alors, comment on se bouge, dans ces moments où l'acte surpasse le simple mouvement ?

Tout commence par une prise d'information, soit la prise de conscience d'un élément de l'environnement. Ce premier temps est géré par le système sensitif. Imaginons ici que l'on voit une tasse à café. Les cortex sensoriels primaires et associatifs envoient cette information au lobe frontal, et plus précisément au cortex préfrontal, qui évalue la situation et qui définit le programme à établir pour se saisir de cette tasse et espérer goûter au nectar caféiné (après avoir bien sûr évalué notre motivation, notre goût pour le café). Ce grand planificateur évalue, compare en fonction de notre mémoire, des besoins du moment, mais aussi de nos possibilités. Cet exemple serait d'ailleurs encore plus parlant si l'objet convoité était un pot de Nutella caché au-dessus d'une armoire, et si la personne concernée était un enfant de 6 ans… Le cortex préfrontal envoie des informations au cortex prémoteur, qui élabore l'association de mouvements nécessaires à la préhension de la tasse. Notez que ces mouvements sont quasi automatiques et qu'il n'est pas nécessaire de réfléchir à comment faire pour saisir la tasse. Cette phase est le résultat de l'apprentissage, le fruit de milliers d'expériences passées, un peu comme un accord de guitare où nos doigts se posent, comme par magie, sur chaque corde, dans un ordre compliqué (non, je n'ai aucune plainte à émettre vis-à-vis de l'inventeur de la guitare… en fait, si). Enfin, le cortex moteur primaire prend le relais pour assurer la finesse du mouvement, comme ce papier à poncer très fin qui permet les finitions, la perfection du geste, la brillance de l'action.

La chronologie de la hiérarchie et du déroulement de la motricité humaine telle que nous l'avons décrite ici n'est en réalité pas aussi simpliste, en ce sens qu'elle ne se fait pas uniquement de bas en haut, en un seul aller-retour. En effet, lorsque nous produisons un mouvement, le bras ne se tend pas parfaitement en une ligne directe et sans détour. La gestion du mouvement se complexifie si l'on pense que, pour agir, il faut garder le but en mémoire (rappelez-vous cette fois où nous arrivions au bout de la pièce en ayant oublié ce que nous étions venus chercher). Cette procédure concentre tous les processus évoqués plus haut : elle nécessite de garder la perception du moment présent, de gérer le flux de pensées qui peuvent interférer et de tempérer nos émotions, afin de ne pas faire un mouvement brusque, ce qui risquerait de renverser la tasse. Ce travail est effectué par le cortex préfrontal, représenté par les fonctions exécutives évoquées plus haut. Ces fonctions de haut niveau, qui intègrent le langage, permettent une flexibilité sans commune mesure avec nos cousins mammifères.

Le comportement moteur s'échelonne donc entre deux extrêmes : d'un côté, un réflexe totalement inconscient et hors de contrôle et, à l'autre extrémité, une action décidée, consciente, perfectionnée et raffinée par le langage. L'observation de la mécanique corporelle rejoindrait alors la synthèse du philosophe Emmanuel Kant, selon lequel notre corps est certes déterminé par ses besoins et ses réflexes, mais il est aussi capable de décider d'agir finement et de manière hautement complexe. La biologie nous apporte alors la synthèse et la nuance tant attendues : nous faisons ce que nous pouvons, ce que notre corps décide pour nous – autrement dit, nous satisfaisons nos besoins –, mais nous sommes libres d'inventer d'autres formes d'actions avec ce corps déterminé – ici, c'est de créativité et de dépassement de soi dont il est question. Nous agissons donc pour satisfaire notre déterminisme autant que notre désir de liberté, pour notre plus grand bonheur.

Pour Albane, Paul et Julie, il était difficile d'agir au mieux tant les processus psychologiques cités plus haut étaient en friche. Comment adopter une conduite efficace si nous ne sommes pas attentifs à ce que nous faisons et si nous perdons conscience du but ? Si nous ne donnons pas à notre cortex préfrontal les clés de l'action, il est évident que même si nous savons où nous voulons aller, l'échec est assuré avant même que nous partions. L'action étant le résultat de tout ce que nous avons évoqué précédemment, elle est censée ne se produire qu'en dernier lieu. Mais bien souvent, nous nous centrons sur le faire, sur le comment-faire, sans prendre conscience que, pour faire, nous mobilisons une mécanique complexe. Et lorsque qu'elle déraille, il faut la réparer. En ce sens, quand notre corps, qui a l'habitude de fonctionner tout seul, ne nous permet plus d'avancer, nous commençons à nous poser des questions. C'est à ce moment précis que l'être humain prend sa liberté d'agir, qu'il prend conscience qu'il doit guider son corps pour agir. Alors, sommes-nous libres ? Décidément, même au niveau biologique, cette question reste épineuse.

Corps libre arbitral

Nous avons déjà compris que, comme dans un iceberg, la majeure partie de nos actions échappe à notre contrôle, ainsi qu'à notre conscience. Qu'en est-il alors de la maigre surface émergée de cet édifice de glace ? Réponse en quelques expériences... qui font froid dans le dos !

Tout commence avec une expérience menée par le psychologue Benjamin Libet en 1983, dans laquelle on invite un participant à se placer devant une horloge. On lui demande simplement d'appuyer sur un bouton lorsqu'il le décidera, et de retenir le nombre indiqué par l'aiguille de l'horloge au moment où il prendra la décision d'appuyer (ce qui marque la prise de conscience de l'action). Des électrodes placées sur son crâne suivent son activité cérébrale. Ainsi, on mesure le moment où la décision est prise (le chiffre retenu), le moment où le cerveau s'active (ce que l'électrode mesure) et le moment où le participant appuie physiquement sur le bouton (ce que l'on constate visuellement). Ô miracle, ou plutôt ô désespoir, l'expérience de Libet montre que la décision précède de quelques centaines de millisecondes la conscience de l'action. En d'autres termes, on pense que l'on décide, mais lorsque l'on se dit « j'appuie », l'action a déjà lieu. En psychologie, on appelle ce processus la « rationalisation *a posteriori* ». Cela reprend la thèse de Spinoza, selon laquelle l'homme se croit initiateur de ses actions alors qu'il ne fait que les suivre.

Cette expérience présentant des imperfections, une deuxième a été conduite en 2008 par le neurobiologiste Chun Siong Soon et ses collègues (Soon *et al.*, 2008). Cette fois, le participant dispose de deux boutons, un dans sa main gauche et un dans sa main droite. Il peut appuyer quand il le souhaite, soit à gauche, soit à droite. Ici, l'activité cérébrale n'est pas mesurée avec des électrodes, mais par l'imagerie à résonance magnétique (IRM), qui permet des mesures plus fines et mieux localisées. L'être humain pouvait enfin espérer retrouver sa liberté d'agir et son honneur, perdus à la faveur d'une expérience tronquée... Espoir déçu. Pire, comme lorsque l'on fait appel lors d'un procès, on pense pouvoir obtenir mieux, mais on oublie que l'on peut aussi perdre gros. Cette expérience révèle que la décision d'agir commence 7 à 10 secondes (!!) avant la prise de décision consciente, et qu'il est même possible de prédire de quel côté le participant va appuyer.

Respirons un peu, car ce n'est pas une si mauvaise nouvelle. Nous sommes automatisés, certes, mais nous ne sommes pas pour autant des automates. En effet, le cerveau, notamment le cortex préfrontal, pour peu que nous soyons attentifs à l'instant présent, garderait la possibilité d'interrompre ce processus et d'en changer. C'est ce que l'on appelle la flexibilité mentale. Le cortex préfrontal garde en permanence le but, mais il lui est possible d'en changer selon le contexte. Comme en philosophie, la réponse ne serait donc pas à chercher dans cette dichotomie du libre ou non libre mais, comme toujours, entre les deux.

Si la liberté correspond – aux yeux de la justice en tout cas – à la capacité, pour un être humain, d'être conscient de ses actes, il est intéressant de se pencher sur le cas de la schizophrénie. En 2014, le chercheur Christopher Frith (2014) a modélisé cette maladie mentale comme étant celle d'un dysfonctionnement du monitoring de l'action (le pilotage). Selon lui, c'est parce que le cortex préfrontal dysfonctionne que la personne ne se sent plus actrice de ses actes et qu'elle perd le sens de la réalité. Chez les personnes souffrant de schizophrénie, on observe ainsi une difficulté à initier les actions de manière volontaire, ce qui laisse la place à une motricité automatique non contrôlée. Le cerveau déficitaire devient incapable de dérouler un plan d'action stable, incapacité qui se retrouve au niveau du cortex cingulaire antérieur (Alexender *et al.*, 1986 ; Goldberg, 1985). En outre, l'intention est découplée de l'action, en ce sens que le cerveau ne garde pas en mémoire l'information donnée après que l'action a commencé. C'est un peu comme si vous receviez un colis alors même que vous avez oublié que vous l'aviez commandé. Cette modélisation de la schizophrénie définit donc ce trouble comme un déficit de self-monitoring : la personne qui en est atteinte rencontre des difficultés pour initier une action, la maintenir dans le temps et, surtout, s'en sentir responsable, ce qui expliquerait l'incohérence de ses comportements. Revenons à la question de la justice : si la folie représente une condition permettant à l'être humain d'échapper au jugement – parce qu'on considère qu'il a perdu la conscience de ses actes –, celles et ceux qui ne souffrent pas de ce déficit ont toutefois une poche de résistance quant à leur libre arbitre. Leur cerveau, cette mémoire de soi, cette conscience, que nous évoquerons dans le chapitre suivant, constitue le socle de leur identité, il permet de se sentir initiateur de ses actes et conscient du but suivi. Or, un peu comme dans le cas d'une voiture dont personne ne se soucie du fonctionnement, il est parfois nécessaire d'ouvrir le capot, pour tenter de corriger certains détails qui empêchent d'avancer. La médecine peut soigner et changer les pièces de notre corps en intervenant sur les os ou sur les muscles, comme pour Paul et Albane, mais il convient parfois aussi de revoir notre façon de conduire, afin de ne plus finir à court de carburant à 50 km de l'arrivée.

Voyons comment apprendre à nos trois amis une conduite écologique, respectueuse de l'environnement non seulement interne (leurs ressources), mais aussi externe (leurs valeurs et les gens qui comptent pour eux). En route pour quelques cours de conduite accompagnée.

Engagez-vous !

Pour Paul, Albane et Julie, l'heure est venue de faire, d'agir de manière plus radicale, de passer d'un point A à un point B. Libre arbitre ou non, peu importe ce qu'en dira la philosophie.

C'est dans cette entreprise de l'accomplissement de soi que l'approche comportementale prend toute sa force et toute sa finesse. On pourrait donc dire que le succès d'un tel travail se mesure à la modification de nos habitudes de vie. Et on ne s'arrête que lorsque le plan est accompli. Bien évidemment, le revers de cette approche, c'est qu'elle pourrait nous enfermer dans une tyrannie de l'agir : être un homme, une femme d'action ou ne pas être. Les TCC s'attachent beaucoup à ce qui se voit, se mesure, mais souvenez-vous de l'approche de la Gestalt, où le vase n'existe que parce que la table et le mur le mettent en valeur. À trop compter sur le comportement, on en oublie l'être et son essence. Qu'en est-il des moments de repos, de moindre activité, des instants de rêverie ? À trop se centrer sur la lumière, on en oublie ce qu'elle doit à la nuit. La psychanalyse, en mettant en valeur le silence, le « en-devenir », ce qui se dit en creux, se joint à la conception chinoise du temps, le creux et le plein. Il semble ainsi important de sortir de cette conception superficielle du « tout agir » pour corriger cette tendance. C'est ce que les TCC de la troisième vague, dont l'ACT fait partie, apportent, avec la conception des valeurs et de l'action engagée. Ici, il n'est pas question d'agir pour agir. En ACT, agir, c'est s'engager, mettre en gage une partie de soi. En ce sens, réattribuons l'action à son initiateur. Rendons à César ce qui appartient à César et redonnons à l'être humain sa grandeur. Nous savons que nous agissons et nous savons pourquoi. Un comportement pris isolément n'a pas de sens : aller chercher le pain, aller au cinéma, parler en public, c'est bien, mais, hors contexte, ces comportements n'ont aucune signification.

Pourtant, les personnes qui viennent en psychothérapie cherchent à retrouver une vie quotidienne « normale ». Le mot « normal » n'a pas de sens ici, car les comportements ne comptent que s'ils ont été « valorisés ». L'engagement, c'est l'action en direction d'une chose importante pour soi. Considérons par exemple quatre actions similaires, et pourtant si différentes selon le point de vue :

- Je m'installe à table, ce midi, et je mange ce que j'ai dans mon réfrigérateur, soit des fruits et des légumes. Il se trouve que, sans m'en apercevoir, j'en mange cinq.
- Je m'installe à table, ce midi, et ma femme me dit qu'il faut que je mange cinq fruits et légumes pour ne pas « choper le cancer ».
- Il est deux heures du matin. Je m'installe à table et je mange ce que j'ai sous les yeux : des fruits et des légumes.
- Je m'installe à table, ce midi, et je mange ce que j'ai dans mon réfrigérateur, soit des fruits et des légumes. Il est important pour moi de faire preuve de respect à l'égard de mon corps et d'avoir un régime alimentaire varié.

Vous en conviendrez, ces quatre exemples ne diffèrent que par le contexte de l'action. Qu'est-ce qui opère cela ? Le langage bien sûr ! Ces exemples nous ramènent à la psychologie contextuelle : pour quelle fonction et dans quel contexte je produis ce comportement ?

La théorie des cadres relationnels nous éclaire sur la façon de modifier radicalement le devenir de ces comportements. En effet, dans le premier cas, il n'y a pas de cadrage relationnel : on mange ces fruits et légumes par hasard, sans y réfléchir, donc il y a de fortes chances que ce comportement ne se reproduise pas à l'avenir. Dans le deuxième cas, le cadrage est celui de l'injonction de l'épouse, qui encadre négativement les fruits et légumes : « Il faut que tu en manges, sinon tu vas attraper le cancer. » Ici, si je mange ces fruits et légumes, j'obéis sous le coup de la menace. Ces aliments seront associés à jamais au cancer plutôt qu'au plaisir. Dans la troisième situation, manger ces fruits et légumes à deux heures du matin ne respecte pas la fonction initiale de s'alimenter selon ses besoins. Enfin, le dernier cas montre un acte fort d'engagement, qui implique la conscience de l'action, un mouvement et un but. Nous incarnons au plus profond de nous cette liberté d'agir.

Ainsi, c'est par cette prise de conscience supportée par le langage, par la prise en compte du contexte et de la fonction, que l'ACT permet de relier la philosophie de l'action au corps. De cette manière, nos trois amis vont pouvoir retrouver cette capacité d'agir plutôt que de réagir. Plus d'action, moins de réaction. Un peu plus près des étoiles, un peu moins du lapin.

Albane, Julie et Paul, une prise de pouvoir

Comme d'habitude, nous nous retrouvons un lundi matin au cabinet de psychothérapie. Même heure, même jour, même mécanique. Il peut sembler paradoxal d'avoir besoin d'habitudes pour pouvoir changer les siennes... Peu importe. Je suis installé dans mon bon vieux fauteuil de cuir noir. Ce fauteuil n'est pas un simple élément de mobilier, un vulgaire strapontin. Non, sa place, sa disposition, son orientation participent pleinement à la thérapie. Je me trouve face à ces trois autres fauteuils encore vides. L'atmosphère est calme, la lumière douce, le silence lourd. Ce vide, face à moi, va, dans quelques minutes, être comblé par la présence de Paul, de Julie et d'Albane, trois êtres en quête de renouveau, pour qui cette thérapie représente beaucoup. Parfois beaucoup trop. Ce fauteuil sur lequel je suis assis me porte autant qu'il me pèse. Ce trône sur lequel le thérapeute s'installe est autant un objet de désir d'« aider » et de « panser les plaies » qu'un symbole lourd de sens. Être thérapeute ou ne pas l'être, cela dépend de quoi ? En tant que comportementaliste, on peut dire que cela dépend de ce que la thérapie aura permis au patient de faire, ou de ne pas faire. Quelle pression sur la poitrine ! Qu'est-ce qui fera de moi un bon thérapeute ? Auront-ils avancé ?

Installé au fond de ce fauteuil, en ce lundi matin, mon esprit est saisi de vertige à l'évocation de ces questions. Oui, ce fauteuil a pris une tout autre fonction depuis qu'il est sorti du magasin de meubles où il trônait fièrement, dans l'attente de se voir attribuer une utilité. Il aurait pu être installé dans la salle d'attente d'un avocat, ou bien chez un cinéphile nostalgique des assises de cuir noir des salles d'antan. Mais il est devenu le lieu d'un pouvoir à la *Game of Thrones*. Il n'est ni égocentrique ni prétentieux de penser que le fauteuil du psychologue est un lieu de pouvoir – un pouvoir thérapeutique – autant qu'un lieu de fantasmes. Il n'y a qu'à voir le regard et l'expression des gens lorsqu'ils entendent que la personne qui se trouve face à eux est psy, psychologue, psychiatre, psychothérapeute. Psy, quoi. L'esprit s'agite, la crainte s'anime. Le psychologue concentre les fantasmes d'un obscur pouvoir diffus. Celui de sonder les esprits, de les manipuler. Mentaliste. Ce pouvoir, cette « influence qui guérit » sont heureusement encadrés par un diplôme et une éthique professionnelle. Mais cela n'élude pas la question qui hante l'esprit du psy : suis-je un bon ou un mauvais thérapeute ?

Je me suis pleinement engagé à aider Julie, Albane et Paul dans leur quête d'une vie riche et pleine de sens. En psychologie, comme en médecine en général, il est dit que nous avons une obligation de moyen, mais pas une obligation de résultat. Or, les trois personnes qui entrent en ce moment dans ma salle d'attente n'ont que faire d'une simple obligation de moyen. Si je leur dis que je fais ce que je peux, cela ne leur suffira sans doute pas. Encore moins à notre époque, où toutes les thérapies font office de méthodes magiques, où chacun est en quête de LA thérapie ultime qui soigne tout le monde et pour toujours. Mythes et fantasmes. Non, soyons honnêtes, ce qui monte en moi ce matin, c'est tout simplement de l'angoisse. La peur de ne pas y arriver. Une obligation de résultat flotte lourdement dans l'air. Lourde et irrespirable. En ce sens, le thérapeute fait preuve d'engagement, il met en gage, si ce n'est une partie de son être, au moins une partie de ses valeurs. L'ambiance est calme dans la pièce autant qu'elle est agitée dans mon corps, ce qui me rappelle les mots de Heidegger : « L'homme est soucieux par essence. » Le thérapeute est soucieux de la santé mentale de ses patients, quoi de plus normal d'étreindre au fond de lui ce souci d'efficacité ? Angoisse, valeurs, engagement. Ces processus ne sont pas à l'œuvre seulement chez nos trois amis. Non, pour moi aussi se joue cette scène, la représentation en six actes de cette thérapie. Loin de la « neutralité bienveillante », cette ineptie qu'entendent dans les amphis tous les étudiants en relation d'aide. Non, le thérapeute n'est jamais neutre, et il a le pouvoir de ne pas toujours être bienveillant. Ce fauteuil est le fruit autant d'un fantasme que d'un réel pouvoir qu'il convient de ne pas oublier, derrière la simple obligation de moyen. Ce qui m'étreint ce matin, avant d'aller ouvrir la porte à ces patients, c'est la perception soudaine du pouvoir thérapeutique, ce pouvoir que je porte sur mes épaules et que je dois gérer. Non, ce n'est pas un sursaut de l'ego. C'est, pour quelqu'un qui tient un cabinet de soin privé, une manière de répondre comme on le peut aux attentes d'une société. En cela, être thérapeute devient aussi le lieu de l'engagement et de la pratique de la thérapie : je ne suis pas neutre, je n'observe pas froidement mes patients. Un de mes amis disait qu'être thérapeute, c'est apprendre à être à l'aise avec son malaise. Oui, se confronter à la souffrance, c'est l'éprouver soi-même. Mais alors, faut-il être bien pour aider l'autre ? Non, on n'est jamais bien, heureux, détendu, à se confronter à ce qu'il y a parfois de pire dans la nature humaine. En ce sens, le psychothérapeute ACT est également le lieu d'incubation des processus que nous avons évoqués. Prendre place au creux de ce fauteuil, c'est s'engager envers des valeurs. Respect, bienveillance, efficacité, organisation... L'acceptation, la défusion et le moment présent sont un travail de tous les instants, de toutes les séances.

Le plus fort, dans cette communion des êtres, c'est l'humanité qui nous lie : tous dans le même bateau. Mais pas tous dans le même fauteuil. Et si le psy occupe celui-ci, ce trône, il se doit non seulement d'incarner ces processus, mais aussi de se rappeler que la thérapie est un pouvoir. C'est vrai. Mais ce pouvoir n'est pas à concentrer dans le sein de la seule personne diplômée. Il est à partager, à rendre à chaque personne, afin de redonner à chacun le pouvoir d'agir sur sa vie, ce qui constitue le socle de l'humanité au regard de plusieurs millénaires de philosophie. Le socle de la vie morale. En envisageant les valeurs comme des directions de vie et non comme des objectifs à atteindre, on pourrait avoir une autre vision du psy. Beaucoup moins pesante, moins égocentrée. Non, le psy n'est pas le seul à porter la thérapie, c'est une valse qui se danse à trois : une technique, un thérapeute et un patient. En mordant à l'hameçon de l'efficacité, en portant sur ses épaules le destin de ses patients, le psy ne pourra pas finir la journée. Il n'a pas à être compétent, bienveillant, toujours, tout le temps. Il doit faire preuve de compétence, en se remettant chaque jour à l'ouvrage, sans céder aux sirènes de l'ego. Le psy fait aussi ce qu'il peut.

Soudain, une musique me sort de ce vertige, de cette houle, pour me ramener ici sur terre, avec des ambitions simplement humaines : faire de son mieux, dans la pleine conscience de ce désir, de ce fantasme d'être efficace. Cette musique prend possession de mon âme et me donne cette envie de me lever pour m'engager avec mes patients vers cette vie riche et pleine de sens. Mon corps résonne au son de la première piste de l'album *Flashpoint*, des Rolling

Stones. Un concert donné au Japon, haut lieu de l'engagement. *Continental drift...* L'intro monte progressivement en intensité. Rythmique tribale et entêtante imprimée. Charlie Watts fait vibrer mes entrailles. Mes tempes s'agitent, mon regard se concentre, mon corps se lève et ouvre la porte de cette salle d'attente au moment où la piste suivante commence. Keith Richard gratte trois accords. Incisifs, précis, tranchants. Trois accords suivis de la voix de Mike Jagger qui entonne :

If you start me up (Si tu m'allumes)

If you start me up I'll never stop (Si tu démarres le moteur, je ne m'arrêterai jamais)

J'ouvre la porte et je m'apprête à mettre le contact, à actionner le starter de Paul, de Julie et d'Albane, sans oublier, à la fin, de leur remettre les clés du camion. Évidemment, le psy n'est pas un héros. Évidemment, il n'entre pas en séance comme une rock star. Non, l'essence de cette introduction est bien celle du jeu. L'action est ce moment où, enfin, il est possible de jouer, d'apprendre, de découvrir et, pourquoi pas, de tutoyer nos rêves. Réveillons cette part infantile cachée en nos trois amis, cette pulsion de vie, celle qui veut tendre vers la lumière... avec une dose de rock n'roll en plus !

– THÉRAPEUTE : Bonjour à tous. Alors, comment cela s'est passé pour vous, depuis notre dernière séance ?

Paul commence, pressé de partager une découverte.

– PAUL : Vous nous aviez demandé d'essayer, chaque soir, de nous poser la question : « De quoi ai-je fait preuve aujourd'hui ? » J'ai beaucoup aimé cette expression, « faire preuve de ». Je me la suis rappelée à chaque fois que j'avais l'impression de m'ennuyer, de ne rien faire. Tiens, pas plus tard qu'hier, j'étais fatigué de ma séance de kiné.

J'avais une tonne de trucs à faire, mais franchement, je ne m'en sentais pas capable. Là où, habituellement, je ne me serais pas écouté, je me suis dit « là, tu fais preuve de quoi ? », et la première réponse qui est sortie de ma tête est : de repos et de respect de mon corps. C'est un truc de dingue, ça m'a déculpabilisé.
– JULIE : C'est marrant, moi aussi ! D'habitude, je carbure avec des « il faut que », des « je dois faire ceci, cela ». Mais me poser la question de mes valeurs m'a fait voir les choses avec plus de légèreté.
– THÉRAPEUTE : Bravo à tous les deux. Cela vous a-t-il permis de modifier quelque chose, concrètement ?
– JULIE : Honnêtement, non. J'ai rangé, j'ai organisé les vacances de la famille, comme d'habitude, mais avec plus de légèreté. C'est comme si c'était pour moi que je le faisais.
– THÉRAPEUTE : Légèreté dans le corps aussi ?
– PAUL : Tout à fait, plutôt que de culpabiliser, j'ai pu réellement me reposer, alors que d'habitude je reste tendu à ne rien faire. Là, j'ai fait du rien !

Évidemment, ces pratiques ne sont pas magiques et ne fonctionnent pas toujours du premier coup. Les regards se tournent vers Albane, mutique et repliée sur elle-même.

– THÉRAPEUTE : Et pour vous, Albane ? Ces valeurs ?
– ALBANE : Pour moi, ça n'a pas marché. À chaque fois que je me posais cette question, « de quoi je fais preuve ? », par exemple d'attention, de compétence à l'école, je me disais immédiatement que je n'étais pas au niveau.
– THÉRAPEUTE : Je comprends. Pour vous, ces valeurs sont devenues des objectifs : vous voulez être efficace, être attentive.
– ALBANE : Oui, mais je peux difficilement faire autrement : mes profs me rappellent sans cesse que suis inattentive, désordonnée !

– THÉRAPEUTE : Effectivement, comme nous le verrons lors la prochaine séance, on nous colle souvent des étiquettes. Mais, indépendamment de vos profs, et surtout de Pépito *(sourire d'Albane, qui comprend qu'elle s'est laissé accrocher par une pensée d'exigence élevée)*, diriez-vous que vous n'avez pas du tout été attentive ni ordonnée depuis la dernière séance ?
– ALBANE : Si, il y a des moments où je l'étais. Mais pas tout le temps.
– THÉRAPEUTE : Justement, l'idée est bien là. Évidemment, nous ne serons jamais parfaits tout le temps, ni pour toujours. En revanche, remarquer lorsque l'on fait preuve d'une valeur qui nous tient à cœur, c'est déjà se rendre compte que notre tête nous raconte des balivernes. C'est aussi voir ce qui va bien.
– PAUL : Alors, on se contente de ça ?
– THÉRAPEUTE : Non, bien sûr que non, ce n'est que la première étape, le premier étage de la fusée. La deuxième, c'est s'engager et arroser les parties de son jardin qui manquent d'eau. Posons-nous cette question : comment rééquilibrer nos directions de vie ? Pour commencer, seriez-vous d'accord pour évaluer l'état de vos jardins respectifs ? Reprenons le dessin des quatre cases des valeurs. Pour chaque carré, vous allez noter entre 0 et 10 pour répondre à la question suivante : « à combien vous avez le sentiment que vos actions sont en accord avec vos valeurs ? ».

JULIE

Travail : 4	Relations : 5
Loisirs : 2	Soins au corps et à l'esprit : 8

PAUL

Travail : 8	Relations : 8
Loisirs : 2	Soins au corps et à l'esprit : 4

ALBANE

Travail : 2	Relations : 8
Loisirs : 2	Soins au corps et à l'esprit : 8

– THÉRAPEUTE : Alors ? Qu'en dites-vous ?
– PAUL : Cela confirme ce que je pensais. Mon travail me convient, il faut juste que je donne plus de temps à mes loisirs pour réussir à couper. Mes relations sont vraiment bonnes, mes potes sont là, et avec mes enfants, ça se passe super bien. Il faut que je réajuste les relations avec ma femme, mais je pense que c'est comme avec les loisirs, il faut que je coupe du boulot quand je suis avec elle. Quant à mon corps, bien que j'aille chez le kiné pour mon dos, je ne dors pas assez. En fait, je prends conscience que je suis addict à mon smartphone. C'est à cause de ça que je me plante.
– ALBANE : Ah, je te comprends, si je n'ai pas mon portable, je suis morte ! Moi, mon problème, c'est l'école : j'avais de bonnes notes, mais là, je ne sais plus pourquoi je travaille. Je ne sais pas ce que je vais faire plus tard. Ça me démotive. Pour les loisirs, je n'en ai pas trop en dehors du sport. Je donne tout à la compétition.
– THÉRAPEUTE : Et vous, Julie ?
– JULIE : Bon, pour moi, ce n'est pas une nouvelle, je n'ai pas de loisirs. J'ai passé mon temps à m'occuper des autres. Je ne sais pas quoi faire d'autre. Ceci en plus du temps qu'il me manque. Le plus dur, là, c'est mon travail. Je me rends compte que, si je veux un meilleur chiffre dans ce carré, il va me falloir changer de travail.
– THÉRAPEUTE : À ce point-là ?
– JULIE : Oui, je ne m'en étais pas aperçue auparavant, mais j'ai terriblement peur depuis que je me renseigne sur l'état de la planète. Je culpabilise de travailler dans une entreprise totalement irresponsable écologiquement.

– THÉRAPEUTE : Intéressant. Et cela pourrait aussi expliquer vos angoisses, le fait de découvrir une valeur chahutée à ce point ?
– JULIE : Oui, parfaitement. En fait, je me rends compte que je dois faire une crise de la quarantaine, car j'ai peur de mourir en ayant été là pour les autres mais sans avoir fait ce qui était important pour moi. Il faut que j'agisse pour corriger ça.
– THÉRAPEUTE : Eh bien, je vous remercie d'avoir bien voulu faire face à ces constats. Il est vrai que cela ne fait pas plaisir, mais disons que maintenant nous allons peut-être nous engager à rééquilibrer ce qui compte pour vous. Et pourquoi pas rêver ?
– PAUL : Voilà bien fait longtemps que je ne me fais plus d'illusion. La vie n'est pas un rêve !
– JULIE : D'accord avec toi, Paul. Les utopies, on sait où ça mène : nulle part !

Albane prend la parole, piquée au vif, touchée en plein cœur.

– ALBANE : Moi, j'en ai des rêves, et vous feriez bien d'en avoir aussi. Vous me faites l'impression d'être déjà morts. Vous allez faire quoi, jusqu'à 80 ans ? J'ai plein de rêves et mes parents passent leur temps à les casser avec cette fichue phrase : « Albane, tu vis dans un monde de Bisounours ! » Ça me met en colère.
– THÉRAPEUTE : Et ça ne ferait pas aussi sortir votre eczéma ?
– ALBANE : Oui, je suis en colère contre ce monde où tout est noir, où il n'y a que de la violence et de la tristesse.
– PAUL : Oui, mais c'est ça, la vie, tout n'est pas rose !
– ALBANE : Ok, alors autant tout arrêter !

Julie sent son cœur se serrer, les larmes montent. Pour une fois, elle se laisse aller à pleurer (enfin !). De chaudes larmes coulent sur ses joues, son corps tressaille de tristesse. La tristesse de rêves oubliés qui, tel un ballon trop longtemps tenu sous l'eau, jaillissent à la surface.

– THÉRAPEUTE : Je ressens beaucoup de tristesse en vous, Julie.
– JULIE : Les mots d'Albane me transpercent le cœur, j'étais comme elle à son âge. Je l'avais oublié. À un tel point que là, je suis triste d'avoir abandonné en route mes rêves de jeune fille.
– THÉRAPEUTE : C'est dur, mais je suis heureux pour vous, car le moment est peut-être venu maintenant de se servir de ses rêves pour avancer.
– ALBANE : Moi, mes rêves sont impossibles ! Je veux dessiner, je veux créer, mais il n'y a pas de boulot là-dedans.
– JULIE : Détrompe-toi, Albane, ce sont les mots que mon père m'a dits lorsque je lui soutenais que je voulais être vétérinaire. Il m'a rétorqué que je n'y arriverais jamais !
– PAUL : Tiens, Cunégonde sort de sa cachette !
– JULIE : En partie, oui.
– THÉRAPEUTE : Moi, mon rêve, c'est d'aller dans l'espace.
– ALBANE : Bah, là, c'est bien impossible pour vous !
– THÉRAPEUTE : D'y aller oui, mais de s'en rapprocher ? Allez, un petit exercice pour retrouver ses directions de vie ? Alors, de quoi rêvez-vous ? Fermez les yeux si vous le souhaitez, et imaginez. Si vous aviez du temps, de l'argent, et que personne sur cette terre ne savait ce que vous deviez faire. Que feriez-vous ? Que feriez-vous de fou, dans trois des quatre domaines en friche de votre carré des valeurs :

Le travail de vos rêves
Les relations de vos rêves
Les loisirs de vos rêves

Lâchez-vous, et écrivez vos rêves en haut de cette feuille.

– PAUL: Ah, c'est marrant, je retrouve immédiatement ce dont nous avons parlé il y a deux séances. L'ébénisterie!
– THÉRAPEUTE: Parfait, notez cela et tout ce qui vient. Prenez le temps, au passage, d'observer ce que vous raconte votre tête. En effet, nous avons, pour certains, une vieille pensée qui nous raconte que les rêves, c'est pour les naïfs... Si tel est le cas, envoyez-la gentiment boire un café et revenez au moment présent.
– ALBANE: Donc, là, j'ai droit de mettre ce que je veux, même si mes parents ne sont pas d'accord?
– THÉRAPEUTE: Vous les voyez, vos parents, dans cette pièce? Lâchez-vous! Poursuivons. Si derrière ce rêve il y avait des valeurs? Réveillons-les! Répondez à chacun de vos rêves par une de ces questions, et inscrivez-les au milieu de votre feuille.

De quoi ferais-je preuve en réalisant mon rêve?

De quoi ferais-je preuve en agissant comme dans mon rêve?

– JULIE: Ouah, ça me soulage d'un coup! J'ai le sentiment de vraiment me poser la question, rien qu'à moi, de ce que j'ai envie de faire!
– THÉRAPEUTE: Parfait, poursuivons. Une fois vos rêves écrits en haut, vos valeurs au milieu, demandez-vous quelle serait la plus petite action que vous pourriez faire pour vous rapprocher de cette valeur. Quelle serait cette action qui vous permettrait de «faire preuve de» cette valeur? Notez cette action pour chacune de vos valeurs. Puis prenez ici le temps de fermer les yeux (faites attention à vos Alberto, Cunégonde et Pépito...), et imaginez-vous en train de mettre en pratique ces actions. Quel effet cela produit-il dans votre corps? C'est chaud, ça ouvre?
– ALBANE: Oui, ça me détend à fond. Mon dos se relâche quand je me vois en train de tracer des traits sur une

table à dessin et de faire preuve de créativité. Je me vois architecte !

– THÉRAPEUTE : Est-ce impossible, pour vous, de tracer des traits ?

– ALBANE : Je n'ai pas de table à dessin, mais vous avez raison, je peux déjà tracer la maison de mes rêves.

– THÉRAPEUTE : En faisant cela, est-ce que vous vous rapprochez de votre rêve de créativité ou est-ce que cela vous en éloigne ?

– ALBANE : Ça me rapproche.

– PAUL : Moi, je me vois dans mon atelier, en train de tourner une pièce de bois. C'est intéressant, car j'ai bien vu ma tête arriver avec des plans sur la comète, à savoir acheter une machine-outil, y passer des heures… Je me mets la pression.

– THÉRAPEUTE : Et alors, est-ce que simplement acheter des couteaux à bois est quelque chose de totalement différent du fait de tourner des pièces de bois sur une machine de pro ?

– PAUL : Non, mais ce n'est pas pareil !

– THÉRAPEUTE : En êtes-vous sûr ? Si l'on prend un meuble de marqueterie, par exemple un meuble Louis XV.

– PAUL : Ça, c'est du boulot, ce n'est pas pour moi !

– THÉRAPEUTE : Attendez un peu. À quel moment diriez-vous que l'artisan a commencé ce meuble ? Par quelle plus petite action cet artisan a-t-il pu commencer à réaliser ce meuble ?

– PAUL : Quand il a découpé les pièces de bois ?

– THÉRAPEUTE : Avant.

– PAUL : Quand il a acheté des couteaux à bois !

– THÉRAPEUTE : Exact, mais on peut encore aller plus loin : il a commencé lorsqu'il l'a rêvé, lorsqu'il l'a imaginé !

– PAUL : Ouah, ben je ne pensais pas qu'il pouvait y avoir un lien aussi long dans le temps.

– THÉRAPEUTE : Nous pensons que nos rêves s'établissent en tout ou rien, réalisés ou non, et qu'il y a un écart immense entre le moment présent et ceux-ci. Nous nous figurons souvent que les choses arrivent par «saut». Or, se rapprocher de ses rêves, c'est peut-être aussi important que de les atteindre. Et vous, Julie ?

– JULIE : Je vous écoute et ma tristesse se dissipe au profit de l'espoir. Je comprends ce que vous me dites mais, pour moi, cela fait trop longtemps que je rêve en secret d'aider les gens, la planète et les animaux. Je dois changer de travail, je ne peux plus rester dans cette boite.
– THÉRAPEUTE : C'est la raison pour laquelle nous envisageons aujourd'hui de vous permettre d'agir en direction de ce qui compte pour vous. Remettre du rêve dans votre vie, c'est vous redonner de l'air.
– ALBANE : Mais vous ne nous avez pas dit pour votre rêve. Ce n'est pas gagné pour vous, d'aller dans l'espace !
– THÉRAPEUTE : Détrompez-vous. Quelle serait la plus petite action que nous pourrions tous réaliser, là, dans cette pièce, qui contacte les quatre rêves que nous avons partagés, à savoir aller dans l'espace, devenir ébéniste, travailler pour aider les autres et être architecte ?
– ALBANE : Aller sur YouTube !
– THÉRAPEUTE : C'est ce que je fais en regardant la webcam de la station spatiale internationale, effectivement. Mais il y a mieux que cela. Et en moins d'une minute.
– PAUL : En imaginant, pardi !
– THÉRAPEUTE : Exact. Fermez les yeux un instant, s'il vous plaît. Prenez le temps de vous installer confortablement sur vos fauteuils. Prêtez attention à vos pieds, à votre souffle... Juste un instant... Prenez le temps de vous rendre présents. Engagez-vous dans cet instant présent... Puis imaginez-vous assis à une table. Il fait doux, un feu de cheminée brûle juste derrière vous et colore la pièce de nuances mordorées. Prenez un crayon de papier, un crayon à la mine épaisse et grasse, qui laisse un gros trait sur la feuille... Laissez votre imagination flotter et

figurez-vous la maison de vos rêves... Laissez faire votre main... Soudain, un flash vous éclaire les yeux, un bruit aigu tinte à vos oreilles et vous vous retrouvez avec un morceau de bois entre les mains. Le contact de ce bois centenaire vous procure une douce émotion de satisfaction. Un toucher suave et sécurisant. Ce morceau de chêne que vous sculptez avec les ciseaux à bois de votre grand-père prend forme sous vos doigts. Prenez le temps de détailler les copeaux qui se détachent progressivement de la masse ocre et brune. Laissez aller votre imagination... Que se dessine-t-il sous vos yeux ? Une danseuse, un éléphant, que sais-je ?... Quel serait cet objet qui ferait le bonheur de votre cœur ? Prenez le temps, prenez-le, c'est votre temps... Deuxième flash, deuxième sonnerie, deuxième voyage. Vous vous trouvez à présent au cœur de la nature, en pleine forêt. L'ambiance est fraîche, une odeur d'humus frôle votre nez. La lumière du jour perce à travers le feuillage et votre attention est tout accaparée par un animal. Ses plumes sont d'or, son cri est perçant. Vos yeux se portent sur une espèce rare. Vos collègues de la ligue de la protection de la nature sont eux aussi subjugués par cette mélodie... Son chant vous emporte et vous transporte autant qu'il vous enivre... Mais, alors que la quiétude de la nature s'installe en vous, un troisième flash illumine votre champ de vision. Votre corps se retrouve soudain plus léger, très léger, tellement léger que vous ne sentez plus aucune pesanteur. Il n'y a plus de haut, ni de bas. Votre regard se porte dehors, vers cette obscure infinité. Une lumière vient caresser votre pupille, une lumière bleutée, un doux rayon de vie. Le soleil prend place au sein de cet espace blanc et calfeutré... Vous découvrez alors une masse noire se parant d'une majestueuse robe bleue et blanche, faite de volutes d'intenses reflets marins. La terre s'offre à vous. L'espace est votre royaume, laissez votre imagination flotter... Où vous emmène-t-elle ? Vous seul le savez... Maintenant, gardez au plus profond de vous ce voyage, observez les sensations qu'il vous a procurées. Observez que, durant ces quelques instants, il vous a été possible de faire preuve de créativité, d'aide, de liberté, d'évasion et, enfin, d'imagination. Vous êtes de retour dans cette pièce, les pieds sur cette terre. Souriez, votre cœur est nourri... jusqu'à demain.

La séance se termine sur cet acte d'imagination. Imaginer, rêver, c'est aussi s'engager. On l'oublie souvent, mais les plus grandes choses ont toutes été les songes d'une nuit d'été. Il existe mille façons de contacter ses valeurs, de toucher ce souverain bien que nous cherchons. Nos trois amis ont réalisé que leur jardin était loin d'être sec. Leur perception du monde était simplement faussée, soit parce qu'ils étaient trop occupés à voir ce qui leur manquait, soit parce qu'ils étaient rendus aveugles par trop d'attentes. Percevoir le monde dans sa plus simple expression remplit déjà leur cœur. Ils ont aussi pu observer que la souffrance était parfois le signe de valeurs bafouées.

Mais alors, que ce chapitre apporte-t-il dans notre quête du bonheur ? En quoi pourrait-il nous aider à répondre à la jeune Lucie, qui attend toujours ?

Évidemment, pour se rapprocher d'une vie heureuse, il faut agir, sans quoi les plans s'envolent avec les comètes. Pour autant, à trop vouloir agir, toujours et en toutes circonstances, à se vouloir absolument libres, donc responsables de tout, à trop vouloir se rapprocher du soleil, tel Icare, nous nous brûlons les ailes. Plutôt que trop agir, il faudrait en effet agir au mieux, en faisant preuve de souplesse. Réussir à reconnaître que notre corps guide nos actions, tant par ses besoins à combler que par ses limites physiques. Ceci sans oublier la possibilité, le devoir de s'élever et de se doter d'une intention, d'une capacité à influer sur le destin afin de tutoyer nos rêves. Agir revêt alors de multiples formes, dans de multiples contextes, mais toujours dans un seul but : trouver son bonheur.

Nous venons de voir de quelle manière l'ACT pouvait jouer le rôle d'un liant entre le respect du corps et le contentement de l'esprit. Entre ciel et terre. Agir, c'est bien, mais c'est encore mieux lorsque l'on se sent acteur et que l'on sait dans quelle direction on va. L'ACT s'inscrit alors pleinement dans l'humanisme des Lumières, selon lequel il convient d'agir en conscience, en lien avec sa propre norme, qu'elle soit biologique ou symbolique. Tout ceci sans que l'esprit ne prenne le pas sur le corps, sans que le libre arbitre ne prenne l'ascendant sur le déterminisme.

Reste maintenant une question qui taraude Albane, Julie et Paul, qui nous taraude tous à un moment ou à un autre de notre vie : qui suis-je ? Cette question existentielle est souvent LA question qui se cache en trame de fond.

Chapitre VI

Le moi, le soi

Paul, Julie et Albane erraient tels des fantômes dans l'oubli de l'être. Au cours de ces quelques séances de thérapie, ils ont pu retrouver une direction de vie, redonner un sens à leurs actions. Ils ont également travaillé à lever les freins de leur épanouissement. Oui, mais il reste un grand « mais ». Une question qui résiste et les obsède, par moments, qui leur donne le tournis. Qui suis-je ? Que vais-je devenir si je change ? Serai-je encore le même ?

Pourquoi se poser cette question existentielle, qui ne semble pas embarrasser le moins du monde les arbres et les fleurs ? La première réponse, une lapalissade, serait : parce qu'il est possible de se la poser. En effet, c'est là encore grâce au langage qu'il est possible de prendre conscience de soi-même : nous sommes capables de dire « je », « tu », « il/elle », « nous », « vous », « ils/elles ». C'est grâce à lui également que l'ACT aborde la question du soi. C'est l'outil du psychologue ! Le langage à la sauce ACT, appuyé par la théorie des cadres relationnels, aura, une nouvelle fois, la lourde tâche de réconcilier l'esprit et le corps, la pensée et l'action, afin de tendre vers la lumière, encore et toujours.

Paul veut redevenir celui qu'il était, Julie ne sait plus qui elle est, et Albane sait qu'elle ne sait pas qui elle est. Angoisses existentielles.

Pourquoi cette question est-elle si présente à notre époque ? Nous l'avons vu dans le chapitre sur les valeurs, le temps est à l'individualisme, et le poids de l'existence n'a cessé de grandir au fil des siècles. Après des millénaires d'évolution, après avoir maîtrisé le feu, inventé la roue, après être allé sur la Lune, l'être humain se définit par ce qu'il possède. L'avoir a remplacé l'être. Les marques, par exemple, ont bien compris la mécanique du moi, et plus particulièrement le processus d'identification. Je suis supporter, je suis fan, je suis adepte. Ce que nous achetons nous définit désormais comme autant de marques de fabrique de notre identité. L'être humain a besoin de s'identifier, c'est comme ça. Mais plus le degré de correspondance entre l'être et l'avoir est rigide et étroit, plus il tyrannise notre être et le menace d'oubli, de rejet. Notre cerveau reptilien et son instinct grégaire n'apprécient pas ce petit manège, et il n'en faut guère plus pour qu'ils se lancent dans une course à l'achat, coûte que coûte. Les crédits à la consommation vendent de l'identité à taux préférentiel. De l'Être emprunté.

Et que dire des réseaux sociaux ? Une étude a montré que la principale motivation de nos chers ados était de devenir célèbres. Jusque-là, rien d'extraordinaire. Cela devient plus intéressant lorsque l'on apprend que cette tendance est devenue prépondérante à partir de 1997, soit depuis l'apparition des réseaux sociaux. Dès lors, être « quelqu'un », c'est avoir de nombreux followers sur Twitter, likes sur Facebook, abonnés sur Instagram... Tant que ce nombre augmente, tout va bien. Et s'il stagne, ou qu'il chute, cela fait-il d'eux des ados moins bien ? Pire encore, s'ils subissent une vague de harcèlement sur les réseaux, il devient évident que leur Être entier prend de plein fouet cet ouragan. On sait que cela peut avoir de graves conséquences. Plus de like, plus de vie.

Dernière embûche sur la route du soi : la tyrannie du bonheur. Il faut être heureux ! Oui, Mesdames, Messieurs, soyez heureux ! Tous les magazines de développement personnel nous gavent de cette injonction au bonheur. « À tout prix. » Ce livre aussi, et c'est la raison pour laquelle ce chapitre coupera la tête de cette tyrannie. J'existe si je suis heureux, épanoui, libre, gambadant dans la prairie. Mais qu'en est-il si je suis triste parce que ma femme m'a quitté ? Si je suis en colère parce que mon collègue de bureau m'a encore volé mon stylo quatre couleurs ? T'es heureux ou tu dégages.

Ô rage, ô désespoir. Vous l'aurez compris, il est impossible de se défaire de cette pression sur l'Être. Ne serait-ce que pour trouver un job, pour s'habiller, pour avoir des amis. L'être humain catégorise et il a besoin de savoir qui il est. Il convient alors de se doter d'outils, d'une façon de penser le soi pour obtenir quelque chose de stable, d'autonome et, surtout, de vivable. Comme toujours, la philosophie pense à tout, et elle n'a pas oublié l'Être avec un grand E. Invitons-la à notre table afin de savoir à quelle sauce ce grand E doit être mangé pour ne pas risquer l'indigestion que nous venons d'évoquer.

Philosophie de l'être, du moi

L'ontologie est la partie de la philosophie qui étudie les conditions de l'Être. Je n'entrerai pas ici dans le détail de la signification des termes Être, moi, soi et ego. Ils revêtent des sens légèrement différents, mais, à dessein, je les utiliserai de manière indifférenciée dans ce chapitre. Commençons par définir ce qu'est l'Être, ce moi, cet ego. Nous considérerons ensuite l'être en mouvement, autrement dit l'existence : « J'existe, j'ai existé et j'existerai. »

Être ou ne pas être

« Être ou ne pas être ? Telle est la question », écrivait Shakespeare dans *Hamlet*. Une citation qui hante peut-être vos esprits traumatisés par une année de terminale à essayer de comprendre la profondeur de ce questionnement. Et pour cause : cette phrase donne le vertige, elle nous plonge dans un brouillard existentiel. Qu'est ce qui fait qu'une table est une table et qu'un être humain n'en est pas une ?

Aristote fait partie des fondateurs de l'ontologie : en étudiant l'âme, le monde et Dieu, il en fait une science de premier ordre. Chez d'autres penseurs grecs, comme Platon, l'Être est ce qui est vrai et se donne pour origine l'Idée, c'est-à-dire ce qui est stable. Selon cette conception, nous sommes ce que nous pensons. Nous avons déjà abordé cette question au début de cet ouvrage. Ce qui fait l'Être est ce qui est stable, ce qui est l'origine de tout. L'Idée. Platon cherche ainsi la définition de l'être humain dans une origine dont tout découle et que rien ne peut altérer. C'est aussi ce que dit Descartes lorsqu'il écrit : « Je pense donc je suis. » Pour lui, après avoir douté de tout, la seule chose qui reste tangible pour l'être humain, c'est qu'il pense. C'est donc bien le fait de penser qui crée l'être humain et qui lui permet de dire « je ». La pensée est l'essence, la clé de voûte de l'être humain. Je peux douter de tout, tout est douteux, mais seul le fait que je pense reste inaltérable. C'est ce qui nous différencie des animaux. D'après ces philosophes, le « je suis » est donc quelque chose d'assez immatériel. L'Être est fixe, suprême. L'Être est immatériel et pensé.

Observons le côté tranché de ces façons de se concevoir : être ou pas. Si ce qui fait que je suis est le fait que je sois conscient et que je pense, alors la formule « être ou ne pas être » touche directement la peur de mourir. Perdre la pensée, c'est mourir. Devenir fou, c'est une mort psychique. Julie, Paul et Albane sont loin d'être à l'article de la mort, mais ne plus savoir qui ils sont leur donne cette sensation que quelque chose meurt en eux.

Cette pensée grecque qui, comme souvent, n'y va pas avec le dos de la cuillère, nous élève bien au-dessus de la nature, des animaux. C'est bien, c'est beau, mais gare à la chute. Ne pouvant rester aussi démuni face à la mort, l'être humain a trouvé un subterfuge pour se rassurer, pour tenir en respect cette angoisse de mort. Une assurance de soi. C'est ainsi que, là encore, la religion a pris le relais de certaines conceptions platoniciennes. Nous pensons et nous existons avec ce que Dieu a voulu pour nous. Dans ces conditions, la question du « qui suis-je ? » n'a pas de sens en soi puisque la réponse – ô combien rassurante ! – est toute trouvée : Inch Allah, si Dieu veut ! Puis une rupture intervient avec l'humanisme de Kant et de Rousseau, qui posent l'être humain et la morale comme points de départ de l'Être (sans pour autant congédier Dieu). «Qui suis-je?» devient «qui suis-je pour les autres?», ou bien encore «qui suis-je par rapport à la morale universelle?». J'existe car je suis altruiste, je suis honnête et droit. Mais cette conception fonctionne encore comme un interrupteur qui allume ou qui éteint en nous la lumière existentielle. Alors la tyrannie de la morale remplace – ou complète – celle de Dieu (et je ne dis pas que Dieu est un tyran!)...

... Jusqu'à ce que le philosophe allemand Martin Heidegger fasse éclater toutes ces conceptions et nous rappelle ce qu'est l'Être. Pour lui, l'Être ne se résume pas à la nécessité de suivre aveuglément Dieu et l'Idéal. Il y a, chez l'être humain, «un je ne sais quoi» qui le rend mystérieux et que Heidegger tente d'éclaircir, notamment dans son ouvrage *Être et temps*. Pour tenter d'expliquer sa pensée, partons de la dernière phrase de son ouvrage intitulé *Wast ist Metaphysisk ?*, qu'il reprend à Leibniz (*Principes de la nature et de la grâce*): «Pourquoi y a-t-il quelque chose plutôt que rien?»

Reprenons, un à un, les termes de cette phrase. Le «pourquoi» symbolise cette quête de cause première (pourquoi sommes-nous là?), et nous replonge dans l'Idée et le Dieu. La formule «il y a» représente ce processus qui nomme la chose, la conscience. Le «quelque chose» signifie ici le réel physique, ce corps, que la science étudie et tente de définir précisément. Enfin, l'expression «plutôt que rien» nous amène à penser que les choses existent en fonction de leur contexte, notamment en fonction du hasard de l'environnement. L'Être n'est rien sans le non-Être. Dans cette phrase réside l'essentiel de la réflexion développée depuis le début de cet ouvrage. Mais que cela nous apporte-t-il pour mieux comprendre qui nous sommes?

Ce que dit Heidegger ici, c'est que se perdre dans les pourquoi, c'est comme s'interroger sur l'origine du Big Bang. Un vice sans fin. Un enfant tombe de son vélo. Sa mère lui demande pourquoi il est tombé, ce qui ne l'aide absolument pas. En effet, pour chercher pourquoi, il faudrait remonter loin. Au jour où on lui a acheté, ce fichu vélo ? Et pourquoi pas au jour où il est né ? Pendant tout ce temps que l'on passe à y réfléchir, on crie et la caravane passe. À chercher notre existence dans ces pourquoi, nous oublions que l'être humain possède une conscience, ce « il y a ». Un arbre pousse sans savoir qu'il pousse, ma table de chevet sert à poser mon livre sans se demander à quoi elle sert. L'être humain, lui, possède ce quelque chose de plus qui fait qu'il ne se définit pas comme un simple tas d'os. L'Homme est magnifiquement grand sur ce point ! Ce que Heidegger appelle le « il y a », c'est cette capacité à prendre conscience des choses. Plus que le fait de penser, abordé précédemment, je suis parce que je prends conscience, et je suis par ce dont je prends conscience. C'est ce qui caractérise notre être, cette capacité à dire « je » et à nommer les choses. Par cette prise de hauteur vis-à-vis de soi, des autres et du monde, un écart se crée entre l'Homme et le reste du monde. Si vous observez un stylo, c'est que vous n'êtes pas ce stylo. En philosophie, on appelle ce décalage la différence ontologique.

Cette distance crée une différence entre un moi sujet et un moi objet (ce sur quoi je porte mon jugement), un supplément d'âme qui fait la spécificité de l'être humain, et que Heidegger appelle le « *Dasein* », « être là » en allemand. Plus simplement, c'est cette capacité à venir en présence de quelque chose. On distingue alors cette partie de nous qui dit « je » (le sujet) et ce « moi » que nous observons (l'objet) : je suis grand, je suis triste. Nommer les choses, c'est se rendre présent, conscient, et c'est ce qui fait la différence lorsque l'on cherche son bonheur.

Prenons un exemple. Vous vous promenez en forêt sans porter attention à ce qui vous entoure, vous êtes totalement indifférent à votre environnement, jusqu'à ce que vous choisissiez de vous rendre présent à de superbes morilles sur le bord du chemin. À ce moment, vous décidez de prêter attention au monde. Ce qui vous différencie du lapin, c'est que vous êtes conscient que vous prêtez attention à ces morilles. De même, ce qui nous sépare de la folie, donc de l'oubli de l'Être, c'est cette capacité à se rendre présents, conscients des choses qui se trouvent devant nous. Et à les nommer. En restaurant l'Être, Heidegger, comme la philosophie bouddhiste, redonne à l'être humain le pouvoir sur lui-même. Il nous invite à nous rendre conscients de nous-mêmes pour mieux résister à la technique et à l'animalité. Il appellerait cela le désastre de la technique: la science – en découpant l'être humain en tranches de saucisson (c'est ainsi que la médecine considère le corps) – et le capital – en étiquetant l'être humain comme un caleçon – le dépossèdent de lui-même. Les réseaux sociaux représentent cet oubli de l'être au profit du paraître. Nous sommes ainsi réduits à être des objets. Mais nous sommes plus que le logo de ce survêtement, plus qu'une somme de likes sur Facebook. C'est le «*Dasein*» de Heidegger, ce «berger de l'être», qui correspond à une capacité à observer les choses, à prendre de la distance et à conduire notre corps et notre esprit vers le souverain bien. Observer, nommer, choisir, agir.

C'est précisément ainsi que débute une thérapie, par une prise de conscience de soi. Nommer les choses pour agir ensuite. Agir sans conscience, c'est comme faire ses courses sans réfléchir, en s'abandonnant à nos instincts conservateurs. Nous ne sommes alors pas très différents des objets: nous remplissons une fonction. Vivre sans conscience n'est que ruine de l'âme.

Dans cette reconsidération de l'être humain, Heidegger invite à exister dans le sens littéral du terme: «ex-ister», sortir de soi. Nous devenons celui qui observe et celui qui est observé, objet et sujet à la fois. Cet écart offre le cadeau du «qui suis-je?». Nous sommes cette partie qui peut se décaler d'elle-même. Ce moi n'est plus un objet, un endroit situé quelque part dans le corps. C'est un mouvement, un processus de décalage par rapport à soi. Ainsi, pour trouver le bonheur, il faut commencer par prendre ce recul, cette conscience de soi. C'est ce qu'entreprennent Paul, Julie et Albane. Exit la dichotomie entre être et ne pas être, qui nous obsède à chaque action. Cette pensée de Heidegger ouvre la voie à deux autres chemins existentiels : le premier interroge ce moi, qui pourrait ne pas être fixe, voire ne pas exister du tout ; le second ouvre sur l'existentialisme, où il sera question d'exister, de se découvrir, plutôt que d'être et de se tenir.

Déconstruction de l'ego

Loin d'une conception figée du moi, certains penseurs ont envisagé que celui-ci puisse être beaucoup plus souple, pour ne pas dire fugace. À l'exemple d'Héraclite et de sa célèbre citation : « On ne se baigne jamais deux fois dans le même fleuve. » Sous-entendu : il est vain de vouloir retenir les choses, car tout est mouvant, tout est en mouvement, tel un fleuve. Y compris le moi. Nous pouvons simplement observer les choses et nous fondre dans le mouvement naturel du monde. Se retrouve ici l'axe central de la pensée bouddhiste : le détachement. Il n'existe pas de moi tangible, fixe. C'est ce que les bouddhistes appellent *Anatman*, et qui peut être formulé ainsi : « Chaque chose est sans soi. » L'ego ne serait alors qu'une agrégation de phénomènes corporels et mentaux.

En effet, pour ce courant de la philosophie, le piège consiste à vouloir se définir de manière fixe et définitive. Mais lorsque l'on me dit que je suis gentil, le suis-je en permanence et pour toujours ? Et lorsque l'on me dit que je suis pénible ? Nous avons déjà évoqué le fait que notre souffrance était liée au fait d'espérer que les choses ne changent pas. Il en est de même pour le moi, pour l'identité.

C'est précisément le problème de Julie, Albane et Paul, qui aimeraient redevenir comme avant. Oui, mais avant, était-ce réellement mieux ? Et quoi qu'il en soit, cet avant ne sera plus. Il est donc vain de vouloir le retenir.

Le moine bouddhiste Thich Nhat Hanh nous invite quant à lui à nous défaire des illusions du moi, des sortilèges de l'ego. Il pousse la prise de conscience de soi de Heidegger à son maximum. Reprenons notre réflexion sur l'instant présent. Nous ne sommes ni nos pensées, ni nos émotions, ni nos actes. Tout cela est impermanent, même notre corps l'est. Accepter cela, c'est retrouver un peu d'air, c'est accepter que nous sommes changeants et qu'un acte, une pensée, une émotion ne nous résument pas. Notez qu'il s'agit là de l'argument majeur de la plaidoirie de Robert Badinter sur l'abolition de la peine de mort : on ne résume pas une personne à ses actes. Cette vision des choses est un antidote à l'étiquetage dont nous sommes victimes depuis notre enfance, et notre souffrance proviendrait directement de la volonté de figer le soi dans le marbre, alors même qu'il n'existe pas en tant que tel.

Prenons l'exemple de Julie, qui passe pour une personne fragile auprès de sa famille. À 6 mois, Julie a été hospitalisée dans un hôpital de campagne pour un problème respiratoire. Elle y a séjourné durant quinze jours, dans un lit à barreau, en attendant que son état s'améliore. Depuis, sa famille a collé l'étiquette « fragile » sur son front. Il n'est pas rare, pour elle, d'entendre, lorsqu'elle dit qu'elle est fatiguée : « Oui, toi t'as toujours été fragile. » Cette étiquette sonne comme un affront au moi, et ce jugement familial a forgé chez elle cette tendance à forcer, à ne pas se plaindre, afin de fuir l'affront fait à ce « soi fragile », figé dans le marbre des préjugés. Il n'y a plus de distance, elle est ce qu'elle est. *Ever, forever.* Un objet social, familial, un concept.

La pensée bouddhiste nous invite à considérer ces jugements comme des phénomènes passagers. Mais alors, c'est quoi, le soi ? Pour les bouddhistes, le soi véritable est le soi transcendantal. En effet, Julie a beaucoup changé depuis son enfance : son corps, sa pensée, ses rôles ont évolué. Une seule chose est restée fixe, impermanente au fil de ces quarante-et-une années : ce soi, ce point de vue, qui observe et a observé tout cela. Ce point de vue est autrement appelé le soi transcendantal. Il s'agit d'un concept très difficile à comprendre pour nous, Occidentaux, habitués à l'ego et à l'Être visible et vaillant. Prenons un exemple : observez que, en vous tournant, vous pouvez regarder devant vous, derrière vous et sur les côtés, tout cela depuis le même point de vue. La conscience de ce que vous voyez se fait depuis une sorte de point fixe. Vous pouvez vous imaginer, vous observer en train de voir votre train de demain entrer en gare. Le lendemain, lorsque vous verrez effectivement ce train, vous l'observerez depuis le même point fixe. Les idées, les souvenirs, les émotions passent, le corps change, seul reste ce point d'observation. Je sais que je sais. Heidegger (bien inspiré par la pensée bouddhiste) invite à une prise de distance par rapport à soi, sa philosophie ancre le soi comme ce lieu qui s'observe soi-même, et qui observe le monde et les autres. S'il ne devait en rester qu'un, ce serait le soi qui observe.

Ce point de vue sur le soi nous apprend qu'à trop vouloir s'attacher à soi, on finit par se perdre ; tout est mouvant, sauf cette capacité à observer. De même que la carte n'est pas le territoire, les étiquettes des « moi » ne résument pas le produit « l'Être ». Savoir se détacher, c'est ainsi trouver le bonheur dans l'impermanence des vagues plutôt que dans la fixe perfection de l'eau qui stagne, qui nous renvoie plus à la mort qu'au tourbillon de la vie.

Cette déprise de soi, cette possibilité de prendre de la distance par rapport à soi, ouvre sur la formidable capacité d'exister, d'agir, de se découvrir, de se connaître. Ce qui nous conduit à un grand moment philosophique : l'existentialisme. Plus qu'être, il y a exister.

Résiste, prouve que tu existes

Résiste
Prouve que tu existes
Cherche ton bonheur partout, va
Refuse ce monde égoïste
Résiste
Suis ton cœur qui insiste
Ce monde n'est pas le tien, viens
Bats-toi, signe et persiste
Résiste

Ces paroles de Michel Berger, chantées par France Gall, résument le concept d'existentialisme comme conquête de soi. Résister aux déterminismes. Ce courant philosophique, représenté entre autres par Jean-Paul Sartre, connaît son heure de gloire à partir des années 1940. Ici, la question n'est plus «qui suis-je?», mais «qui veux-je devenir?». On ne naît pas soi, on le devient.

Loin de l'idée d'une existence figée pour toujours, loin de la simple constatation de notre présence au monde, tel un fleuve glissant au fil des jours vers une sereine fin, la philosophie existentialiste prône la fureur de vivre. Elle postule que l'être humain naît, comme dans l'histoire de Prométhée et d'Épiméthée, nu et sans défense. Il n'est rien, lorsqu'il naît, tout est à créer. L'être ne devient humain que par ce qu'il fait de ce don instillé en lui par Prométhée: la conscience et le libre arbitre (dans le mythe, c'est plutôt le feu et l'art). L'histoire raconte que Zeus, pour pallier l'ennui des dieux, a confié à Prométhée la tâche de construire le monde. Devant l'insistance de son frère, qui souhaite l'aider, Prométhée cède à Épiméthée la tâche de le peupler. Ce dernier crée d'abord les animaux et leur donne à chacun des talents. Le monde est alors équilibré. Mais il a oublié notre condition humaine qui, elle, attend, nue et sans défense, sur le parvis des dieux! Prométhée arrive à la rescousse et confie aux humains le feu et les arts. Cette conscience et ce libre arbitre permettront à l'homme d'inventer sa vie et de créer sa destinée. À la différence du lapin, qui se comportera selon sa seule destinée : « faire du lapin ».

Ce mythe pose le fait que l'être humain ne naît pas avec une fonction particulière, une « essence », dirait Sartre. Ainsi, l'avenir de l'homme est à construire, rien n'est prédéterminé. C'est ce que Sartre postule également, dans *L'Être et le Néant* (1943) : « L'existence précède l'essence. » L'Homme existe, il naît, et il devient ensuite. Prenons un exemple. Une table est réalisée selon un plan bien précis (l'Idée, selon Platon), elle a une fonction figée et n'a que très peu de chances de servir à autre chose. Il en est de même pour les animaux : si l'on présente une boulette de papier à un chat, il joue avec, comme tous les autres chats. Le chat « fait du chat ». Déterminisme absolu. Tous les chats existent selon une forme de prédétermination. L'être humain, lui, n'est pas conçu selon un plan. Il doit, par ses actions, par ses comportements, se construire pour être lui-même : « l'Homme n'est rien d'autre que ce qu'il fait », écrit Sartre. À la naissance, le soi est livré en kit. Un kit à monter soi-même.

Cet existentialisme (il y en a d'autres, que je n'évoquerai pas ici) pose le soi comme quelque chose qui se construit au fil de nos actes. Remarquez ici qu'exister, au sens de sortir de soi, reprend la pensée heideggérienne du « *Dasein* » et de l'écart à soi. D'après Sartre, nous ne sommes jamais ce que nous sommes. Par exemple, si je dis que je suis gourmand, je ne le suis pas entièrement, puisque je prends une distance avec cela. De même, lorsque Julie observe qu'elle est faible, elle ne l'est déjà plus totalement. S'observer, c'est se donner la possibilité d'y remédier. Lorsque nous gardons toujours cette conscience de nous-même, lorsque nous gardons cette capacité à sortir du contexte que l'on nous a donné, c'est là que s'exprime pleinement l'existence humaine. Julie ne fait rien d'autre lorsqu'elle entre dans mon cabinet : sa prise de distance lui permet de s'arracher aux aléas du monde et aux étiquettes sociales. Où est le problème, alors ?

Premier problème : on perd parfois sa conscience de soi, et à ce moment précis, on se transforme en objet. On correspond aux étiquettes que l'on a collées sur notre front. Au contact des autres, on se laisse emporter par le mimétisme. Caméléons des relations humaines.

Paul cherche sans cesse à correspondre à ce que ses parents ont voulu de lui, à sa culture. Ceci indépendamment de ses propres intérêts et du contexte. Nous ne sommes pas déterminés sur le papier, mais, dans la vie quotidienne, la culture est l'instrument de reproductibilité des normes sociales. L'être humain doit, comme le chameau de Nietzsche, prendre de la hauteur pour se sortir de sa condition. Résister pour exister.

Alors, qui suis-je ? On existe en tant qu'être humain à partir du moment où l'on fait usage de son libre arbitre et que l'on se crée une existence.

Un deuxième problème surgit lorsque l'on veut être quelqu'un, lorsque l'on cherche à correspondre à un rôle. Jouer au bourgeois, jouer à l'ouvrier, c'est s'enfermer volontairement dans son étiquette. C'est ce que Sartre appelle l'essentialisation, et qui fait que nous devenons là encore un objet. Par exemple, les hommes politiques, les acteurs et autres célébrités doivent jouer un rôle, et cette représentation déborde du strict cadre professionnel, elle se prolonge, se fige, dans le reste de la vie. Le soi figé n'est plus prescrit, il est choisi. Lorsque nous cherchons à correspondre à une fonction, nous nous chosifions et devenons comme cette table, prévisibles, stables, morts. Oui, morts. Finalement, la seule chose qui puisse nous retirer cette liberté est bien la mort. Lorsque nous mourrons, notre être correspond pleinement à notre corps, nous sommes objet – et enfin objectifs : la fin de l'existence.

Paul choisit de correspondre au rôle qu'il s'est donné : le Mâle. À tel point qu'il voudrait redevenir comme avant, reprendre ce costume « d'homme providentiel ». Julie, elle, croule sous les étiquettes, mais elle fait aussi ce choix de correspondre à son rôle de bonne mère. En cela, tous deux se privent de liberté et se rigidifient. Ils perdent cet élan vital qui les pousse à sortir d'eux-mêmes.

Enfin, l'existentialisme sartrien ne serait pas complet si nous abordions le soi sans aborder les autres. On ne peut se définir soi-même. Si l'on agit, comment savoir qui l'on est si personne ne le remarque ? Exister et se définir, c'est prendre conscience qu'un autre existe aussi, comme le montre l'exemple du square de Jean-Paul Sartre, dans *L'Être et le Néant* (1943). Vous vous promenez tranquillement, vous vous dandinez, vous tournez sur vous-même, vous ne vous posez même pas la question de comment vous êtes habillé, ni coiffé. Et là, c'est le drame. L'enfer, c'est l'autre qui entre dans ce même parc. À ce moment, vous prenez conscience de vous en prenant conscience de l'autre. Quand bien même l'autre se ficherait totalement de vous, vous ne pourriez vous empêcher de penser qu'il vous jauge et, pire, qu'il vous juge. Ainsi, la conscience de soi passe obligatoirement par celle de l'autre. L'être n'est rien sans l'interaction. Il ne peut y avoir de moi sur une île déserte. Ceci est fondamental, car il faut admettre, et même souhaiter, qu'il n'est pas possible de vivre sans les autres. Les autres font le soi. Plus encore, l'autre donne son avis sur votre personne, les mots qu'il utilise forgent ce que vous vous dites de vous. Et si nous perdons cette distance d'avec soi, si nous nous conformons aux jugements extérieurs, alors nous nous transformons aussi en objets : les autres nous figent, comme on fige le comportement d'un chien qui, de toute façon, lèvera la patte en pissant contre un arbre. Les jugements des autres sont des étiquettes utiles pour se connaître, mais si nous faisons correspondre notre moi à l'étiquette, nous ne sommes plus que ce que l'on dit de nous.

C'est le cas d'Albane, qui doit s'extraire de toute la pression sociale, et notamment de celle des réseaux sociaux, où tout est prescrit par Instagram. Les photos de filles avec des filtres divers et variés, les tutos de maquillage, l'emprise des marques, forment une prison dont elle a du mal à s'extraire. La société de consommation fait d'elle un objet dont on se sert pour prospérer (et nous ne parlons même pas des données personnelles collectées par Google…). Prendre conscience d'elle-même, c'est d'abord prendre conscience de toute cette machinerie occupée à lui confisquer son être, sa liberté. L'existentialisme a d'ailleurs été repris par le féminisme: «on ne naît pas femme, on le devient», disait Simone de Beauvoir.

Le soi ne peut donc se concevoir sans le non-soi, sans l'autre. De la même manière que cette table ne peut se concevoir sans son contexte. Le soi n'est pas figé dans le marbre de la soi-disant nature humaine apostolique et romaine. La question du soi, de l'existence, est bien plus complexe, on ne peut l'envisager selon un seul point de vue: chacun doit voir «midi à sa porte», tant que cela n'entrave pas sa capacité à se réaliser, avec ou sans Dieu, avec ou sans les autres. Terminons ce chapitre avec ce que Sartre appelle l'authenticité (*Réflexion sur la question juive*, 1985, p. 97). Faire preuve d'authenticité, c'est accepter le paradoxe de la condition humaine. C'est être conscient que la société nous détermine, qu'elle nous sert autant qu'elle nous enserre. Nous ne pouvons pas décoller les étiquettes, ni même nous empêcher de vouloir être quelqu'un.

«L'important n'est pas ce que l'on a fait de nous, mais ce que nous faisons nous-même de ce qu'on a fait de nous.»
Jean-Paul Sartre, *Saint Genet, comédien et martyr*, 1952

Faire preuve d'authenticité, c'est admettre cela, et toujours se créer sa liberté, sa prise de distance d'avec soi pour se créer, ce que Michel Foucault appelle «faire de sa vie une œuvre d'art». L'artiste fait avec les contraintes du réel pour le sublimer et produire le génie de l'être, singulier et incomparable. On n'est pas soi, on le devient. Trouver le bonheur d'être soi, c'est prendre une distance, accepter l'impermanence, agir avec soi et avec l'autre. Tels sont les ingrédients de la recette du « qui suis-je ? ».

Biologie du soi

Vous pourrez passer toutes les IRM possibles, découper le corps humain en morceaux, vous ne trouverez pas de soi. Pire, si vous découpez ce corps, le soi s'en ira. Suis-moi, je te fuis. En effet, le soi ne se trouve pas dans une zone particulière du cerveau, comme on pourrait identifier un poste de contrôle. Comment imaginer concevoir une identité permanente, un sentiment de soi continu, alors même que notre corps est en changement permanent ? Songez que notre corps est composé de 10e14 cellules, et que 20 milliards d'entre elles meurent chaque jour ! À ce rythme, en quinze ans, nous aurons totalement changé de corps. De plus, comment imaginer tenir à ce corps-là alors qu'il y a en nous encore plus de bactéries que de cellules. Ainsi, en neurobiologie, chercher à savoir où est le soi n'est pas la bonne question. Mieux vaut se demander comment il se forge et comment il existe. C'est d'ailleurs un défi qui préoccupe les neurosciences : comment produisons-nous le sentiment d'être et d'exister ? Il est indéniable qu'il existe, puisque je suis capable de dire « je suis » ! Considérons alors la capacité à s'observer : dire « je vois », c'est déjà prendre conscience de quelque chose.

La conscience de soi

La conception du soi est indissociable de la capacité à prêter attention aux choses, que nous avons déjà évoquée plus haut. En effet, le fait d'être capable de porter notre attention sur le monde implique aussi de savoir porter attention à soi.

Mais nous n'avons, en réalité, conscience que de très peu de choses. Ainsi, plus qu'une entité, la conscience de soi est une expérience de soi, un processus. De nombreuses recherches tentent de percer le secret de la conscience de soi, mais force est de constater que ce mécanisme n'est ni localisé, ni définissable en lui-même. Il est le fruit, le produit de toutes les activités cérébrales. Prendre conscience de soi nécessite d'abord d'orienter notre attention, puis de traiter le signal en fonction de notre mémoire. Il nous faut enfin être capable de nommer ce signal par le langage. Ainsi, aucune zone cérébrale n'échappe à la mécanique de la conscience de soi. Lorsque je dis « c'est moi ! », mon cerveau tout entier se mobilise. À défaut de décrire précisément ce qu'est ce mécanisme, il est néanmoins possible d'en décrire certains aspects.

Le moi à moi

La première hypothèse qui soutient l'expérience de soi est, nous l'avons vu avec l'action, la capacité à s'attribuer ses propres mouvements, ses propres sensations. Les travaux du biologiste californien Gérald Edelman (2000) étudient une particularité de notre système nerveux, que l'on appelle le feed-back. Par exemple, lorsque nous émettons un signal nerveux pour commander à notre corps l'action de lever le bras, des fibres nerveuses, appelées fibres réafférentes, nous renseignent sur l'état d'avancement du mouvement. C'est grâce à ces fibres que nous sommes conscients de ce mouvement. Ceci rejoint le monitoring de l'action, évoqué avec Frith, où le cortex cérébral initie l'action et possède une capacité à en surveiller l'exécution. Le libre arbitre et la conscience pourraient se situer à cet endroit. Nous avons vu en effet que nos actions étaient décidées et mises en route bien en amont de notre conscience ; grâce à ce retour d'expérience, il est possible de corriger les choses et de se sentir soi. Ainsi, pour mieux comprendre ce que représente la biologie de la conscience de soi, il est plus aisé de l'étudier à travers les diverses pathologies où cette capacité manque. Là où il n'y a plus de soi. Considérons d'abord l'exemple de la schizophrénie.

La schizophrénie symbolise l'archétype de la folie, cet état où la conscience de soi est altérée. Les personnes atteintes de cette maladie mentale souffrent en effet d'hallucinations, auditives notamment, ne font plus la différence entre leurs pensées et la réalité et, comme nous l'avons évoqué plus haut, elles n'ont pas conscience de leurs actes. « Le fou n'a pas conscience de sa folie », disait le psychiatre Henri Ey, ce qui fait de cette maladie une réelle pathologie de la conscience, de l'identité. Le schizophrène n'a ainsi pas conscience de vivre sa propre expérience (Perretti et Chopin, 2009). Il ne bénéficie pas de ce mécanisme de « retour de son » permettant au musicien de savoir que c'est bien lui qui joue. Selon ce point de vue, la conscience de soi émerge de cette capacité cérébrale d'ajustement permanent entre la pensée et le mouvement (Andreasen, 1999). Prenons l'exemple d'une descente à ski dans le brouillard : le cerveau ne bénéficie plus des repères nécessaires pour se situer dans l'espace, le retour d'expérience est brouillé ; en découle la sensation d'être perdu, de perdre l'équilibre.

Cette altération du soi d'un point de vue biologique est représentée par l'altération du fonctionnement du cerveau frontal, celui qui initie et qui réévalue toutes nos actions et toutes nos pensées, qui nous permet de faire la différence entre nos pensées et le réel, de nous savoir maîtres de nos actions. Si le cerveau frontal dysfonctionne, comme nous l'avons vu avec la fusion cognitive, nous devenons nos pensées, nous perdons cette conscience, cette prise de distance.

« Voir ou ne pas voir, telle est la question »

Une autre pathologie peut nous aider à comprendre ce qu'est la conscience de soi : l'agnosie visuelle. Les phénomènes cérébraux observés dans cette maladie permettent en effet de mieux saisir les fonctionnements neuronaux de la conscience, grâce auxquels on peut penser « c'est moi ». Chez les patients atteints de cette pathologie, l'aire occipitale striée, responsable de la perception visuelle, est touchée : ils voient bien l'objet qu'on leur présente, mais ils sont dans l'incapacité d'en prendre conscience. À la question « que voyez-vous ? », ils répondent : « rien ». Ce qui ne les empêche pas de marcher, de vivre et de se comporter normalement. En effet, lorsqu'on leur montre un cube, ces personnes certifient ne rien avoir vu. Pourtant, lorsqu'on leur demande de préciser la forme géométrique de l'objet présenté, ils le font avec exactitude (Weiskranzt *et al.*, 1974) ! Leur cerveau perçoit bien le signal, ils peuvent décrire le monde qu'ils voient, mais ils sont dans l'incapacité d'être conscients qu'ils voient. Ils ne voient pas qu'ils voient.

Les bases neuronales de cette cécité psychique sont encore floues (Wessinger *et al.*, 1997), mais il semblerait qu'il existe deux canaux de perception visuelle. Le premier, plus récent en termes d'évolution, passe par le cortex cérébral et s'occupe de la perception visuelle consciente et de la détection de stimuli précis (Westen, 2000). Le second, plus archaïque, passe directement par le cerveau sous cortical (le cerveau reptilien). Il est responsable de la vision chez les animaux les plus primitifs, comme les oiseaux ou les grenouilles. Ce cerveau antique achemine une perception brute du monde, sans la conscience plus évoluée de l'être humain. Ces éléments vont dans le sens d'une participation importante de notre cortex frontal, celui qui intègre les informations et qui crée le sentiment d'être conscient de ce que l'on perçoit.

Oubli de soi

Terminons avec une pathologie qui provoque la perte du sentiment d'être soi, la perte même de la mémoire de soi : la maladie d'Alzheimer. Dans cette dégénérescence cérébrale, la personne est dans l'incapacité de se souvenir. Il s'agit donc d'une pathologie de la mémoire. Plus précisément, la maladie d'Alzheimer est une altération d'une forme spécifique de la mémoire, appelée la mémoire épisodique, qui stocke nos expériences passées, les visages, les lieux. Le sentiment de soi se perd lorsque l'on perd cette mémoire, dite aussi autobiographique. Ceci rejoint ce que disait Rousseau : l'homme est libre car il possède l'historicité, cette capacité à se souvenir et à se définir en fonction de son passé. Je ne m'attèlerai pas ici à une description détaillée des atteintes cérébrales liées à cette maladie, mais, sans surprise, on retrouve une altération du cortex frontal et pariétal, ainsi que de l'hippocampe, que nous avons déjà évoqué, responsable du stockage des souvenirs et des images qui y sont associées.

Plus largement, ce phénomène d'absence de conscience de soi s'appelle l'anosognosie, mot qui vient du grec *nosos*, « maladie », et *gnosis*, « connaissance ». La personne atteinte de cette pathologie n'a pas conscience de sa condition. Je sais, mais je ne sais plus que je sais. C'est par l'absence de cette compétence que s'observe la composante biologique de l'édification d'un sentiment de soi. Plus qu'une structure, il y a un collectif neurobiologique dont le cortex frontal est le capitaine.

Ainsi, c'est lorsque la conscience de soi est altérée que nous nous rendons compte de sa présence et de sa particularité. Sans prise de conscience, sans « je », il n'y a plus d'agir, plus de libre arbitre. Sur ces points, la philosophie et la biologie se rejoignent.

Poursuivons, car il existe une autre façon de concevoir l'être ou ne pas être soi d'un point de vue biologique. Le stade ultime de la perte de soi serait la mort : lorsque nous mourons, nous redevenons objet, matière et poussière.

Selon ce point de vue, nous pouvons scinder l'existence du moi en deux : les vivants et les morts. Entre les deux, il existe un océan d'états d'âmes.

Un moi étagé

Nous venons de poser le fait que le moi, d'un point de vue biologique, était, en partie, représenté par la conscience de soi. C'est donc ce qui nous sépare de l'animal. Mais alors, à quel moment peut-on dire que le moi n'existe plus ? À quel moment la conscience est-elle présente ? Cette question anime les débats sur l'euthanasie, et montre ainsi à quel point la vie se confond avec la conscience. Certains affirment que la vie s'arrête avec la perte du soi, d'autres postulent que l'être humain existe tant que son corps fonctionne. Débat qui n'est pas près d'être tranché. Il est difficile en effet de dire à quel moment l'être humain sait qu'il sait. Un fœtus de 3 mois, 3 semaines, 3 jours ? Ici, c'est la loi qui a tranché : 3 mois. À ce stade, le fœtus possèderait une identité. Mais possède-t-il la conscience de soi ? Nous allons examiner ici les différents étages du soi, situés entre la mort et la vie, pour mieux répondre à cette question. Mais avant cela, et pour nous y aider, arrêtons-nous sur un outil de mesure permettant d'observer les catégories de niveau de conscience : l'électroencéphalogramme (EEG). À l'aide d'électrodes, on capte l'activité électrique du cerveau et, selon la forme et la fréquence des ondes, il est permis de déterminer le niveau de conscience. On divise ainsi les ondes cérébrales en cinq stades :

Les ondes delta : de 0,5 à 4 Hz (sommeil profond, sans rêves)

Les ondes thêta : de 4 à 7 Hz (relaxation profonde, en plein éveil, atteinte notamment par les méditants expérimentés)

Les ondes alpha : de 8 à 13 Hz (relaxation légère et éveil calme)

Les ondes bêta : 14 Hz et plus (activités courantes)

Les ondes gamma : 30 ou 35 Hz (processus créatifs et raisonnement)

Les profondeurs du soi

Ainsi, si nous sommes tous d'accord pour dire que la conscience de soi se perd à notre mort, il existe une multitude de niveaux d'éveil de conscience. Le stade qui intervient juste avant la mort s'appelle le coma. Est-on conscient à ce stade ? Non. Sûr ? Posons-nous la question, avant de clouer les planches du cercueil…

Il existe une échelle qui évalue la sévérité du coma, l'échelle de Glasgow, qui va de 3 (coma profond) à 15 (personne parfaitement consciente), et qui se base sur trois paramètres : l'ouverture des yeux, la réponse verbale et la réponse motrice. Un score total inférieur à 10 montre l'inconscience de la personne. Mais a-t-elle perdu la conscience d'elle-même ?

Grâce à l'avancée de nouveaux outils d'exploration, on découvre des états de conscience de soi là où, auparavant, on aurait arrêté les soins. Revenons sur l'histoire d'une jeune femme de 23 ans, plongée accidentellement dans ce que l'on appelle un coma non réceptif. Elle ne répond plus aux stimulations mesurées par l'échelle de Glasgow, mais si on lui demande de s'imaginer en train de jouer au tennis ou en train de marcher, ô stupeur, on observe à l'IRMf (qui permet d'observer le fonctionnement du cerveau en direct) l'activation des mêmes zones cérébrales que chez une personne saine (Owen *et al.*, 2006). Cette jeune femme conserve ainsi sa capacité à comprendre ce qu'on lui dit. Selon l'échelle de Glasgow, elle est en état de mort cérébrale, ce que réfute l'IRMf. Inconsciente et pourtant consciente. Il importe néanmoins de nuancer ces données (Racine *et al.*, 2005), car ces images cérébrales ne sont pas d'authentiques images du cerveau, mais des observations de flux sanguins montrant une activité. Activité ne signifie pas conscience de soi. Cet exemple, loin de répondre clairement à la question du « qui suis-je ? », vient donc plutôt la complexifier.

Émergence du soi

Si l'inconscience biologique est un état, niché dans les profondeurs des océans, remontons juste en-dessous de la surface, avec ce que l'on appelle les états de conscience modifiés, utilisés dans certaines psychothérapies, comme l'hypnose. Sommes-nous encore nous-même quand nous sommes sous hypnose ? C'est la question qui hante celles et ceux que cette technique effraie. Perdre le contrôle de soi, à la merci d'un autre qui en prend les commandes, peut être angoissant. Redevenir un mouton. Comme dans les shows où un hypnotiseur endort une salle entière. Étudions cet état de conscience en partant du sommeil : lorsque l'on dort, point de soi. Du moins, pas tout à fait, car il existe des phases de sommeil profond et des phases de sommeil superficiel (durant lesquelles nous rêvons). Point de conscience, et pourtant, il nous arrive de nous souvenir de certains de nos rêves. En réalité, pendant notre sommeil, nous sommes semi-conscients. Alors que le sommeil est caractérisé par des ondes lentes de type delta, on observe durant les phases de sommeil paradoxal des ondes bêta, comme si les activités du rêve étaient des activités courantes. Ce qui va dans le sens d'une plus grande conscience de soi.

Et si c'était ici que se posait l'émergence de la conscience de soi ? À ce point où il est possible de dire « je » et de mémoriser nos expériences ? Ce point d'émergence serait comme l'eau qui bout. Entre les quelques bulles qui émergent et la franche ébullition, ce ne serait pas tout ou rien, mais plutôt un gradient de soi. Concernant l'hypnose, c'est un peu la même chose : la personne garde la capacité de dire « je » et d'interagir ; elle n'est pas tout à fait consciente, mais pas éveillée pour autant. Cet état comparable à l'aube, entre jour et nuit, est représenté par l'onde thêta. Le cerveau est plongé entre songe et réalité. Exactement comme lorsque Paul, Julie et Albane ruminent, qu'ils partent dans leurs pensées. Ils sont capables de dire « je », mais ils ne sont plus tout à fait conscients du moment qu'ils sont en train de vivre.

Le bon oubli de soi

Remontons encore vers la surface, pour arriver à l'état d'éveil, cet état où nous pouvons dire pleinement « je » et intégrer les éléments de notre entourage, comme nous l'avons vu avec l'attention. Portons notre regard sur la pleine conscience, lorsque le « je » prend toute son ampleur. C'est dans cet état d'observation du monde intérieur et extérieur que le corps prend sa place. Il n'y a plus de langage, seulement nos cinq sens. La biologie du moi se laisse aller à l'instant. Dans cette posture, nous oublions le concept de soi, de celui qui veut posséder, de celui qui s'attache à des noms. D'un point de vue biologique, c'est effectivement dans cet état que l'on agit en cohérence avec soi-même. Les adeptes de la méditation le confirment : on se sent vraiment soi lorsque l'on n'y pense plus, lorsque l'on ne s'y accroche plus. Sur ce point, référons-nous à deux publications sur la méditation (parmi tant d'autres). D'après la première, dirigée par Antoine Lutz et Matthieu Ricard en 2004, la méditation de pleine conscience provoquerait une augmentation de la production d'ondes gamma. Les méditants feraient alors preuve d'une plus grande capacité à être créatifs et à se concentrer. Plus encore, dans un livre paru récemment, toujours avec Matthieu Ricard, notre étalon méditant, il a été démontré que cette pratique entraînerait de multiples bienfaits sur le cerveau. En effet, chez les grands méditants, nous observons un épaississement de la matière grise dans des zones déterminantes pour l'attention (cortex cingulaire et préfrontal), la régulation interne des émotions (insula et amygdale) et la mémoire (hippocampe), et essentielles dans la construction de soi (Laureyz, 2019). En ce sens, l'état de pleine conscience biologique illustrerait magnifiquement le Bouddha, dont on dit qu'il est « l'éveillé ».

Toujours dans cette idée de l'oubli de soi, il existe un autre état, qui se rapproche plus de la méditation informelle, celle où l'on est présent au monde sans pour autant s'asseoir et fermer les yeux : le concept de Flow.

Les travaux de Mihaly Csiksentmihalyi, qui a analysé l'expérience vécue sous toutes ses facettes, ont permis de définir ce qu'était l'expérience optimale, ou Flow. Cet état de conscience se caractérise par une forte concentration, signe d'engagement, de gratification et d'états affectifs positifs, qui se manifeste, sur le plan cérébral, par une forte concentration d'ondes gamma (Massimini et Delle Fave, 2000). Dans l'investissement d'une activité simple mais captivante, dans le moment présent, l'attention sur soi passe au second plan. D'après les observations de Mihaly Csiksentmihalyi, c'est au cœur de ces moments que le bonheur est le mieux perçu. Le bonheur d'être soi sans penser à soi. Sacré paradoxe, qui nous ramène à l'époque ancestrale où, sans le langage, nous étions investis dans des tâches primordiales de survie (Monestès, 2013). C'est ce qu'Harari, dans son livre *Sapiens* (2015), souligne en avançant que l'humain le plus heureux était ce chasseur-cueilleur qui ne possédait rien mais profitait de tout. Il s'appartenait à lui-même. Pourtant, sans langage, il ne pouvait pas encore dire « je ». Ceci s'apparenterait à un état très similaire d'oubli de soi, un état où l'autre est soi et où nous sommes l'autre : l'amour, lorsque le soi disparaît au profit du nous. Rien n'est ni bon ni mauvais en soi, c'est toujours une question de flexibilité et d'équilibre. Comme surfer les vagues, encore... Laisser glisser les choses, sans s'y attacher et en les vivant pleinement. Voici un moi heureux qui ne dit pas son nom. Un jeu sans « je », sans soi ni loi.

Hyper soi

Il existe des états de conscience, des états du moi où nous sommes hypervigilants, totalement centrés sur nous. Par peur, peur de mourir, peur d'être rejetés... C'est dans cet état que le « je » prend toute la place, que le cerveau est préoccupé par le moindre symptôme physique. Le soubresaut d'une respiration, une douleur dans la poitrine. Pensons à l'hypocondrie, où la personne est entièrement centrée sur elle-même. Là, on peut dire qu'elle pense à elle ! Mais est-ce bon ? En écoutant la souffrance des hypocondriaques, on peut en douter. Dans ce cas précis, le soi est perçu à travers le voile de l'anxiété et des pensées négatives. Ce qui est paradoxal, c'est que plus l'on s'écoute, plus l'on fait attention à soi, plus l'on va mal. La distance, dont nous parlons depuis le début de ce chapitre, a disparu, et notre perception est totalement déconnectée de la réalité.

C'est ce que révèlent deux études. Au cours de la première, des chercheurs ont demandé à des participants de consigner leurs sentiments et leurs activités durant trente jours. Une sorte de journal intime structuré. Ils ont ensuite comptabilisé les phrases se rapportant à soi (« je suis triste ») ou non (« cet événement est triste ») et les ont mises en relation avec l'humeur et les sentiments. Il ressort de ce travail que les personnes centrant plus leur attention sur elles présentent plus de sentiments dépressifs ! La seconde étude a cherché à mettre en relation l'utilisation du pronom « je » avec les sentiments. Une nouvelle fois, la centration sur soi, l'usage plus fréquent du « je », sont corrélés à des sentiments dépressifs plus intenses (Monestès, 2013).

Que faut-il en conclure ? Avec humilité, admettons que le sentiment d'être soi est d'une complexité infinie. Savoir que l'on est soi implique cette prise de distance représentée par la conscience. C'est aussi cette capacité à stocker nos expériences qui nous conduit, peut-être à tort, à penser que le soi peut être quelque chose de fixe. Cette complexité empêche donc, pour le moment, de pleinement intégrer ce que ce « moi » signifie d'un point de vue biologique. On sait que l'on ne sait pas, encore et encore. Ainsi, abordons les choses selon un autre point de vue. En effet, plutôt que « où se situe le moi ? », demandons-nous « par quels chemins le sentiment de soi se construit-il ? ». Et qu'est-ce qui permet de dire « je », « moi », « tu », « il » ? Le langage bien sûr !

Le langage ce faiseur d'Être

Quittons un moment la neuropsychologie pour s'intéresser au développement du langage (si tant est que cela soit deux choses séparées...). De nombreux chercheurs (MacHugh *et al.*, 2012) postulent que le sentiment de soi apparaîtrait grâce au langage et se développerait de pair avec les capacités langagières. Dire « j'ai faim », « je suis triste », « je suis grand », « je suis en train de parler de géopolitique », cela implique le langage. Le sentiment de soi se construirait ainsi par l'éducation et par l'apprentissage associatif, évoqué au début de cet ouvrage. En effet, lorsque l'enfant présente des signes de faim, nous lui disons « tu as faim ». Lorsqu'il frissonne, nous lui disons « tu as froid ». À force de millions d'occurrences de ce type, il finit par nommer ses propres sentiments et sensations, et ce ne serait qu'à partir de 3 ans qu'il commencerait à pouvoir dire efficacement « je ».

Ce qui est intéressant ici, c'est que la notion de soi nécessite une prise de conscience, une capacité à nommer les choses qui s'est créée et développée grâce au langage. Cette capacité étant entraînée par l'éducation, on peut dire que la notion de soi est liée à une histoire culturelle : ce que l'on se dit de nous est avant tout ce que l'on nous a dit de nous-même. D'un point de vue biologique, ceci nous amène à réfléchir à la fonction du soi. En effet, le langage est avant tout utile pour communiquer nos sentiments, et surtout pour interagir avec nos semblables. Il en va donc de notre survie et d'une meilleure adaptation. Ainsi, la notion de soi ne saurait être entrevue sans l'autre, sans la culture et sans la société.

Toi, toi, mon moi

La capacité à développer le sentiment de soi est directement en lien avec la capacité à prendre conscience des autres. C'est grâce à l'autre, aux parents, et donc à la culture, que le moi surgit des profondeurs. L'enfant apprend d'abord à comprendre ce qu'on lui dit, pour ensuite intégrer cela dans un sentiment propre et stable. Pour cela, il lui faut disposer d'une compétence sophistiquée, appelée la théorie de l'esprit (Machugh *et al.*, 2012). Cette capacité à prendre en considération le point de vue de l'autre, à se représenter ses sentiments, constitue les fondements de l'empathie. S'il y a un «je», c'est qu'il y a un «tu», un «il», un «elle»... Cette théorie de l'esprit, par ailleurs déficitaire dans la schizophrénie, évolue conjointement avec les capacités langagières. Grâce à elle, nous pouvons nous rendre conscients des autres. C'est par cette conscience qu'émerge une prise de perspective sur nous-même. Comme toujours, le problème survient dans les extrêmes, entre l'absence de conscience des autres (l'autisme par exemple) et l'impossibilité de se défaire de leurs jugements. Sans prise de recul sur nous-même, nous prenons pour argent comptant les jugements et les remarques des autres (ce que Sartre appelle un soi essentialisé). Notre biologie fonctionne alors avec les étiquettes et se confond en elles. Les «je suis fragile», «je suis faible» influent sur notre cerveau comme des règles qui guident nos actions. Il n'y a plus de soi.

Pour résumer, le sentiment de soi est complexe et reste assez flou d'un point de vue neurobiologique. Il ne serait pas une entité, mais un processus, le produit d'une activité mentale complexe dont le langage serait la clé de voûte et l'adaptation sa raison d'être. Pourtant, nous commençons à y voir plus clair dans notre quête du bonheur. En effet, nous l'avons vu avec le concept de Flow, la conception de soi serait optimale lorsque la concentration se porte sur un sujet qui nous tient à cœur, lorsque nous agissons et que nous investissons dans l'instant présent. Ce serait bien à ce moment que nous embrasserions, même furtivement, le bonheur. Ce concept de Flow regroupant bien les six processus abordés jusque-là, nous entrevoyons une réponse à donner à la petite Lucie, qui attend toujours qu'on lui explique comment être heureuse. Mais la partie n'est pas encore gagnée (peut-elle l'être ?) ! En effet, nous avons éclairci la philosophie du soi et entrevu de quelle manière le corps et la biologie avaient leur mot à dire, mais savoir n'est toujours pas savoir faire. Paul, Julie et Albane en sont témoins : apprendre la recette par cœur ne suffit pas.

Observons maintenant de quelle manière l'ACT, à travers la théorie des cadres relationnels, va permettre à nos trois amis de dépasser cette angoisse existentielle. Être, ne pas être, ne plus être soi. Passons de l'ombre à la lumière de soi.

Le soi en ACT

Aussi insaisissable qu'une anguille, le moi se situerait donc... nulle part. Voyons alors de quelle manière la psychothérapie peut permettre de trouver une conception du soi compatible avec le projet vitaliste dont il est question depuis le début de ce livre : avancer vers le souverain bien, entre biologie et philosophie.

Alors, c'est quoi le soi en ACT ?

En ACT, le concept de soi est entrevu comme un processus, un comportement. Adossé à la théorie des cadres relationnels, le langage est ici considéré comme un outil de mise en relation des événements relatifs à soi. Par exemple, se qualifier de « gentil », c'est placer dans un cadre de relation de coordination l'identité et le mot « gentil ». Soit. S'en suivent des milliards de relations dérivées liées à soi, d'opposition (« je ne suis pas si petit »), de condition (« si je suis gentil, je suis aimé »)... Comme nous l'avons déjà vu, en plus de la mise en relation, le langage dérive les fonctions liées aux événements mis en relation. Si le mot « gentil » est associé positivement, par contamination nous aurons une bonne opinion de nous-même. Le soi est alors une entreprise de mise en lien entre des mots, eux-mêmes liés à une fonction (pour simplifier, disons agréable ou non).

Ainsi, force est de constater que, comme pour tous les contenus abordés jusqu'à présent (pensées, émotions, sensations, actions), le soi n'échappe pas aux bénéfices, ni aux pièges du langage.

Le problème surgirait lorsque la relation aux mots est soit trop rigide (« je dois être gentil tout le temps »), soit totalement inadaptée au contexte (si un tyran se trouve gentil par exemple). Afin de fluidifier et de rendre fonctionnelle l'idée de soi, voyons comment l'ACT scinde le concept d'expérience de soi en trois parties : le soi comme processus, le soi comme contenu et le soi comme contexte.

Le soi comme processus

Le soi comme processus correspond au travail d'association entre le mot et la chose. Il représente la façon dont l'être humain relie tous les événements pour constituer le sentiment de soi, cette faculté à établir des relations d'équivalence entre les choses : un mot avec une sensation, un mot avec une image... Le soi comme processus peut être vu comme une araignée qui tisse des liens entre différents points, différents éléments. Considérez le temps qu'il nous a fallu et la difficulté que cela a représenté d'associer une sensation dans le ventre, la sensation de faim et le mot «faim»! D'autant que certaines cultures et certaines familles possèdent moins de mots que d'autres pour nommer ces expériences intérieures et extérieures.

Albane, à 14 ans, avait toutes les peines du monde à nommer ses états émotionnels, surtout après une puberté qui a rebattu ses cartes routières corporelles. Le «je ne sais pas» était de rigueur. Pour Julie, l'adéquation entre les mots et les définitions d'elle-même présentait également une difficulté. Elle attribuait chaque sensation à un risque mortel, plutôt que de reconnaître les signes de fatigue. Les douleurs de dos de Paul l'informaient sur son besoin de repos. Ces signaux d'alerte nécessitaient une interprétation négative, tout en étant nimbés d'une aura positive: «J'ai mal, donc j'ai bien travaillé.» Nous observons ici un travail néfaste, pour ne pas dire absent, de ce soi comme processus. Il y a eu maldonne dans l'adéquation réel-symbolique. En travaillant à nommer son expérience plus efficacement (le travail de l'analyse, de l'acceptation et des autres processus), la thérapie a pu les aider à mieux coordonner leur langage aux faits. En cela, c'est le travail du soi comme processus qui fonctionne mieux.

Mais, au-delà de savoir nommer un chat un chat, le langage peut enfermer dans une mauvaise définition de soi: le soi comme contenu.

Le soi comme contenu

Dans ce travail de mise en correspondance, il arrive que le lien soit tellement rigide et global qu'il nous empêche d'avancer. En effet, il est facile et économique de se résumer par un mot, une phrase. Il est naturel, et même nécessaire, d'apprendre à se définir comme «je suis un homme, une femme», «j'ai trois enfants», «je suis un battant» ou «je suis un tendre». C'est économique, mais ce n'est pas toujours efficace. Nous l'avons vu avec Paul, dont on dit qu'il est « fort », avec Julie, dont on dit qu'elle est « fragile », et avec Albane, que l'on trouve « colérique ». Devant cette facilité relationnelle à nous définir ainsi, nous nous attachons à ce soi, comme une moule à son rocher. Il arrive alors que nous nous comportions selon cette croyance. En effet, si vous vous décrivez comme « désordonné », vous aurez tendance à vous comporter comme tel. C'est ce que l'on appelle des comportements gouvernés par des règles (Monestès et Villatte, 2012), et cela fait écho à l'essentialisation de Sartre. Le soi comme contenu serait donc ce processus qui assimile l'identité aux mots, une rigide concordance. Je suis ce que je me dis.

Tout le monde le fait, pourriez-vous me rétorquer, alors où est le problème ? Effectivement, dans la plupart des cas, ce procédé est efficace. Mais tout est affaire de souplesse et de contexte. Que se passe-t-il lorsque nos rôles changent rapidement (paternité, handicap, #metoo...) ? Être attachés à une définition de soi aussi essentialisée nécessite un travail de remaniement important (Monestès et Villatte, 2012). C'est précisément ce que nous allons voir avec le troisième concept, qui permettra d'assouplir tout cela : le soi comme contexte.

La perspective sur soi

Il existe une façon de concevoir le soi autrement que par la description langagière : la prise de perspective et l'observation. Nous parlons ici du soi transcendantal, entrevu avec la pensée bouddhiste. Plus qu'un contenu, il s'agit de la compétence à prendre un point de vue. C'est ce que j'appelle, avec mes patients, « grimper dans l'hélicoptère ». Grâce à l'empathie, si vous observez votre conjoint blotti sur son canapé, vous pouvez vous représenter le bien-être qu'il ressent. Vous pouvez vous imaginer ce ressenti, mais en aucun cas vous ne pouvez ressentir ce qu'il ou elle ressent. Ce point de vue distancié est essentiel à l'être humain : il lui donne un sentiment de sécurité, et personne ne peut le lui emprunter. Ce moi observateur. Cet endroit est comme le donjon d'un château : vous pouvez tout observer, mais personne ne pourra jamais y grimper, pas même le prince charmant. Ce point de vue unique est celui qui résiste à toute analyse, c'est celui que vous prenez lorsque vous observez vos pensées, vos émotions, vos sensations. Le fait même que vous observiez implique qu'il y ait une distance : vous le faites depuis un point de vue qui n'appartient qu'à vous. Cette prise de perspective représente le soi comme contexte.

Imaginez, c'est comme si vous étiez la gare qui accueille tous les trains circulant chaque jour. Cette gare voit passer les sensations de faim, les pensées négatives ou tout autre événement intérieur. La gare ne se confond pas avec le train. À cet endroit, la thérapie ancre la philosophie dans le corps, puisque la théorie des cadres relationnels a reproduit en laboratoire cette capacité à prendre perspective. Cette propriété fait appel à une forme particulière de cadrage, le cadrage déictique (du grec *deiktikos*, qui signifie « action de montrer »), et signe la capacité à prendre différentes perspectives, à montrer différentes choses. Cette compétence tient en trois cadres : le cadre interpersonnel, qui apprend à définir la différence entre le « je » et, par exemple, le « tu » (ce qui amène le « mien », le « tien » et tout ce qui en découle), le cadre temporel, qui, lui, s'occupe de situer les choses « maintenant », « après » ou « avant », et le cadre spatial, qui ancre « ici » ou « là-bas ».

De cette manière, nous pouvons manipuler l'identité et prendre différentes perspectives, utiles pour fonctionner en société. Partons d'un exemple, qui va nous permettre de voyager entre différents points de vue. Imaginez-vous assis à table, face à votre meilleur ami. Vous êtes conscient que vous le voyez. Ce cadrage est simple. Je/tu, ici et maintenant. Si l'on vous demande d'imaginer ce qu'il voit de vous lorsque vous prenez sa perspective à lui, que voyez-vous ? Si, maintenant, on vous demande d'imaginer que vous échangez vos places ? Que voyez-vous en observant votre ami et l'arrière-plan qui apparaît derrière lui ? Compliquons encore un peu : si, en plus de ce changement de place, on vous demande d'imaginer ce que vous observez s'il n'est plus midi, mais 23 h ?

Vous n'avez pas changé de place, mais votre perspective, elle, a navigué entre différents points de vue. Votre point de vue a évolué, mais il vous a toujours été possible de savoir que vous étiez là, en train de voir ce que l'autre pourrait voir. En ce sens, vous étiez bien en train d'observer que vous observiez. Le soi observateur serait donc cette capacité à adopter divers points de vue, selon différents contextes. Une flexibilité psychologique qui pourrait aider nos trois amis à se définir de manière moins rigide, à apprendre à décoller les étiquettes et à prendre la perspective d'autres personnes.

Il nous serait donc possible de nous observer avec une distance et d'avoir accès au contexte dans lequel nous nous trouvons. Le problème des définitions de soi trop rigides, c'est qu'elles ne nous permettent parfois plus d'accéder à l'expérience directe de nos cinq sens (vous vous trouvez « râleur », indépendamment du fait que personne ne pense cela autour de vous). Plus encore, la prise de distance nous permet de nous extraire de la pression sociale et du cadre changeant. Par exemple, j'avais un patient qui se trouvait gros et se définissait ainsi de manière inflexible. Pour lui, perdre du poids risquait de lui faire perdre son identité. Qui suis-je si je ne suis plus gros ? Un autre de mes patients, en surpoids lui aussi, n'avait pas la même dérivation de fonction : il partait régulièrement en vacances en Thaïlande, où il était surnommé « petit bouddha ». Tout le monde venait lui toucher le ventre avec admiration ! Selon les contextes, nous pouvons percevoir notre identité, changer.

Cette décontextualisation de soi pourrait ainsi permettre de redonner de l'humilité au soi. Nous ne sommes pas ce que nous sommes et nous sommes en permanence en mouvement, selon le contexte intérieur (la perspective, notre corps, nos émotions...) et extérieur (le pays, l'époque, la culture...).

« Je ne suis pas gros, je joue devant. »
Mon cousin, première ligne de rugby

Vous avez dit changement de perspective ?

L'ACT vise à redonner une définition de soi comme une attitude, une existence, chère à Sartre : sortir de soi. Elle offre aussi la possibilité d'un Être choisi et agi.

Paul, Albane, Julie et la découverte de soi

Depuis le début de leur thérapie, nos trois amis ont bien avancé. Julie était coincée, recluse chez elle. Elle conversait en secret avec Cunégonde. Telle une ourse piégée sur un iceberg de 150 m^2, elle était perdue au milieu de l'Antarctique, assignée à résidence dans son pavillon de banlieue. Sortir était devenu sa hantise. Aujourd'hui, elle va mieux, heureusement. On n'était pas là pour tricoter des pulls. Elle va mieux au sens littéral du terme « aller » : elle agit mieux. L'angoisse l'étreint encore parfois, mais elle ne l'empêche pas d'agir. Au contraire. En plus d'avoir retrouvé son énergie vitale, Julie accepte enfin de prendre soin d'elle sans que ce temps soit confisqué à ses enfants, aux autres. Elle respire, elle vit. Plus encore, par un tour de magie dont seule la vie connaît les secrets, elle a réussi à allier le travail et son goût pour l'aide portée à l'autre, tout en un, en intégrant le Comité social et économique (CSE) de son entreprise. Son engagement envers les autres est ainsi valorisé, reconnu, et lui donne cette raison d'exister, cette direction de vie qui lui manquait. Julie travaille au même endroit qu'il y a quelques mois, elle fréquente toujours cette salle de réunion d'un immeuble anonyme et froid de la région parisienne. Le lieu, les collègues, la politique générale de son entreprise : rien n'a changé. Pourtant, en Julie, tout a changé. Elle sait pourquoi elle est là. Les pieds ancrés dans le sol, la tête droite, le regard franc. Elle rayonne de cette énergie retrouvée. Elle aide, et cela lui fait du bien. Un bien fou, un courant porteur qui lui soulève le cœur au moment de prendre la parole. Dès les premiers mots, elle sait que c'est elle qui les prononce. Ces mots, ses valeurs. Aider et faire preuve d'empathie, tels sont ses leitmotivs à cet instant. Résonnent alors dans sa tête quelques notes et ces paroles :

« Ça c'est vraiment toi
Et rien d'autre que toi
Non rien d'autre que toi. Ça se sent ! »

En effet, c'est elle. Les yeux portés sur les autres, toujours, mais depuis soi, parce que c'est important pour soi. Un engagement qui la tient loin du sacrificiel et rituel don de soi, pratiqué depuis tant d'années. La partie n'est toutefois pas terminée. Julie ne parvient pas encore à se défaire de ses étiquettes et elle culpabilise – cessera-t-elle un jour ? – de ne pas toujours être ce que l'on attend d'elle : être altruiste. Sur ce point, sa définition du soi reste rigide. Toxique.

Paul a repris le travail. Il serait facile de dire que « tout va très bien, madame la marquise » (les plus jeunes lecteurs googliseront peut-être cette expression surannée...). Non, car Paul a repris le travail tambour battant, ego triomphant. Difficile d'abandonner ses rôles et ses étiquettes, quand ils vous apportent autant de lumière. Mais Paul a changé lui aussi, il a choisi de travailler mieux, de faire de sa vie une qualité. Quand il travaille, il travaille, quand il joue avec ses enfants, il joue avec ses enfants. La pleine présence aux choses est ce qui lui permet de capter les moindres moments et d'en faire des occasions de vie. Il est à ce qu'il fait. Il se promène ce matin dans cette forêt qu'il aime tant. Les chênes, les hêtres et les érables poussent dans une simple harmonie dont seule la nature connaît le secret. Son repaire. Il marche, il suit la rythmique lente et puissante de ces pas qui le guident vers le graal, son graal : les morilles. En pleine communion avec la nature, Paul ne réfléchit pas. Il n'envisage rien d'autre que de trouver ce précieux micellaire. Bercée par le bruissement de cette myriade de feuilles accrochées à ces arbres centenaires, son attention flotte. Là, maintenant, présents, son corps et son esprit ne font plus qu'un. Paul est dans son élément, et cela se sent. Rien n'a changé depuis la dernière fois qu'il est venu marcher ici. Rien n'a changé, et pourtant tout a changé. Paul va aux champignons en étant présent à ce qu'il fait, sans se soucier d'autre chose que de ce qui est important pour lui : ses morilles. La dernière fois qu'il est venu, il divaguait, tel un fantôme, trop accaparé par ses objectifs trimestriels. C'est la même chanson, mais pas le même air. Après des années d'apnée, Paul respire de nouveau. Il reste pourtant prisonnier de sa conception de ce que doit être un « homme ». « On l'est ou on ne l'est pas », « on en a ou on n'en a pas ». C'est ce point qu'il lui reste à travailler s'il souhaite sauver son couple. Comme Julie, son épouse, la mère de ses enfants, la prunelle de ses yeux, s'impatiente de devenir femme.

Albane enfin. Cette jeune ado, blessée à plus d'un titre, entre son genou et son eczéma, a repris le chemin de l'école et de la piste d'athlétisme. Le fait de s'éloigner de Pépito lui a certainement permis de gagner en souplesse. L'expression de ses émotions a fait baisser la pression et son eczéma. L'avantage, chez les ados, c'est que la pulsion de vie est tellement forte qu'il suffit de quelques ajustements pour que le fleuve reprenne son cours. En effet, la dernière séance a été pour elle une révélation. Le « je ne sais pas» plaqué à toutes les questions posées sur son avenir s'est évaporé, tel un voile qu'on lève sur une œuvre d'art. Ses désirs d'architecture étaient là, lovés au fond d'elle-même, sans qu'elle ne s'autorise à les nommer. Un sportif, ça court, mais est-ce que ça réfléchit? Vieux clichés, certes, mais les préjugés ont la peau dure. Ce conflit entre corps et esprit a donc pris fin, ce qui a sans doute contribué au répit que lui octroie son eczéma chronique. Sa colère s'est tue au moment où elle s'est autorisée à être elle-même, indépendamment de ce que le monde aurait voulu pour elle. En ce matin de janvier, Albane est assise sur sa chaise, elle assiste à son cours de français. Même prof, mêmes copains. Mêmes devoirs et mêmes obligations. Elle se lève toujours à 6 h 20 pour prendre le même bus, faire le même trajet, celui qu'elle devra refaire ce soir. C'est la même chose que d'habitude, mais c'est tout autre chose qui se trame dans le cœur de cette adolescente en mal d'être. Oui, l'énergie qui l'anime est bien celle dont sont tissés les rêves. Architecte! Pensez-vous, elle ne s'était jamais sentie autorisée à le rêver, et encore moins à l'envisager. Désormais, assister à ses cours, même les plus barbants, n'a plus la même saveur. Tel est le pouvoir du langage, telle est la puissance des actions engagées: changer la ciguë en miel existentiel. Chaque cours, chaque leçon vient éclairer ce rêve et faire briller de mille feux ce diamant fou. Alors elle brille, elle brille d'un sourire aussi brillant qu'un soleil (traduction de *Wish you were here*, des Pink Floyd). Pourtant, elle aussi se trouve encore prise dans les méandres de l'identité. La question du «qui suis-je?» est loin d'être résolue. Si tant est que celle-ci puisse trouver une fin. C'est quoi, être et devenir une femme au milieu de ces injonctions de vie qui tombent et tyrannisent les âmes et les corps? #metoo; #balancetonporc; #femmeliberée; #faiscequetuveux; #bonnemaman; #bienveillanceautravail; #bio; #vegan. Je suis un hashtag. Pourtant, le moment est venu pour cette jeune ado élevée aux hashtags de prendre ses distances pour mieux cheminer au milieu de ces fausses libérations de soi.

Nous nous retrouvons dans la salle de soin. Depuis quelques séances déjà, l'envie de venir les prend dès le matin. La psychothérapie n'est plus, pour eux, un rendez-vous en terre inconnue. Toujours attentif aux corps, je les vois entrer, droits, la tête haute, le geste souple. Un mélange de détermination et de nonchalance. Ils ont lâché le contrôle de leurs émotions et autres pensées, l'heure est venue, si ce n'est de leur faire lâcher, du moins d'assouplir l'idée qu'ils se font d'eux-mêmes.

– THÉRAPEUTE : Bonjour à tous.

Les bonjours se succèdent, dans une ambiance qui rappelle que le printemps vient après l'hiver. La souffrance est derrière eux.

– THÉRAPEUTE : J'espère que vous avez pu profiter de notre dernière séance pour rééquilibrer vos carrés de jardin respectifs. Pour terminer notre entreprise, j'aimerais aborder une question qui a peut-être traversé votre esprit. « Qui suis-je ? »
– JULIE : Au début, c'est bien ce dont j'avais peur : ne plus être moi-même !
– PAUL : Et moi, je voulais être comme avant.
– ALBANE : Pour moi, c'est plus clair, je voulais « être » tout court.
– THÉRAPEUTE : Vaste question, hein ? Je vous propose un petit exercice qui assouplira cette interrogation aussi tranchante qu'une guillotine : « être ou ne pas être ? ».
– PAUL : J'avoue que c'est un peu ce qui m'a fait venir ici : ma femme voulait que je change, c'était ça ou elle me quittait. Mon couple allait passer à la guillotine.

– THÉRAPEUTE : Si vous êtes d'accord, j'aimerais que, sur cette feuille, vous traciez une ligne verticale et que vous notiez trois de vos qualités à gauche du trait et trois de vos défauts à droite.

Bien que gênés à la fois par l'idée de trouver des qualités et par celle de se confronter au côté désagréable des défauts, nos trois amis s'exécutent :

Julie

Qualités	*Défauts*
Gentille	Sensible
Douce	Maniaque
Aimante	Susceptible

Albane

Qualités	*Défauts*
Tenace	Susceptible
Empathique	Râleuse
Souple	Ironique

Paul

Qualités	*Défauts*
Dynamique	Impulsif
Drôle	Désordonné
Respectueux	Râleur

– THÉRAPEUTE : Merci à vous d'avoir réalisé cet exercice. Qu'en pensez-vous ?
– PAUL : C'est difficile car, sur les qualités, j'avais mon Alberto qui me disait que j'exagérais.
– JULIE : C'est exactement la même chose pour moi. J'ai vraiment eu du mal pour les qualités. Pour les défauts, c'était plus simple.
– ALBANE : Pareil pour moi.

– THÉRAPEUTE : Effectivement, définir le positif n'est pas une habitude. Maintenant, j'aimerais que vous observiez ceci. Quand je change la place des étiquettes « qualités » et « défauts », que se passe-t-il pour vous ?

Julie

Défauts	*Qualités*
Gentille	Sensible
Douce	Maniaque
Aimante	Susceptible

Albane

Défauts	*Qualités*
Tenace	Susceptible
Empathique	Râleuse
Souple	Ironique

Paul

Défauts	*Qualités*
Dynamique	Impulsif
Drôle	Désordonné
Respectueux	Râleur

– PAUL : Ça fait bizarre.
– JULIE : C'est ce que je me disais, ce qui est une qualité peut être un défaut.
– THÉRAPEUTE : Est-ce que les qualités sont vraiment des qualités, et les défauts vraiment des défauts ?
– ALBANE : Bah non, ça dépend.
– THÉRAPEUTE : Ça dépend de quoi ?
– PAUL : Ça dépend du contexte, de la situation.
– THÉRAPEUTE : Effectivement. Tiens, essayons de trouver les contextes dans lesquels ces qualités peuvent être des défauts. Dans quelle situation le fait d'être gentille pourrait être un défaut ?
– ALBANE : Être trop gentille ?

– THÉRAPEUTE : Oui, il y a un contexte d'intensité. L'enfer est pavé de bonnes intentions… Autre exemple : en quoi être drôle pourrait être un défaut ?
– JULIE : Pendant un enterrement ?
– THÉRAPEUTE : Effectivement, merci Julie. Et dynamique, cela peut être un défaut ?
– PAUL : Ça dépend du moment de la journée. Dynamique à 0 h 30 et dynamique à 9 h, ce n'est pas la même chose.
– THÉRAPEUTE : Tout à fait. Dans quel contexte le fait d'être sensible pourrait devenir une qualité ?
– PAUL : En tant que psychologue, j'imagine que vous avez intérêt à l'être, non ?
– THÉRAPEUTE : Merci Paul, dans ce contexte-là, oui, c'est bien une qualité. Et susceptible ?
– JULIE : Susceptible, je pense que cela dépend des pays. Un Napolitain et un Japonais n'ont pas le même degré de susceptibilité.
– THÉRAPEUTE : Merci Julie, un contexte de plus. Enfin, en quoi être râleur pourrait être devenu une qualité ?
– PAUL : C'est une qualité pour quelqu'un qui travaille à la CGT ! Sinon, ça ne vaut pas le coup.
– THÉRAPEUTE : Alors, que ressentez-vous après avoir inversé les étiquettes et observé différents contextes ?
– ALBANE : Ça ne fait plus pareil, on a l'impression que les qualités et les défauts, c'est beaucoup plus flou, et que ça dépend vraiment du contexte. On ne peut pas dire « être gentil », « être à l'heure » de manière générale. En fait, ça ne veut rien dire, ça dépend vraiment des situations.
– THÉRAPEUTE : Et qu'est-ce que cela dit de vous ?
– PAUL : Ça dit que l'on ne peut s'accrocher ni à nos qualités, ni à nos défauts.
– JULIE : Je me rends compte qu'à la maison, parfois, il faudrait que je sois plus souple, tandis qu'il faudrait que je sois plus rigide au travail. En fait, ça dépend. On peut être les deux, mais pas tout le temps.

– THÉRAPEUTE : Maintenant, si je retire les deux étiquettes, qualités et défauts, qu'est-ce qui se produit ?
– PAUL : Ça devient des particularités, ce ne sont que des éléments de nous.
– THÉRAPEUTE : Très juste, Paul. Effectivement, tout ça, c'est vous. Vous avez la possibilité de faire preuve de tout ça. Tout est question de contexte d'intensité, de pays, de travail... Les contextes sont infinis.
– PAUL : En fait, être quelque chose, ça n'a pas de sens si on ne prend pas en compte le contexte.
– THÉRAPEUTE : Voilà, c'est exactement ce que je voulais vous faire percevoir. Ces étiquettes du soi n'auraient-elles, finalement, que peu de sens ? Mais il reste un point fixe au milieu de cette valse des étiquettes. Qu'en pensez-vous ?
– PAUL : Ça m'a l'air compliqué, d'un coup.
– THÉRAPEUTE : Cette partie de nous qui s'observe en train d'observer, on l'appelle le moi observateur. Fixe et immuable, ce moi est là depuis des années, et il le sera jusqu'à notre dernier souffle.
– JULIE : Je vois où vous voulez en venir. À la différence du lapin, qui est juste conscient de son environnement, nous, nous sommes conscients d'être conscients en permanence et pour toujours.
– THÉRAPEUTE : Oui, c'est un peu comme si vous étiez une gare et que vous observiez les trains passer. Ces trains représentent des pensées, des émotions, des sensations. À aucun moment les wagons ne vous résument. Les trains passent, l'observateur reste. Vous êtes la gare, pas les trains. Vous n'êtes pas dépressif, vous souffrez de dépression, et la dépression passe, comme un train. Vous n'êtes pas colérique, vous êtes la gare qui observe la colère passer. Le moi observateur, c'est la gare. Pour ancrer cela, je vous propose un exercice de méditation :

« Installez-vous confortablement dans ce fauteuil. Posez les pieds au sol, redressez-vous, adoptez une position ni trop avachie ni trop raide, une position digne. Posez vos mains où bon vous semble. Puis, peut-être pourriez-vous d'abord vous installer dans l'instant présent et prendre simplement conscience que vos pieds sont posés au sol... Juste posés... Sentir le pied droit... Sentir le pied gauche. Puis sentir votre bassin posé sur le fauteuil... fesse droite... fesse gauche. Simplement percevoir que vous êtes là, dans cette pièce, installé dans ce fauteuil, et peut-être porter ensuite votre attention sur votre respiration, vos narines et l'air qui entre et sort, juste là.

Imaginez que vous êtes une gare. Imaginez les quais, le toit, les piliers, le bâtiment. Vous êtes une gare. La gare qui va accueillir des trains, des trains d'émotions... Des trains de sensations... Des trains de souvenirs. Posté de cette manière, vous pouvez prendre conscience que les choses passent tels des trains qui ne s'arrêtent jamais définitivement. Ils passent, et certains s'arrêtent plus longtemps que d'autres à quai. Imaginez qu'un train est annoncé en provenance du passé. Un souvenir de votre adolescence. Prenez le temps de laisser ce souvenir entrer en gare, entrer dans votre tête. Des vacances, une amitié. Une fois que vous avez ce souvenir en tête, prenez le temps d'en prendre conscience, de détailler ce train et d'observer que, sur les côtés, sont inscrits votre prénom, la date de votre souvenir, ou votre âge... peut-être même des images. Observez qu'une partie de vous peut prendre conscience de ce souvenir. Vous êtes cette gare qui prend conscience, ce contexte qui accueille les wagons. Celui-ci s'en va déjà, et un autre train arrive... Quelle pensée avez-vous eue ce matin en vous levant ? Peut-être étiez-vous fatigué, peut-être aviez-vous envie d'aller petit-déjeuner... Observez ce train des pensées du matin qui passe en gare. Imaginez maintenant qu'un train est annoncé en provenance de vos 6 ans. Quel souvenir avez-vous de vos 6 ans ? Un souvenir agréable, peut-être un câlin de vos parents, des jeux, un souvenir de vacances... peu importe. Observez ce souvenir arriver comme un train qui passe dans votre gare.

Des mots, des images, des émotions sont peut-être inscrits sur ces wagons. Laissez-les passer et observez qu'une partie de vous reste fixe tandis que les souvenirs passent. Et le train repart... Un autre train arrive. Quelle est cette dernière situation où vous avez été profondément triste ? Laissez venir à vous ce train, cette image, ce souvenir. Cette douleur est certainement désagréable, mais observez simplement que vous êtes la gare... Vous êtes le quai... Vous êtes le toit et vous accueillez cette émotion de tristesse et le souvenir qui vient avec. Observez qu'il ne vous est pas possible de changer la direction du train, ni de le faire avancer plus vite, non, il est là, il arrive et il s'en va. Et il y a toujours ce point de vue qui reste fixe en vous, quoi qu'il arrive.

Observez que, depuis le jour de votre naissance et jusqu'à votre dernier souffle, des pensées, des émotions et des sensations sont passées, passent et passeront. Vous pouvez simplement vous rendre observateur, observatrice de ce qui se passe à l'intérieur de vous, toujours depuis ce point de vue. »

La séance se termine sur cette double invitation, à remarquer les étiquetages du moi et à s'en méfier, mais aussi à prendre conscience que le seul point fixe, la seule permanence est ce moi observateur.

Une fois de plus, bonheur et malheur de l'âme sont liés à l'utilisation du langage. C'est grâce à lui que nous pouvons dire et définir qui nous sommes, et prendre cette distance, cette conscience des choses. Ainsi, lorsque les mots ne se référèrent plus aux multiples contextes qu'offre la vie, lorsque notre rapport aux mots perd de sa flexibilité et de son caractère arbitraire, le rêve langagier vire au cauchemar abscons. À ce moment-là, le bonheur promis de devenir soi se mue en une perpétuelle peur de se perdre, tranché par cette impitoyable guillotine de l'être ou ne pas être. Le bonheur de soi se chercherait alors plutôt du côté de la déprise que représente l'état de Flow, un état qui regrouperait

550 millions d'années d'évolution biologique où le corps, jamais fixé, ne s'oriente que vers l'agir, le souverain bien, et quelques millénaires de philosophie où le soi est avant tout une pratique, un chemin, se gardant bien d'être un but. Atteindre le bonheur, ce serait apprendre à s'accorder à soi un accord sans cesse remis en question, tant les conditions intérieures et extérieures sont changeantes et nécessitent d'accorder ses actions. Finalement, bien que le langage soit un allié, on peut se demander si l'on ne serait pas mieux silencieux, avec soi... Mais est-ce seulement possible ?

Nos trois amis ont traversé six océans, six processus. Ils ont bravé les vagues pour parvenir à dompter cette flexibilité psychologique. Paul, Julie et Albane sont assurément plus souples, leur qualité de vie s'en ressent. Ce souverain bien s'est invité au creux de leur esprit, au creux de leur corps. Mais sont-ils heureux en permanence et pour toujours ? Ont-ils découvert la méthode magique pour trouver le bonheur ? Nous pourrions naïvement le penser, mais nous savons que ce rêve ne peut être exaucé, que les rêves comportent leur part de désillusions. Alors, pour s'assurer d'avancer au mieux vers cette vie qui compte, il convient de terminer ce livre et ces entreprises thérapeutiques en déconstruisant tout ce que nous venons de faire. Car suivre une théorie, c'est se plier à une règle rigide. Cassons ce beau château de sable. Enfin, pas totalement.

Conclusion

Le bonheur de la transgression

Pourquoi déconstruire ? Parce que, pour citer de nouveau Nietzsche, « il m'est odieux de suivre autant que de guider » (*Le Gai Savoir*).

Vous êtes peut-être tenté de prendre ce que vous venez de lire pour une nouvelle règle, un nouveau mode de vie. Mais ce ne serait que remplacer une règle par une autre. Notre époque est aux coaches de vie, aux manuels et autres podcasts censés nous expliquer comment il faut vivre, comment il faut élever nos enfants, comment il faut les concevoir. Pourquoi ? Parce qu'il faut. Si nous avons tant souligné le danger des « il faut que » et des « je dois », ce n'est pas pour en rajouter. Et n'oublions pas que toute théorie est vraie jusqu'à ce qu'une autre l'invalide. Ainsi, toute théorie est fausse, y compris celle que je vous propose dans ce livre. Il convient de se méfier des vérités. L'ACT et la TCR n'échappent pas à la règle. Bien que nous nous en soyons défendus en prônant le libre choix des valeurs et des actions, il est évident que ce livre véhicule, en lui-même, des valeurs dont il faut nous distancier, afin de ne pas les suivre comme des moutons.

Pourquoi évoquer ici la transgression ? Comme le poète humaniste Étienne de La Boétie (1530-1563) l'a écrit dans son *Traité de la servitude volontaire*, nous serions, par essence, enclins à vouloir suivre une règle, un berger. Il s'agirait d'une tendance naturelle. Même ceux qui se targuent d'être « antisystème », ceux qui refusent les lois, en font une règle, celle de ne pas suivre. Il est interdit d'interdire... Pensons ici au mouvement hipster, qui revendique le fait de casser les codes et de n'en suivre aucun, mais qui est devenu un mouvement que beaucoup ont suivi.

De ce point de vue, notre objectif – tendre vers le souverain bien, le bonheur – pourrait vite tourner à une nouvelle tyrannie. Vous l'aurez compris, il n'est pas question ici de transgresser la loi républicaine, mais plutôt ces petites lois qui nous invitent à faire ceci ou cela pour aller mieux, pour être heureux, absolument, tout le temps.

Le sommes-nous ? Pas forcément, pas tout le temps.

Aller bien, manger-bouger, cinq fruits et légumes, zéro tabac et trente minutes d'activité physique par jour sont des recommandations, des règles que nous entendons à longueur de temps. Ce livre n'échappe pas à ce mouvement : il nous invite à accepter, à prendre de la distance, à avancer en direction de cette vie riche et pleine de sens. Sinon ? Sinon, nous ne serons pas heureux. Vraiment ?

Les thérapies cognitives et comportementales, et notamment la thérapie d'acceptation et d'engagement, sont elles aussi prescriptrices de règles qui, parfois, occasionnent le contraire de ce qu'elles visent.

En ACT, la personne apprend à passer moins de temps à lutter contre ses ressentis désagréables pour mieux avancer vers ce qui compte pour elle. Je pense à cette phrase, que l'on se répète souvent à propos d'une action : « Est-ce que cela m'approche ou est-ce que cela m'éloigne de ce qui est important pour moi ? »

À force d'observer les effets positifs, lorsque l'on se rapproche des gens ou des valeurs qui nous sont chers, il advient parfois un effet pervers : vouloir y rester, à tout prix, et finalement s'en éloigner. Oui, on finit parfois par vouloir ne réaliser que des actions qui ont du sens, que des actions qui nous rapprochent de nos valeurs. Ce qui peut conduire à ne plus accepter de réaliser certaines actions, pour ne plus ressentir telle ou telle sensation désagréable.

Julie, par exemple, est arrivée au terme de sa thérapie (quand termine-t-on une thérapie d'ailleurs ? nous y reviendrons). À la suite de ce travail, elle a perçu, entre autres, que se réfugier dans l'hyperactivité et l'agressivité était une action d'évitement de ses soucis de couple. Avant, plutôt que de réaliser des actions pour se rapprocher de son mari, Julie, guidée par la colère, préférait se réfugier dans le travail. Plus de travail = moins de couple. Le cercle vicieux s'était alors refermé. Lors de sa thérapie, elle a appris, malgré ses sensations de colère, à communiquer avec son mari. Mais, très perfectionniste, elle n'accepte désormais plus son agressivité. Il peut être normal de s'emporter parfois, surtout lorsque la fatigue nous submerge. Pourtant, Julie culpabilise de se fâcher encore contre son mari et ses enfants : « je ne dois pas faire cela », « je suis nulle car je sais que je devrais parler », « maintenant que je sais ce qu'il faut faire, je ne dois plus m'emporter ». Sans le savoir, à vouloir être bien, Julie reprend le combat de Cunégonde, qui revêt cette fois le costume du « bien » à tout prix. Julie est victime de trop bien vouloir appliquer ce qu'elle a appris en thérapie. Ainsi, à force de vouloir avancer sans cesse, on finit par reculer. À vouloir le bonheur absolu, on finit par s'en éloigner.

Alors ? Alors on transgresse.

On transgresse la loi thérapeutique, qui indique par exemple que plutôt que de boire une bière pour gérer son stress, on devrait affronter le problème. On accepte de ne pas toujours agir comme il se devrait.

Que se passerait-il si Julie prenait les choses de cette manière ? « Bon ce n'est pas grave, il peut m'arriver de m'énerver », « j'ai le droit de m'emporter, mais j'ai aussi le devoir de m'excuser », « excuse-moi, chéri, j'ai mordu à mon hameçon de la colère ». « Ça arrive à tout le monde. » Vouloir ne plus jamais être comme avant conduit à ne plus accepter certains écarts, certaines angoisses, certaines pensées... et donc à retomber dans le piège. Plus l'on cherche à éviter ces ressentis, plus ils reviennent ! Mais qui ne s'emporte pas ? Qui n'est jamais angoissé ? Qui ne fait pas l'inverse de ce qu'il aurait dû faire ?

Personne.

Acceptons la transgression de cette règle qui impose de toujours être BIEN.

Transgression du bonheur absolu, pour un bonheur de la transgression.

À lire trop de livres sur le bonheur, nous pourrions être tentés de suivre de nouvelles règles, indépendamment du contexte. D'ailleurs, il est intéressant d'observer que, d'un point de vue biologique, la transgression est la règle ! Le code génétique était, auparavant, considéré comme un programme sur lequel le corps humain se construit. Connaître ce code nous aurait ainsi permis de reproduire des êtres humains. Eh bien non. De récentes recherches montrent que le génome produit d'innombrables molécules selon une grande part de hasard. Pour simplifier, disons que ce n'est qu'en interaction avec l'environnement que seraient sélectionnées les molécules les plus adaptées. Le corps ne suivrait ainsi aucune règle génétique, il les inventerait. Le contexte, l'environnement, se chargeraient de sélectionner ce qui est le plus adapté.

Ainsi, la meilleure façon de lire un livre ou de suivre une thérapie reste encore de prendre ce qui vous convient, en fonction du contexte. Si nous ne devions retenir qu'une seule notion parmi toutes celles que nous avons abordées, c'est le contextualisme fonctionnel qui primerait. Or, selon ce point de vue contextualiste, serait-il vraiment fonctionnel de suivre et de pratiquer ce que vous venez de lire de manière parfaite ? Sans doute pas.

Que serait votre vie, si vous appliquiez les processus de ce livre à la lettre ? Imaginez que vous réagissiez toujours comme la personne que vous aimeriez être. Imaginez ne plus manger de chocolat lorsque vous êtes angoissé, ne plus râler quand vous avez mordu à votre hameçon de l'injustice. Quelle saveur auraient vos actions qui ont du sens si vous ne goûtiez pas, de temps en temps, à d'autres actions totalement contreproductives ? Le bonheur serait-il le même si vous ne le perceviez pas par contraste avec la souffrance ? Quel effet produirait cette perfection sur les autres ? Imaginez les relations sociales d'une personne qui agit toujours « comme il faut »...

Sur ce sujet, les humoristes nous rappellent que la perfection n'est pas vivable. Prenez le sketch du blond de Gad Elmaleh, ou celui de la maman calme de Florence Foresti. Pourquoi nous font-ils rire ? Parce qu'ils nous renvoient à notre désir de perfection autant qu'à notre malaise face à notre imperfection. C'est ce qui nous fait prendre une distance, et accepter : « Je ne suis pas si mal, finalement. » Si tant de personnes en rient, c'est que tant de personnes sont concernées, non ? Autre exemple : en tant que parents, quel modèle donneriez-vous à vos enfants si vous étiez toujours au top ? Rien ne vaut un modèle imparfait, car l'imperfection donne une figure humaine, accessible à l'autre, autant qu'elle suscite l'envie de le dépasser : n'est-ce pas le but de l'éducation de nos enfants ?

La transgression, un remède nécessaire, un exutoire.

Se mettre en colère, manger, éviter une situation, cela sert parfois d'exutoire. Ici, l'idée est d'accepter que, parfois, la pression est trop forte et que le contexte ne nous aide pas. La transgression de nos valeurs peut être une solution pour se reprendre.

Autre argument en faveur de la transgression : il n'y a parfois aucune différence, en termes de qualité, entre un comportement qui rapproche des valeurs et un autre comportement qui en éloigne. La différence se situe ici plutôt en termes de quantité. Par exemple, manger du chocolat, pour une personne souffrant d'un trouble du comportement alimentaire, peut être considéré comme un éloignement de la valeur d'alimentation équilibrée, mais si elle ne mange qu'un seul carré ? Si l'on se focalise immédiatement sur la pensée « non, il ne fallait pas », que se passe-t-il ensuite ? Ce que l'on considère comme une action qui éloigne d'une valeur est souvent bénéfique au départ. C'est la quantité ou l'intensité de l'action qui nous en éloignent.

Accepter de ne pas toujours être « blond.e », c'est rester flexible… pour ne pas rompre.

Mais alors, faut-il accepter de ne pas suivre aveuglément le bonheur pour le trouver ?

Peut-être. Le bonheur, c'est aussi accepter ce que nous sommes, imparfaits. Que se passerait-il si nous prenions la transgression (ne pas agir selon ses valeurs) comme un bonheur, une possibilité, parce que, heureusement, nous sommes vivants, et qu'être vivant, c'est accepter de commettre des erreurs ?

Le bonheur de transgresser, de prendre un réel plaisir à NE PAS agir toujours comme il se doit, peut nous ouvrir à une jubilation. Évidemment, vous m'aurez compris, l'idée n'est pas de vous encourager à fumer comme un pompier, à boire comme un trou et/ou à conduire à toute allure, mais plutôt de vous inviter à prendre plaisir à être imparfait. La transgression est un fait, une évidence, car personne ne peut être parfaitement en phase avec ce qu'il aimerait être. On ne peut que s'en rapprocher. Alors, pour reprendre le titre d'un livre de Christophe André, soyons imparfaits, libres et heureux ! Le bonheur de ne pas toujours avancer, de transgresser l'idée de ce que l'on aimerait toujours faire, peut nous ouvrir à plus de compassion et d'acceptation de ce que nous sommes.

En conclusion, jeune Lucie, il s'agit moins « d'être ou ne pas être » heureux que de faire plus de choses qui nous rapprochent du bonheur que d'actions qui nous en éloignent. De passer du « tout ou rien », trop rigide, à plus de nuances. C'est cette conception, ce petit plus, qu'apporte l'ACT à la psychothérapie en général. Plus qu'être heureux, il conviendrait de garder notre capacité à avancer, à agir malgré les événements désagréables : la flexibilité psychologique. Les événements qui nous rendent heureux ne sont pas toujours les plus agréables. Il serait donc bon de casser cette tendance à vouloir suivre à la lettre les concepts, et de libérer ainsi nos trois amis. « Ni dieu ni maître », écrivait Nietzsche dans *Ainsi parlait Zarathoustra*.

Ceci pose la question de la fin d'une thérapie. Quand une thérapie se termine-t-elle ? La réponse est : jamais. Ou, si nous nuançons : la thérapie se poursuit sous une autre forme. La fin d'une thérapie ACT s'évaluerait donc plutôt en termes de maîtrise des diverses compétences. Non qu'on les maîtrise « à vie », mais que l'on se sent à l'aise avec. Autrement dit, une personne a terminé sa thérapie lorsqu'elle ne ressent plus le besoin de venir en consultation, lorsqu'elle se sent libre d'agir en direction de ce qui compte pour elle (et pas forcément lorsqu'elle est heureuse).

Pour terminer, redonnons la parole à nos trois amis. Laissons-les vivre leur vie, pas celle que la thérapie aura décidée pour eux. Ni suivre, ni être suivi, avons-nous dit.

Albane, Julie et Paul : être à soi, pour soi, vers soi, sans moi

– THÉRAPEUTE : Bonjour à tous. Alors comment cela s'est passé pour vous, depuis cette dernière séance, lors de laquelle nous avons tenté de déconstruire votre idée de vous-même ?
– PAUL, *toujours aussi réactif et entreprenant* : J'ai compris une chose essentielle : qu'il ne fallait surtout pas que je redevienne comme avant ! Être comme avant, cela signifierait revenir au même point, le dos en vrac. Et surtout, j'ai pris conscience que j'allais vraiment perdre ma famille.
– JULIE, *tout sourire* : Alors ça y est, tu réalises que la condition féminine est une condition de la condition masculine ?
– PAUL : Oui, tu as raison, même si cela me fait mal de dire que j'ai eu tort ! Je me voyais vraiment comme dans cette pièce de Shakespeare, « être ou ne pas être fort ». J'essaie désormais d'être plus souple, car j'ai compris que l'on peut être différent dans sa vie personnelle et dans sa vie professionnelle.
– THÉRAPEUTE : C'est-à-dire ?
– PAUL : Au boulot, les qualités qui sont valorisées sont la prise de leadership, l'anticipation. Je ne peux m'en défaire, c'est comme ça. J'aime ça, et c'est ce que mon boss me demande. Mais à la maison, ma femme attend de moi plus de douceur, d'écoute et de tempérance. Pour moi, ces qualités étaient celles des faibles, elles ne faisaient pas de moi un « homme ». J'ai compris, avec la dernière séance, que tout cela devait voler en éclat.

– ALBANE : En gros, ce que tu as compris, je l'ai vu comme ça aussi. Pour moi, avoir des émotions, c'était « être faible ». Montrer mes émotions, c'était comme si les gens entraient à l'intérieur de moi. L'histoire de la gare m'a permis d'être plus en sécurité. Quand je dis que je suis triste, il y a toujours un coin de caverne en moi où personne ne peut entrer. Je suis en sécurité. C'est mon moi.
– JULIE : C'est drôle de voir à quel point on ressent les mêmes problèmes, que l'on soit homme ou femme, vieux ou jeune.
– PAUL : Non je ne suis pas vieux, je suis vintage, moi !
– THÉRAPEUTE : Belle pirouette langagière, Paul. Effectivement, c'est une histoire de point de vue.
– JULIE, *poursuivant sur sa lancée* : La question d'être ou ne pas être m'a aussi permis d'accepter de ne pas toujours être gentille. Quoi que je fasse, je ne suis pas une personne méchante ou gentille. J'essaie de m'autoriser à faire ce que je peux, sans pour autant légitimer les moments où je ne suis pas dans mes baskets.
– PAUL : On est plus souple ! Je le ressens dans mon corps, et mon kiné me l'a fait remarquer lors de ma dernière séance.
– ALBANE : Pareil pour moi, lorsque je saute, mon geste est plus souple. Plus j'accepte l'échec, moins je suis rigide. Avant, sauter haut était une question de vie ou de mort. Maintenant, je lâche prise et je saute plus haut, c'est fou.

Nous retombons sur nos pieds. À travers la pratique de ces six processus, observons à quel point le corps et l'esprit sont indissociables. En abandonnant l'idée d'être ou ne pas être, nos trois amis se sont davantage laissé porter. En acceptant les écarts, ils se sont rapprochés du but. Quand on fait ce que l'on peut, on le fait mieux. L'ambiance de la séance est particulière en ce lundi matin. On ne voit plus d'un côté trois êtres en errance et de l'autre un thérapeute, mais quatre êtres humains qui tentent de se rendre conscients des choses et de tendre vers ce souverain bien, ce bonheur. Et lorsque l'on commence à parler des choses au passé, à regarder le chemin parcouru, c'est que l'on est arrivé au bout de la randonnée. Non qu'il n'y aura pas d'autres montagnes à franchir, la vie est longue. Mais voici le moment tant attendu où le psychologue redonne les clefs du camion de l'autonomie à ses patients. La thérapie s'arrête, la vie continue.

– THÉRAPEUTE : Que diriez-vous de refaire l'exercice des quatre carrés de jardin, afin d'observer vos progrès ?

Chacun grimpe dans son hélicoptère et prend de la hauteur par rapport à sa vie respective. Chacun évalue ses actions, et non plus son être, sur une échelle de 0 à 10. En voici les conclusions (entre parenthèses figurent les chiffres des observations précédentes) :

Julie

Travail : 7 (4)	Relations : 7 (5)
Loisirs : 8 (2)	Soins au corps et à l'esprit : 8 (8)

Paul

Travail : 8 (8)	Relations : 8 (8)
Loisirs : 6 (2)	Soins au corps et à l'esprit : 5 (4)

Albane

Travail : 7 (2)	Relations : 8 (8)
Loisirs : 5 (2)	Soins au corps et à l'esprit : 7 (8)

– THÉRAPEUTE : Alors, qu'en pensez-vous ?
– PAUL : C'est pas mal. Je dois dire que je ne pensais pas qu'une psychothérapie pouvait me faire cet effet.

– ALBANE : Tu aurais vu ta tête à la première séance, on aurait dit mon chien chez le véto.
– JULIE : Moi, je suis bien heureuse de mon arrosage, mais je crains toujours que cela ne dure pas.
– ALBANE : Ce ne serait pas Cunégonde qui revient, là ?
– JULIE : Ahhhhh, sacrée tête, elle ne partira jamais !
– ALBANE : Oui, mais moi, maintenant, mon Pépito m'aide à ne pas revenir en arrière. J'ai toujours peur de la blessure et de l'eczéma. C'est pour ça que je vois ça comme un entraînement perpétuel. Si je lâche, il y a des chances que cela revienne, comme lorsque je ne m'échauffe pas assez.
– PAUL : Je suis d'accord, je vois ça comme une hygiène de vie. J'ai vraiment eu peur de tout perdre, et maintenant, je me dis que je n'ai plus le choix, je dois faire attention à mes équilibres de vie. Sinon, le naturel risque de prendre le dessus, avec le boss que j'ai...
– JULIE : Je suis bonne pour venir en thérapie toute ma vie, alors ?
– THÉRAPEUTE : Je me trompe où vous commencez à être plus libre d'agir ?
– JULIE : Oui, c'est sûr.
– THÉRAPEUTE : Mon job n'est pas de vous maintenir heureuse, mais de vous aider à avancer malgré les obstacles. C'est le point de départ de notre travail. Le cerveau ne peut pas se rendre conscient de tout, on peut retomber. En revanche, il ne peut pas désapprendre. Vous chuterez peut-être encore, mais vous aurez des compétences supplémentaires.
– PAUL : En gros, c'est à nous de continuer à pratiquer et d'automatiser cela. C'est comme jouer de la guitare, on commettra des erreurs, mais il faudra toujours s'entraîner, sans prof. Sans vous, donc.
– ALBANE : C'est déjà le cas pour moi, mon coach sportif me laisse maintenant gérer ma préparation d'avant

compétition. Je deviens plus autonome là-dessus, même si, sur le reste, j'ai encore besoin de lui!

- JULIE: Merci, en fait, j'ai bien trop écouté Cunégonde. En réalité, je sais au fond de moi que je ne peux pas oublier ce nous avons fait, c'est une affaire de vigilance.
- ALBANE: Sur ce point, je ne ressens plus le besoin de venir car j'ai envie de faire ça toute seule!
- JULIE: On ne pourra plus jamais revenir?
- THÉRAPEUTE: Si vous éprouvez des difficultés, vous le pourrez. Tant que je ne serai pas en retraite! Mais vous avez tout pour réussir désormais! Ainsi, j'aimerais vous offrir un cadeau: je vous rends votre autonomie et je vous donne la confiance que j'ai en vous, la possibilité de réaliser vos actions par vous-mêmes, pour vous-mêmes, et surtout sans moi!

Cette dernière séance se termine. Paul, Albane et Julie sortent de mon cabinet sans aucun autre rendez-vous à venir. Désormais, ils ont rendez-vous avec eux-mêmes. Ce qui peut s'assimiler à une sorte de vertige, de vide, est en réalité un plein d'eux-mêmes, une confiance en la vie retrouvée. Non qu'ils pensent que cette vie va se dérouler sans aucun accroc, mais ils ont, au fond d'eux, la sensation qu'ils possèdent cette capacité à tendre à nouveau vers le bonheur. Leur problème n'est pas réglé – que serait un problème réglé, si ce n'est cette perfection que nous avons évoquée? Nul doute qu'ils chemineront encore. Ils chuteront peut-être, et reviendront me voir. Ou pas. Ils iront peut-être consulter d'autres thérapeutes, qui pratiquent d'autres très bonnes thérapies à même de leur faire franchir un autre cap. L'ACT n'a pas le monopole, elle ne donne pas de label, ni de «bonne thérapie», de thérapie magique, pour tout et pour tout le monde. L'ACT fait ce qu'elle peut. Une chose est sûre, c'est que le langage sera toujours là. Pour réunir le corps et l'esprit. La philosophie et la biologie.

À travers les propos tenus dans ce livre, nous avons vu à quel point la thérapie d'acceptation et d'engagement pouvait constituer ce relais, cette courroie de transmission entre le corps et l'esprit. La pensée et l'action. Cette entreprise de mise en relation, très kantienne, vise à relier le tout plutôt qu'à participer au saucissonnage de l'être, entre les sciences dures d'un côté et les molles de l'autre. Il est indéniable que plus la science avance, moins elle répond à nos questions. On complexifie les choses, on possède des modes d'action plus efficaces, mais cela nous rend-il heureux ? Cela répond-il à notre question du pourquoi ? Non. Et peu importe. Terminons avec cette conception de la vie, réductrice peut-être, utilitariste certainement, pragmatique assurément : peu importe le flacon, pourvu qu'on ait l'ivresse de l'avancée... et les cheveux au vent.

Épilogue

Au moment où la porte claque, laissant nos trois amis prendre leur vie par la main, il en reste une qui n'en a pas fini avec ses pourquoi. Lucie. Et ses parents, toujours aussi mal à l'aise en ce dimanche matin. La sentence tombe alors, comme une guillotine au tribunal de la vérité : j'ai rien compris. Les parents encaissent le choc. Rendez-vous compte : plus de 350 pages, quelques millénaires de philosophie et 550 millions d'années d'évolution pour ce résultat. La tête à Toto. Le repos dominical n'est pas encore gagné.

« Mais ça ne répond pas à mes POURQUOI, tout ça ! Pourquoi les gens souffrent comme ça ? Et puis on ne sait toujours pas si le bonheur est dans le corps ou bien dans la tête, je vous le rappelle. Faudrait savoir ! »

Comment expliquer, dans un temps aussi restreint, la pensée de Socrate : « je sais que je ne sais pas », tout en sachant que cette phrase lui a coûté la vie ? La mère tente une esquive digne d'un rugbystique cadrage débordement – l'évitement restera, à jamais, une solution très économique – : « Mais le pourquoi, on s'en fiche. Ce qui est important, c'est COMMENT avancer dans la vie, comment moins souffrir ? Tu ne trouves pas ? » Dans un sursaut d'autorité, le père appuie : « Ta mère a raison, les pourquoi ne te mèneront nulle part, ma fille, cherche plutôt les comment. »

Une porte de sortie se présente enfin, l'espoir refait surface. Je vous rappelle qu'un poulet-frites assorti d'une sieste réparatrice sont en jeu depuis le début de l'aventure. Ce qui, en soi, suffira grandement au bonheur de nos deux chers parents.

«Taisez-vous. Je serai heureuse quand je saurai pourquoi on souffre. Je ne vois pas comment trouver le bonheur sans savoir pourquoi.»

L'effrontée.

Je vous laisse imaginer le climat de guerre civile qui règne dans le salon. Ce conflit n'est pas près d'être résolu, vous vous en doutez. Pourquoi-comment. Corps-esprit. Choisir, c'est renoncer ?

Non, point de renoncement ici, mais bien un choix. Achevons ce livre par un éloge du conflit, de la divergence, avant de faire celui de la synthèse et de la convergence. Vive le pourquoi ET le comment, vive le corps ET l'esprit, pour notre plus grand bonheur. Donnons à ce conflit de générations une sortie par le haut. Explication finale.

Conflit ou conflictualisation ?

Entre ces contraires, faut-il choisir ? Pris au cœur de ce dialogue de sourds, ouvrons un peu nos oreilles aux bienfaits d'un conflit. Car il est peut-être nécessaire de ne donner raison ni à l'un ni à l'autre, mais de conserver cette tension pour tendre vers le meilleur. L'enjeu d'un conflit n'est pas forcément ce que l'on croit, alors plutôt qu'une annihilation de l'une ou de l'autre partie, avançons vers une fertilisation mutuelle. L'eau de pluie, la vie donc, est bien le fruit d'une conflictualisation entre air chaud et air froid !

Le conflit est partout, et nous en sommes constitués. Notre corps est en conflit permanent : lutte contre la gravité, lutte contre les écarts de température, lutte de notre système immunitaire contre les infections permanentes (notre corps comporte plus de bactéries que de cellules)...

#Jesuisunconflitpermanent

L'absence de conflit, ou l'évitement du conflit, est donc vaine. Ceci est dit. Plus encore, elle est néfaste, pour ne pas dire fatale. Pour illustrer cela, considérons deux notions de mécanique des systèmes, appliquées aux relations humaines : le couple entropie et néguentropie. Ordre et désordre. Un système peut être défini comme un ensemble de personnes organisées autour d'un but et munies de ressources et de règles. Jusque-là, tout va bien. Or, en systémique, un système porte en lui une force naturelle de désorganisation que l'on appelle l'entropie. Si on laisse des personnes, un système, fonctionner seul, il va nécessairement se désorganiser et finir par se désunir, puis par cesser d'exister. Sans une autre force pour entrer en conflit avec l'entropie, le système cesse donc de fonctionner. Si un système perdure, c'est qu'une force vient équilibrer cette désorganisation. Cette force d'organisation, appelée la néguentropie, canalise la désorganisation. De cette manière, tels le yin et yang, l'énergie produite par le groupe est canalisée et produit un mouvement.

Cette conflictualisation débouche sur un travail de mise en équilibre. Quand deux forces s'opposent, il y a production de mouvement sans que l'une ne prenne le pas sur l'autre. Ce mouvement est celui du tourbillon, toujours le yin et yang, mais aussi celui de l'éolienne, où le mât résiste au vent pour produire la rotation.

Ainsi, en reprenant les oppositions émises au début de cet ouvrage, il est nécessaire de garder en tête que la philosophie et les réflexifs « pourquoi » doivent tirer l'être vers le haut, tandis que la biologie et le pragmatisme des « comment » doivent nous permettre de garder les pieds sur terre. Or, si notre tête s'élève et que nos pieds restent ancrés au sol, que se passe-t-il ? Nous grandissons et nous rapprochons de la douce chaleur du souverain bien.

L'avancée est donc (de nouveau) de mise, mais la partie n'est pas totalement gagnée. Reste à réunir les contraires et à montrer de quelle manière, entre pourquoi et comment, entre corps et esprit, la séparation n'est que fictive. L'un est l'autre, l'un a besoin de l'autre pour se fondre dans le seul et complexe mouvement de la vie.

C'est complexe : de l'éloge de la synthèse

Après avoir valorisé la différence, abordons maintenant la question de la réunion. Nous avons pu observer, tout au long de cet ouvrage, qu'à force de chercher le bonheur dans des directions parfois contraires, on en perd souvent le chemin. Il nous est fréquemment arrivé de parler d'équilibre, de recette de cuisine où tout est bon, mais pas toujours dans les mêmes proportions, pas tout le temps, ni en même temps. Pour réconcilier Lucie et ses parents, ne pensons plus en termes de vrai ou faux, de tout ou rien. Peut-on réellement savoir qui, du corps – de la biologie – ou de l'esprit – de la philosophie –, commande le navire à destination du bonheur ? Nous avons souvent abordé cette question au fil des chapitres, sans jamais y répondre. Qui décide ? Qui agit ? Qui réfléchit ? Ces questions et ces dilemmes pourraient trouver une issue avec ce qu'Edgar Morin appelle la pensée complexe. Complexe, et pas compliquée. En effet, on dit que quelque chose est compliqué lorsqu'il est possible de le démonter, de le décortiquer et d'en discerner pleinement la mécanique. Un moteur de voiture est compliqué (on peut le démonter et déterminer le rôle de chaque pièce). Peut-on faire la même chose avec le corps ? Impossible. C'est ici que la notion de mécanique complexe apporterait une solution, une synthèse. Ce qui est complexe ne peut s'expliquer par l'addition de toutes les parties. Il existe un « je ne sais quoi » qui change tout lorsque l'on assemble ici un cerveau et un muscle, là un œil et un cortex frontal. Ce que l'on sait, c'est que l'on ne peut pas saisir totalement le fonctionnement de l'être humain. D'abord parce qu'il n'existe pas de frontière nette entre l'esprit et le corps, tout comme il n'y a pas de limite franche entre le jour et la nuit. Ensuite parce que ces parties ont toutes d'inextricables liens entre elles, des boucles de rétroactions qui empêchent de saisir pleinement la mécanique humaine. Par exemple, le cortex influence le geste, qui le commande en retour. C'est une des raisons pour lesquelles l'intelligence artificielle est encore très loin d'égaler le cerveau humain. Parce que nous n'avons pas encore compris réellement (c'est-à-dire pleinement) comment le cerveau fonctionne. Ainsi, tout est nécessairement influent, mais aucun élément ne prime sur les autres.

Mais la question se joue-t-elle réellement entre le corps et l'esprit ? Qu'en est-il de l'environnement ? Peut-on réellement observer un être humain en dehors de son écosystème ? Pour proposer une vision plus juste encore, il faudrait mobiliser des notions de sociologie, d'histoire et pourquoi pas de physique quantique... Les contextes sont infinis.

Enfin, à tous ceux qui pensent que le corps, la génétique, commandent l'esprit, sachez que la psychothérapie et la philosophie modifient aussi le corps. Comment ? Nous avons évoqué le code génétique, mais il convient aussi de considérer l'épigénétique, c'est-à-dire l'expression de nos gênes. Ce n'est pas parce que nous sommes dotés d'un programme que celui-ci s'exécute toujours de la même manière. L'expression de nos gênes dépend de l'environnement (encore du contexte !) : nous savons que la modification de l'environnement influe sur l'expression du génome chez l'être humain. En d'autres termes, il devient impossible de déterminer qui de l'œuf ou de la poule a donné naissance au monde de la basse-cour. Le corps produit une philosophie, il permet une pratique psychothérapeutique, qui influe, en retour, sur le corps original. Là se trouve toute la complexité. La quête des pourquoi est sans origine, autant que l'espoir des comment est sans limite. Et cela est nécessaire.

Comme embarrassés de devoir annoncer cette si mauvaise nouvelle à leur enfant, les parents de Lucie pourraient tenter de clore le débat par la phrase, aussi fumiste et fumeuse que malhonnête : « tu comprendras quand tu seras grande », tout en sachant pertinemment qu'il n'en sera rien. La seule chose qui est sûre, c'est que personne ne peut assurer avoir tout compris au bonheur.

Soudain, le soleil jaillit et illumine la pièce. Par la fenêtre, Lucie s'émerveille d'apercevoir, au cœur d'une nature bercée de mille feux, un écureuil en plein festin. À ce plaisir de la contemplation répond l'odeur du poulet rôti enfin cuit. Contre toute attente, Lucie prend les devants : « Ne vous tracassez pas, j'ai compris. Le bonheur n'est ni dans la tête, ni dans le corps, il est partout où on le regarde. Et j'ai faim. » La vérité sort de la bouche des enfants, Bouddha n'en dirait pas moins.

Et ils vécurent heureux à chercher le bonheur
sans jamais vouloir le tenir, ni le retenir,
mais simplement et humblement s'en approcher.

Remerciements

Quelqu'un, dont j'ai oublié le nom, a écrit: «Je suis tous ceux que j'ai rencontrés.» Un livre est le résultat de multiples rencontres, un auteur n'existe aucunement seul. Le bonheur étant d'autant plus grand qu'il est partagé, j'aimerais remercier:

Toutes les personnes rencontrées lors de mes consultations; il y a un peu de chacun de nos échanges dans ce livre. Merci à Géraldine, ma femme, pour tout et pour tellement, ce depuis si longtemps. Ce livre est aussi le tien. Merci à mes enfants, à ma grande pour ses magnifiques dessins, à mon fiston pour ses fines vannes et à ma dernière pour sa fureur de vivre. Tous trois avez, à votre manière, participé à cet écrit. Merci à mes parents de m'avoir donné ce «juste ce qu'il faut», et aussi ce désir d'aller chercher le reste. Il aura fallu aussi de l'inspiration, merci au Dr Patrick Lemoine et au Pr Jean-Louis Monestès pour leur bienveillance, leur exigence et leur rock'n roll attitude. Un immense merci à François et Marylène, à Cécile pour leurs chaleureuses lectures et relectures. Merci également à Lucie et Enrick de m'avoir fait confiance, d'avoir poursuivi ce travail de raffinage et d'avoir donné à cet ouvrage une place dans la vitrine des éditions Enrick B.

J'aimerais remercier bien d'autres personnes encore, mais une bière et un grand «merci», en vrai, et vous saurez que vous avez aussi été importants dans cette entreprise.

Il y a, chez nous tous, un peu de cette petite Lucie, et il y a bien évidemment, dans ce livre, un peu du petit Yannick et de ses pourquoi. J'étais perdu entre ciel et terre, et grâce à vous, grâce ma chère grand-mère, je garde désormais les pieds sur terre et je laisse ma tête dans les étoiles. J'ai grandi, j'espère que ce livre aura eu aussi un peu de cette quête existentielle pour vous.

Bon bonheur à toutes et à tous,

Yannick

Bibliographie

Alentoh, E. (2019). Le contextualisme fonctionnel. ACT Thérapie d'acceptation et d'engagement. Psyris (http://www.psyris.be/le-contextualisme-fonctionnel/).

Alexander, G. E., DeLong, M. R. et Strick, P. L. (1986). Parallel organization of functionally segregated circuits linking basal ganglia and cortex. *Annual review of neuroscience*, 9(1), 357-381.

Andreasen, N.-C. (1999). Is schizophrenia a disorder of memory or consciousness ? Dans Tulving, E. (éd.). *Memory, Consciousness and the Brain* (p. 243-261). The Tallin Conference Psychology Press.

Austin, J. L. (1962). Performatif-constatif. *Cahiers de Royaumont. La philosophie analytique*, 4, 271-304.

Austin, J. L. (1970). *Quand dire, c'est faire*, Le Seuil.

Bacon, F. (1878). *Novum organum*. Clarendon Press.

Bar-Haim, Y., Lamy, D., Pergamin, L., Bakermans-Kranenburg, L. et Van IJzendoorn, M. H. (2007). Threat-related attentional bias in anxious and non-anxious individuals: A meta-analytic study. *Psychological Bulletin*, 133, 1-24.

Bar-Haim, Y., Lamy, D., Pergamin, L., Bakermans-Kranenburg, M. J. et Van Ijzendoorn, M. H. (2007). Threat-related attentional bias in anxious and nonanxious individuals: a meta-analytic study. *Psychological bulletin*, 133(1), 1.

Beck, A. (2017). *La thérapie cognitive et les troubles émotionnels*. De Boeck Supérieur.

Biglan, A. (2018). *Evolution and contextual behavioral science: An integrated framework for understanding, predicting, and influencing human behavior*. New Harbinger Publications.

Bjorklund, D. et Harnishfeger, K. (1995). The evolution of inhibition mechanisms and their role in human cognition and behavior. Dans Dempster F. N. et Brainerd C. J. (éd.). *Interference and inhibition in cognition* (p. 142-169). Academic Press.

Bonnel, A. M. et Prinzmetal, W. (1998). Dividing attention between the color and the shape of objects. *Perception & Psychophysics*, 60(1), 113-124.

Boulanger, J. L., Hayes, S. C. et Pistorello, J. (2010). Experiential avoidance as a avoidance. *The Behavior Analyst*, 32, 7–27.

Breedlove, S. M., Rosenzweig, M. R., Watson, N. V. et Bartolami, S. (2018). *Psychobiologie*. De Boeck

Brohm, J. M. (2003). *Les principes de la dialectique*. Les Éditions de la Passion.

Soon, C. S., Brass, M., Heinze, H.-J. et Haynes, J.-D. (2008). Unconscious determinants of free decisions in the human brain. *Nature Neuroscience*, 11, 543-545.

Cannon, W. B. (1929). *Bodily Changes in Pain, Hunger, Fear and Rage*. D. Appleton & Co.

Chaix, R., Cao, C. et Donnelly, P. (2008). Is mate choice in humans MHC-dependent? *PLoS genetics*, 4(9).

Chambry, E. (1969). Notice sur le sophisme. *Platon. Sophiste–Politique–Philèbe–Timée–Critias*. Flammarion.

Cherry, E. C. (1953). Some experiments on the recognition of speech, with one and with two ears. *The Journal of the acoustical society of America*, 25(5), 975-979.

Clausewitz, C. V. (1959). *De la guerre*. Éditions de Minuit

Coelho, P. (2014). *Le pèlerin de Compostelle*. Flammarion.

Collette, F., Hogge, M. et Van der Linden, M. (2006). Exploration of the neural substrates of executive functioning by functional neuroimaging. *Journal of Neuroscience*, 139, 209-221.

Corneau, G. (2003). *Victime des autres, bourreau de soi-même*. Édition du Club Québec loisirs.

Cottraux, J. (2017). *Les psychothérapies cognitives et comportementales*. Elsevier Health Sciences.

Craik, F. I. et Tulving, E. (1975). Depth of processing and the retention of words in episodic memory. *Journal of experimental Psychology: General*, 104(3), 268.

Creswell, J. D., Welch, W. T., Taylor, S. E. *et al.* (2005). Affirmation of Personal Values Buffers Neuroendocrine and Psychological Stress Responses. Psychological Science, 16, 846–851(https://journals.sagepub.com/doi/abs/10.1111/j.1467-9280.2005.01624.x).

Cungi, C. (2011). *Savoir gérer son stress en toutes circonstances.* Retz.

Damasio, A. R. (2003). *Spinoza avait raison : joie et tristesse, le cerveau des émotions.* Odile Jacob.

Damasio, A. R. (2006). *L'erreur de Descartes : la raison des émotions.* Odile Jacob.

Darwin, C. (1872). *The expression of the emotions in man and animals.* Murray.

Darwin, C. (2013). *L'Origine des espèces* (texte intégral de la première édition de 1859). Le Seuil.

Dauzat, P. E. et Harari, Y. N. (2015). *Sapiens : une brève histoire de l'humanité.* Albin Michel.

De Ronsard, P. (1998). *Sonnets pour Hélène* (vol. 167). Librairie Droz.

De Saussure, V. F. (1995). *Cours de linguistique générale* (édition Critique de Tullio de Mauro, traduction Louis-Jean Calvet). Payot.

Dell (2017) : consulté le 01/06/2020 https://www.delltechnologies.com/content/dam/delltechnologies/assets/perspectives/2030/pdf/SR1940_IFTFforDellTechnologies_Human-Machine_070517_readerhigh-res.pdf

Deprez, S. (2011). *Novum Organum.* PUF.

Descartes, R. (1966). *Discours de la méthode.* Gallimard.

Descartes, R. (1953), *Méditations.* Gallimard.

Descartes, R. (2014). *Méditations métaphysiques.* Flammarion.

Dobuzinskis, L. (1981). L'heure de la sociobiologie par Yves Christen : Compte-rendu. *Revue canadienne de science politique,* vol. 14, n° 1, 171-173.

Duhot, J. N. (2003). *Épictète et la sagesse stoïcienne.* Albin Michel.

Duriez, N. (2009). *Changer en famille.* Érès.

Durkheim, E. (1897). *Le suicide : étude de sociologie.* Alcan.

Dymond, S. et Barnes, D. (1995). A transformation of self-discrimination response functions in accordance with the arbitrarily applicable relations of sameness, more than, and less than. *Journal of the Experimental Analysis of Behavior, 64*(2), 163-184.

Dymond, S. et Roche, B. (2009). A contemporary behavior analysis of anxiety and avoidance. The Behavior Analyst, 32(1), 7-27.

Edelman, G. M. et Tononi, G. (2000). *Comment la matière devient conscience*. Odile Jacob.

Husserl, E. (1947). *Méditations cartésiennes*. Vrin.

Éluard, P. (1942). *Poésie et vérité* (recueil clandestin). Au rendez-vous allemand.

Enard, W., Przeworski, M., Fisher, S. E., Lai, C. S., Wiebe, V., Kitano, T. *et al.* (2002). Molecular evolution of FOXP2, a gene involved in speech and language. *Nature*, 418(6900), 869-872.

Ferry, L. (2018). *Dictionnaire amoureux de la philosophie*. Plon.

Foucault, M. (1976). *Histoire de la folie à l'âge classique*. Gallimard.

Freud, S. (2014). *L'interprétation du rêve*. Le Seuil.

Friedenberg, J. et Silverman, G. (2011). *Cognitive science: An introduction to the study of mind*. Sage.

Frith, C. D. (2014). *The cognitive neuropsychology of schizophrenia*. Psychology Press.

Gilbert, P. (2009). *The compassionate mind*. Robinson.

Goldberg, G. (1985). Supplementary motor area structure and function: Review and hypotheses. *Behavioral and brain Sciences*, 8(4), 567-588.

Hayes, S. C. (2005). *Get out of your mind and into your life: The new acceptance and commitment therapy*. New Harbinger Publications.

Hayes, S. C., Luoma, J. B., Bond, F. W., Masuda, A. et Lillis, J. (2006). Acceptance and commitment therapy: Model, processes and outcomes. *Behavior research and therapy*, 44(1), 1-25.

Hayes, S. C., Strosahl, K. D. et Wilson, K. G. (2009). *Acceptance and commitment therapy*. American Psychological Association.

Hayes, S., Barnes-Holmes, S. C. H. D. et Roche, B. (2001). *Relational frame theory: A post-Skinnerian account of human language and cognition*. Springer Science & Business Media.

Hegel, G. W. F. et Bourgeois, B. (1988). *Philosophie de l'esprit* (vol. 3). Vrin.

Heidegger, M. (1985). Être et temps. *Authentica*, 3, 31.

Heidegger, M. (2018). *What is metaphysics ?* Jovian Press.

Heidegger, M. et Boutot, A. (2013). *Introduction à la recherche phénoménologique*. Gallimard.

Iverson, J. M. et Goldin-Meadow, S. (1998). Why people gesture when they speak. *Nature*, 396(6708), 228-228.

Lemaine, J-M. (1965). Dix ans de recherche sur la désirabilité sociale. *L'Année psychologique*, 65-1, 117-130.

Jagu, A. (1964). L'utilisation du stoïcisme par saint François de Sales. *Revue des Sciences Religieuses*, tome 38, fascicule 1.

James, W. (2007). *The principles of psychology* (vol. 1). Cosimo, Inc.

Friedenberg, J. et Silverman G. (2010). *Cognitive Science: An Introduction of the Study of Mind*. Sage.

Sartre, J.-P. (1943). *L'être et le néant. Essai d'ontologie phénoménologique*. Gallimard.

Kabadayi, C., Taylor, L. A., Von Bayern, A. M. et Osvath, M. (2016). Ravens, New Caledonian crows and jackdaws parallel great apes in motor self-regulation despite smaller brains. *Royal Society Open Science*, 3(4), 160104.

Kabat-Zinn, J. (1990). *Full catastrophe living*. Delacorte Press.

Kant, E. (1788). Critique de la raison pratique. PUF.

Kant, E. (1980). *Critique de la raison pure*. Gallimard.

Kant, E. (1997). *Leçons d'éthique (1775-1780)*. Le Livre de Poche.

Kant, E. (1989). *Critique de la raison pratique*. Gallimard.

Kant, E. (1993). *Critique de la faculté de juger*. Vrin.

Kant, E. (1993). *Prolégomènes à toute métaphysique future qui pourra se présenter comme science*. Vrin.

Keltner, D. et Ekman, P. (2000). *Emotion*. An overview.

Kessler, R. C., Berglund, P., Demler, O., Jin, R., Merikangas, K. R. et Walters, E. E. (2005). Lifetime prevalence and age-of-onset distributions of DSM-IV disorders in the National Comorbidity Survey Replication. *Archives of general psychiatry*, *62*(6), 593-602.

Konopka, G., Bomar, J. M., Winden, K., Coppola, G., Jonsson, Z. O., Gao, F. *et al.* (2009). Human-specific transcriptional regulation of CNS development genes by FOXP2. *Nature*, 462(7270), 213-217.

Kraut, R. E. et Johnston, R. E. (1979). Social and emotional messages of smiling: an ethological approach. *Journal of personality and social psychology*, 37(9), 1539.

Laertius, D. (1965). *Vie, doctrines et sentences des philosophes illustres* (vol. 56). Flammarion.

Lalande, A. (1960). *Vocabulaire technique et critique de la philosophie*. PUF.

Lashley, K. S. (1951). *The problem of serial order in behavior* (vol. 21). Bobbs-Merrill.

Laureys. S. (2019) *La Méditation, c'est bon pour le cerveau*. Odile Jacob.

LeDoux, J. (1998). *The emotional brain: The mysterious underpinnings of emotional life*. Simon and Schuster.

Leibniz, G. W. (2013). *Principes de la nature et de la grâce*. Presses Électroniques de France.

Lemaine, J., M. (1965). Dix ans de recherche sur la désirabilité sociale. *L'année psychologique*, vol. 65, n° 1. 117-130.

Libet, B., Wright Jr, E. W. et Gleason, C. A. (1983). Preparation-or intention-to-act, in relation to pre-event potentials recorded at the vertex. *Electroencephalography and clinical Neurophysiology*, 56(4), 367-372.

Liégeois, F., Baldeweg, T., Connelly, A., Gadian, D. G., Mishkin, M. et Vargha-Khadem, F. (2003). Language fMRI abnormalities associated with FOXP2 gene mutation. *Nature neuroscience*, 6(11), 1230-1237.

Ludwig, P. (éd.). (1997). *Le langage*. Flammarion.

Lutz, A., Greischar, L. L., Rawlings, N. B., Ricard, M. et Davidson, R. J. (2004). Long-term meditators self-induce high-amplitude gamma synchrony during mental practice. *Proceedings of the national Academy of Sciences*, 101(46), 16369-16373.

MacLeod, C., Mathews, A. et Tata, P. (1986). Attentional Bias in Emotional Disorders. *Journal of Abnormal Psychology*, 95, 15–20.

Marieb, E. N. (1999). *Anatomie et physiologie humaines* (2e édition). DeBoeck Université.

Massimini, F. et Delle Fave, A. (2000). Individual development in a bio-cultural perspective. *American Psychologist*, 55(1), 24.

McHugh, L. et Stewart, I. (2012). *The self and perspective taking: Contributions and applications from modern behavioral science.* New Harbinger Publications.

Mikkelsen, T., Hillier, L., Eichler, E., Zody, M., Jaffe, D., Yang, S. P. *et al.* (2005). Initial sequence of the chimpanzee genome and comparison with the human genome. *Nature*, 437(7055), 69-87.

Mill, J. S. (1988). *L'utilitarisme*. Flammarion.

Miyake, A., Friedman, N. P., Emerson, M. J., Witzki, A. H., Howerter, A. et Wager, T. D. (2000). The unity and diversity of executive functions and their contributions to complex 'Frontal Lobe' tasks: A latent variable analysis. *Cognitive Psychology*, 41, 49-100.

Moller, A. P. R. et Thorhill, R. (1998). Male parental care, differential parental investment by females and sexual selection, *Animal Behavior*, vol. 55, 1998, p. 1507-1515.

Monestès, J. L. (2013). *Libéré de soi ! : se réinventer au fil des jours.* Armand Colin.

Monestès, J. L. et Villatte, M. (2011). *La thérapie d'acceptation et d'engagement*. Elsevier Masson.

Monestès, J. L. et Villatte, M. (2012). Une autre approche de la santé mentale : la thérapie d'acceptation et d'engagement. Dans Tarquino, C. (dir.). *Manuel pratique de psychothérapies en psychologie de la santé*. Dunod.

Morin, E. (2015). *Introduction à la pensée complexe*. Le Seuil.

Natali, C. (2006). L'action efficace : études sur la philosophie de l'action d'Aristote. *Revue Philosophique de Louvain*, quatrième série, tome 104, n° 1, 183-188.

Nathan, T. (1998). Éléments de psychothérapie. Dans Blanchet, A., Ionescu, S. et Zajde, N. *Psychothérapies*. Odile Jacob.

Neville, H. J., Bavelier, D., Corina, D., Rauschecker, J., Karni, A., Lalwani, A. *et al.* (1998). Cerebral organization for language in deaf and hearing subjects: biological constraints and effects of experience. *Proceedings of the National Academy of Sciences*, 95(3), 922-929.

Nietzsche, F. (2011). *Ainsi parlait Zarathoustra*. Flammarion.

Nietzsche, F. (2012). *Le gai savoir*. Le Livre de poche.

Nietzsche, F. (2012). *Par-delà le bien et le mal.* Le Livre de Poche.

Nilsen, K. B., Sand, T., Stovner, L. J., Leistad, R. B. et Westgaard, R. H. (2007). Autonomic and muscular responses and recovery to one-hour laboratory mental stress in healthy subjects. *BMC Musculoskelet Disord,* 14:81-93.

Owen, A. M., Coleman, M. R., Boly, M., Davis, M. H., Laureys, S. et Pickard, J. D. (2006). Detecting awareness in the vegetative state. *Science,* 313(5792), 1402-1402.

Peretti, C. S. et Chopin, M. V. (2009). La schizophrénie, pathologie de la conscience ? *Recherches en psychanalyse,* (1), 25-38.

Petitto, L. A., Zatorre, R. J., Gauna, K., Nikelski, E. J., Dostie, D. et Evans, A. C. (2000). Speech-like cerebral activity in profoundly deaf people processing signed languages: implications for the neural basis of human language. *Proceedings of the National Academy of Sciences,* 97(25), 13961-13966.

Platon, C. (1950). *Œuvres complètes.* Gallimard.

Plumb, J. C., Stewart, I., Dahl, J. et Lundgren, T. (2009). In search of meaning: Values in modern clinical behavior analysis. *The Behavior Analyst,* 32(1), 85-103.

Plutchik, R. (1994). *The psychology and biology of emotion.* HarperCollins College Publishers.

Price, G. R. (1970). Selection and covariance. *Nature,* 227(5257), 520-521.

Racine, E., Bar-Ilan, O. et Illes, J. (2005). fMRI in the public eye. *Nature Reviews Neuroscience,* 6(2), 159-164.

Richard, D. (2003). *Le gène égoïste.* Odile Jacob.

Ricœur, P. (1977). Le discours de l'action. *La sémantique de l'action,* 1-137.

Ross, L., Greene, D. et House, P. (1977). The "false consensus effect": An egocentric bias in social perception and attribution processes. *Journal of experimental social psychology,* 13(3), 279-301.

Rousseau, J. J. (2012, 1re éd. 1755). *Discours sur l'origine et les fondements de l'inégalité parmi les hommes.* Flammarion.

Rousseau, J. J. (2018). *Julie ou la nouvelle Héloïse.* Flammarion.

Sartre, J. P. (1952). *Saint Genet : comédien et martyr* (vol. 1). Gallimard.

Sartre, J. P. (1985, 1re éd. 1946)). *Réflexions sur la question juive*. Gallimard.

Saussure, F. M., Bouquet, S. et Weil, A. (2002). *Écrits de linguistique générale*. Gallimard.

Schachter, S. (1975). Cognition and peripheralist-centralist controversies in motivation and emotion. *Handbook of psychobiology*, Academic Press, 529-564.

Schoendorff, B., Grand, J., & Bolduc, M. F. (2011). *La thérapie d'acceptation et d'engagement. Guide clinique*. De Boeck.

Searle, J. R. et Searle, J. R. (1969). *Speech acts: An essay in the philosophy of language* (vol. 626). Cambridge University Press.

Seligman, M. E. et Maier, S. F. (1967). Failure to escape traumatic shock. *Journal of experimental psychology*, 74(1), 1.

Selye, H. (1956). *Le stress de la vie* (2e éd.). Gallimard.

Wegner, D. M. (1989). *White bears and other unwanted thoughts: Suppression, obsession, and the psychology of mental control*. Penguin Press.

Sidman, M. (1994). *Equivalence relations and behavior: A research story*. Authors Cooperative.

Simons, J. A., Irwin, D. B. et Drinnien, B. A. (1987). Maslow's hierarchy of needs. *Retrieved October*, 9(2009), 222.

Skinner, B. F. (1957). Verbal behavior. New York: appleton-century-crofts. Richard-Amato, P.(1996), 11.

Sperber, D. et Wilson, D. (1989). *La pertinence : communication et cognition*. Éditions de Minuit.

Spinoza, B. D. (1955). *Lettre à Schuller*. Gallimard.

Taconnat, L. et Lemaire, P. (2013). Fonctions exécutives, vieillissement cognitif et variations stratégiques. *Psychologie Française*.

Thich Nhat H. (2003). *Le cœur des enseignements du Bouddha*. Pocket.

Thornhill, R. et Møller, A. P. (1998). The relative importance of size and asymmetry in sexual selection. *Behavioral Ecology*, 9(6), 546-551.

Thorpe, S. J. et Fabre-Thorpe, M. (2001). Seeking categories in the brain. *Science*, 291(5502), 260-263.

Tricot, J. (éd.). (1959). *Éthique à Nicomaque*. Vrin.

Tseu, L. (2014). *Tao Te King. Le livre de la Voie et de la Vertu*. FV Éditions.

Tzu, S. (2019). *L'art de la guerre.* J'ai Lu.

Watson, J. B. (1913). Psychology as the Behaviorist Views it. *Psychological Review*, 20, 158-177.

Weiskrantz, L., Warrington, E. K., Sanders, M. D. et Marshall, J. (1974). Visual capacity in the hemianopic field following a restricted occipital ablation. *Brain*, 97(1), 709-728.

Wessinger, C. M., Fendrich, R. et Gazzaniga, M. S. (1997). Islands of residual vision in hemianopic patients. *Journal of Cognitive Neuroscience*, 9(2), 203-221.

Westen, D. (2000). *Psychologie : Pensée, cerveau et culture.* De Boeck Supérieur.

Westermark, W. (1896). L'origine du mariage dans l'espèce humaine. *Revue de Métaphysique et de Morale, 4(a).*

Wilson, K. G. (2007). The Hexaflex diagnostic: A fully dimensional approach to assessment, treatment, and case conceptualization. Dans *Presidential address presented at the annual convention of the Association for Contextual Behavioral Science*, Houston, TX.

Wohlleben, P. (2017). *La vie secrète des arbres.* Les Arènes.

Enrick B. Éditions s'engage dans une démarche écoresponsable.
Saviez-vous qu'en achetant ce livre vous faisiez un micro-don ?
Celui-ci nous servira à remplir notre objectif : **planter un arbre par jour**.

C'est bien beau tout cela…
Mais parle-t-on d'un hypothétique arbre, dans une forêt abstraite ?

Pas du tout !
Les arbres en question, des chênes sessiles, cèdres de l'Atlas, sapins de Douglas et pins maritimes, seront plantés à Beaumont-Village en Indre-et-Loire (37).

Ainsi, bien que le livre et la presse magazine soient des secteurs gourmands en papier, nous limitons notre impact environnemental en permettant la plantation d'un nombre d'arbres supérieur à ce que nous utilisons.
Un geste nécessaire pour préserver notre belle planète.

Enrick B Éditions

Imprimé en UE (Bulgarie)
Dépôt légal : quatrième trimestre 2022

Diffusion, distribution :
France, Belgique : DILISCO
Suisse : OLF
Canada (Québec) : SOMABEC